自由の条件

The Constitution of Liberty:
Part Ⅲ
Freedom in the Welfare State

F・A・ハイエク

気賀健三・古賀勝次郎〔訳〕

Ⅲ 福祉国家における自由

普及版

春秋社

凡例

一．原典のページは下部欄外に示した。

一．本文中のイタリックの箇所は原則として黒丸の傍点・・・を付した。ただし、書名、雑誌名は『　』で示し、表題および表題に類するもの、およびギリシャ語、ラテン語などには傍点を付していない。

一．原典で、人名、地名などの固有名詞、習慣的に大文字で書く名詞を除き、本文中に出てくる大文字は白丸の傍点○○○を付した。

一．原注は（1）のように示し、本文の後にまとめた。訳者注は〔　〕で示し、本文中またはその近くに挿入した。

一．引用符は「　」で、二重引用符は『　』で示した。

一．各巻のなかに出てくる他巻の参照ページは、原典のページで示した。

一．人名、地名などの固有名詞は原則として原語読みにしたがって表記した。

一．人名・事項索引は、Ⅲの巻末に一括した。

目次

自由の条件 Ⅲ

自由の条件

第三部　福祉国家における自由

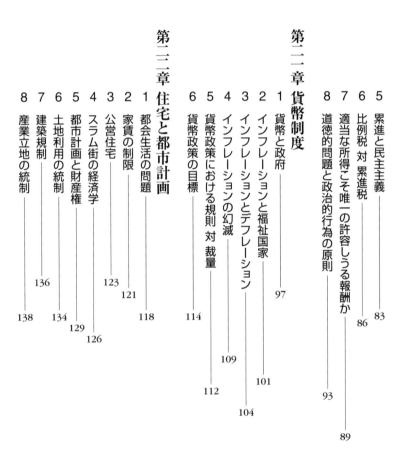

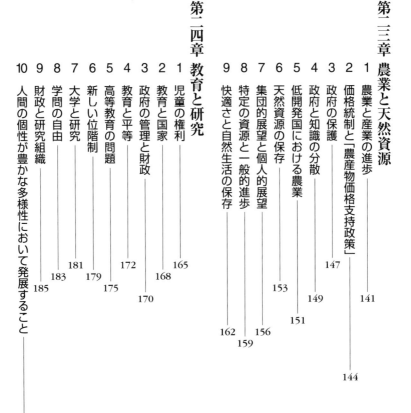

第二三章　農業と天然資源

第二四章　教育と研究

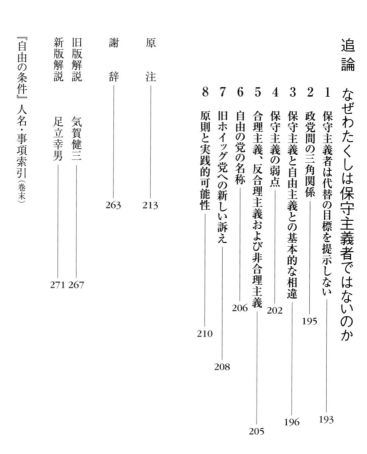

自由の条件　第一部、第二部　目次

第一部　自由の価値

第二部　自由と法

第三部　福祉国家における自由

この人間集団のうえには、一つの巨大な後見者的な権力がそびえ、それだけがかれらの楽しみを保障し、運命を見守る任を自ら引きうける。その権力は絶対的で、微細にわたり規則正しく用心深くかつ柔和である。それは親の権威のように見える——もしもその目的が親の権威のように、人間を大人に育てることであるとするならば。しかし、この権力は正反対に人間を永久に子供の状態にとどめておこうとする。人びとが楽しむことしか考えないとすれば、たしかに楽しむことで足りるであろう。このような政府は喜んでかれらの幸福のためにつくすが、ただその唯一の引受機関でありそしてその幸福の唯一の決裁者であろうとする。それは人びとの安全を保障し、欲求を予見し、それを充足し、かれらの快楽を助ける。かれらの主要な関心事を管理し、産業を監督し、相続を規制し、遺産を分割する。国民から考えることの煩わしさと生きることの面倒をすべて取りのぞくようにしてくれるとき、いったい後になにが残るであろう。

A・ド・トクヴィル（A. DE TOCQUEVILLE）

第一七章　社会主義の衰退と福祉国家の興隆

政府の目的が慈悲深いものであるとき、自由を守るためにおおいに警戒しなくてはならぬことを、経験は教えてくれる。生まれつき自由を求める人間は、悪意をもった支配者による自由の侵害を退けるよう当然用心を怠らない。自由にとっての最大の危険は、熱心で悪意はないが分別のない人びとによる狡猾な侵害のうちに潜んでいる。

L・ブランディーズ（L. BRANDEIS）

1　社会主義の世紀の終り

社会改革への努力はほぼ一世紀にわたって——その一世紀の一時期には重要な社会主義政党の存在したことのないアメリカのような国でさえ——社会主義の理想によって鼓舞されてきた。この一〇〇年にわたって、社会主義は大部分の知的指導者を虜にし、社会が不可避的に動いていく究極の目標として広く考えられるようになった。この発展は第二次世界大戦後、イギリスが社会主義の実験に飛びこんでいったときに頂点に達した。これは社会主義的前進の高潮期を記したように思われる。後世の歴史家はおそらく一八四八年の革命から一九四八年頃までの期間をヨーロッパ社会主義の世紀とみなすであろう。

この期間には、社会主義はかなり正確な意味と明確な綱領をもっていた。すべての社会主義運動の共通の目的は「生産・分配および交換手段」の国有化であって、それゆえすべての経済活動はある社会的正義の理想に向かう一つの包括的な計画にしたがって指導されることになるはずであった。さまざまな社会主義学派の相違点は主として、社会を改造するための政治的手段であった。マルクス主義とフェビアン主義の相違は、前者が革命主義であり、後者が漸進主義である点にあった。しかし、創造したいと望んでいた新しい社会についての構想は基本的には同じであった。社会主義は、生産手段の共同所有と「これを利潤のためではなく有用性のためにもちいること」を意味した。

過去一〇年間に起こった大きな変化は、社会的正義を達成するための一つの特殊な方法としてこの厳密な意味での社会主義が崩壊したことである。社会主義は知的な魅力を失ったばかりでなく、大衆にもはっきりと見捨てられ、いずれの社会主義政党もその信奉者の積極的な支持を確実にする新しい綱領を探し求めるにいたっている。[1] かれらは社会的正義の理想という究極の目的を放棄してはいない。しかし、この理想を達成したいと願っていたその方法、およびそれにたいして「社会主義」という名称を打ちだした方法は信用を失ってしまった。社会主義という名称は、現在の社会主義政党がどんな新綱領を採用するとしてもそのまま移植されるに違いないであろう。しかし、これまでの明確な意味での社会主義はいまや西側の世界では死滅している。

このような大げさな表現を意外に感ずる者もいるであろうが、社会主義陣営の幻滅に満ちた一連の文献を読み、社会主義政党内での議論を見れば十分にこの表現は確証されている。[2] 一国内での発展だけを観察している人びとにとって、社会主義の衰退はなお一時的な後退すなわち政治的敗北にたいする反動にすぎないと思われるかもしれない。しかし、その国際的特徴およびさまざまな国々での発展の類似性は、社会主義の衰退が反動以上のものであることを疑いなく示している。一五年前には教条主義的社会主義が自由にとって主要な危険であると思われていたとしても、今日それに反対する議論を示すことは、もはやありもしない敵と闘うことになるであろう。社会主義自体に向けられていた議論の大部分は、いまや綱領の変更を求める議論として社会主義運動の内部から聞くことができるのである。

2　その衰退の理由

この変化の理由はさまざまである。ひと頃もっとも影響力のあった社会主義学派に関するかぎり、われわれの時代の「もっとも偉大な社会的実験」の例が決定的なものであった。すなわち、マルクス主義は西側世界ではロシアの例によって葬られたのである。しかし長いあいだロシアで起こったことが、伝統的な社会主義綱領の体系的適用の必然的結果であったことを理解する知識人は少なかった。けれども今日、社会主義者の仲間のなかでさえ「もしあなたが一〇〇パーセント社会主義を望むならば、ソビエトのどこが悪いのか[3]」と質問するのが一つの有効な反論となっている。しかし、ソビエトの経験は一般的にはマルクス主義型社会主義の信用をなくしたものにすぎなかった。社会主義の基本的方法についての一般の幻滅感はより直接的な経験にもとづいている。

幻滅をもたらす役割を果たした主要な要素はおそらく三つあろう。一つ目は生産の社会主義的組織が私企業よりも生産的でないどころか、はるかに劣るという認識が進んだこと。二つ目はより大きな社会的正義に導くと考えられていたものをもたらすどころか、社会主義的組織は新しい専断と以前よりもまぬがれがたい階層秩序を意味するという認識が一段と明白になったこと。三つ目は約束されたより大きな自由の代わりに、新たな独裁政治を意味するであろうという実感である。

失望を味わった第一にあげられるものは、労働組合であった。かれらは私的雇用者に代わって国家と交渉をもたなければならなくなったとき、自分たちの力が大幅に削減されたことに気づいた。しかし個々人もまたいたるところで国家の権威に直面することが、競争社会での自分たちの立場の改善を少しももたらさないことをやがて理解したのである。このことが起こったのは、労働者階級（とくに、肉体労働者）の生活水準の一般的上昇が独特のプロレタリア階級という概念を破壊し、それとともに労働者の階級意識をも消失させたときである。アメリカにおいて組織化された社会主義運動の成長をずっと妨げてきたものと類似の情況が、ヨーロッパの大部分において生じたのであった。[4]全体主義体制を経験してきた国々でもまた、若い世代のあいだで強い個人主義的反動が起こった。かれらはあらゆる集合的行動に深い疑問を感じ権威を容易に信じなくなった。[5]

社会主義的知識人に幻滅感をもたらしたもっとも重要な要因は、おそらく社会主義が個人的自由の消滅を意味するであろうという理解が広まったためである。社会主義と個人的自由が相互に排他的であるという主張があるひとりの反対者[6]によって提出されたとき、その主張は憤りをもって撥ねつけられたけれども、かれらの仲間のある人物によって力強い文学的形式で述べられたとき、それは強い印象を与えることになった。[7]さらに最近になって、その情況はイギリス労働党の指導的知識人のひとりによってきわめて率直に述べられた。クロスマン（R.H.S. Crossman）は『社会主義と新しい独裁主義（*Socialism and the New Despotism*）』と題するパンフレットにおいて、「まじめな心をもった人びとが、かつては中央計画と国家所有の拡大の明白な利益と考えられていたものについて、どのように考えを新たにしていきつつあるのか[8]」と記している。そしてつぎのように説明をつづける。「労働党政府の『社会主義』（Labour

Government's 'Socialism')は、広範な官僚的結社(corporations)[9]」すなわち、「民主主義にとって重大な潜在的脅威をなす広範な中央集権化された官僚制[10]」の「確立を意味していたということがわかってきたので」、「今日の社会主義者の主要な任務は、国民のもろもろの自由がこの新しい封建制によって脅かされることを国民に納得させることである[11]」という事態になったのである。

3　社会主義時代の持続的影響

しかし、集産主義的社会主義の特徴的方法を擁護する者は西側にはほとんど残っていないものの、その究極の目的は魅力をほとんど失ってはいない。社会主義者はもはや目標がいかにして達成されるべきかに関して明確な計画をもっていないが、依然として社会的正義についての概念と一致する所得の分配がおこなわれるように経済を操作したいと願っている。しかしながら社会主義の時代のもっとも重要な結果は、国家の権力にたいする伝統的制限の破壊であった。社会主義が新しい原理にもとづく社会の完全な再編成を目的としたかぎりにおいて、それは現存体制の原則を一掃すべき邪魔物としか扱わなかった。しかし社会主義がもはやそれ自体の明確な原則を一つももたない今日、それは手段についてなに一つ明白に描かずに、新しい野心を表明するだけである。その結果、現代人の野心によって設定された、言葉の本来的意味で以前には決してなかったほど無原則な新しい課題に、われわれは直面しているのである。

重要なことはその結果として、社会主義が意識的に追求すべき目標としては一般に放棄されたけれども、意図的ではないならばそれを確立しないとはかぎらないということである。改革者は特定の目的にとってもっとも有効であると思われるあらゆる方法に夢中になって、有効な市場機構を維持するために必要なことがらにはなんら注意を払わず、いまや経済上の意志決定をますます中央の統制に服従せしめようとする傾向があり（私有財産は名目的に維持されるかもしれないが）、結局誰も意識的に打ちたてようとは思ってもいない中央集権的計画そのものが生まれるかもしれないのである。さらに古い社会主義者の多くは、時代がすでに再分配的国家の方向へ大きく進んだので、いまや信用を失った生産手段の社会化を迫るよりも、再分配国家の方向へいっそう押し進むほうがはるかに容易であることに気がついたのである。民間産業として残っているものにたいする政府の統制を増大させることにより、かつては剥奪といった人目をひく政策の実質的目的であった所得再分配をいっそう容易に達成することができることに気づいたように思われる。

「過激な（hot）」社会主義というきわめて明白に全体主義的形態を率直に放棄した社会主義指導者を批判して、実際には過激なものと大差のない「冷静な（cold）」社会主義へいまや転換したにとどまるとして非難することは、時には不当な偏見、盲目的な保守的偏見とみなされることがある。しかしながら、新しい野心のうち自由社会において達成されるものと、その実現のために全体主義的集産主義の方法を必要とするものとを区別することに成功しないかぎり、われわれは危険にさらされる。

4　福祉国家の意味

社会主義とは異なって、福祉国家[12]の概念はなんら正確な意味をもっていない。その言葉はときどき、法と秩序の維持以外の問題になんらかの形で「関心をもっている」国家をあらわすのにもちいられている。一部の理論家のなかには、政府の活動を法と秩序の維持に限定すべきことを要求してきた者がいるけれども、そのような立場は自由の原則から見て正当化することはできない。政府の強制的手段だけはきびしく制限する必要がある。すでに（第一五章で）明らかにしたように、広い分野にわたり政府の非強制的活動がまぎれもなく存在し、その活動の資金を税金によってまかなうことが明らかに必要である。

実際、現代におけるいかなる政府もしばしば指摘されてきた「個人主義的最小限度[13]」に自らを限定してはこなかったし、また政府活動のそのような限定は「正統派の（orthodox）」古典派経済学者[14]によって支持されてもいなかった。あらゆる現代の政府は貧窮者、不運な者および障害者対策をおこない、健康問題と知識の普及に注意を払ってきた。これらの純粋な奉仕活動が富の成長とともに増加すべきでないとする理由はなにもない。集合的行動によってのみ満たしうる、それゆえ個人的自由を制限することなく提供しうる共通のニーズがある。豊かになるにつれて、自らの面倒を見ることのできない人びとに共同社会がつねに提供してきた生存の最低限度、そして市場の外で提供しうるその限度はしだいに上昇し、政府が有効かつ害を及ぼすことなくそのような努力を援助し、またさらにはそのような努力を率先しておこなうことがあるということはほとんど疑問の余地がない。政府が社会保険および教育のような分野においてなんらかの役割を演じてはならぬとか、主導権をとってはいけないとか、あるいは一時的にある実験的開発を補助すべきでないとする理由はほとんど存在しない。ここでの問題は政府活動の目的よりもむしろその方法にあるのである。

福祉国家にたいする反対すべてがいかに不合理なものであるかを示すために、政府活動の控え目で悪意のない目的を引きあいにだすことがよくある。しかし、政府はいっさいそのような問題にかかわるべきではないとする硬直的な立場――弁護の余地はあるが自由とはほとんど関係のない立場――がひとたび放棄されるとした場合に、自由の擁護者が共通して気がつくのは、福祉国家の綱領が正当で反対しえないものとして主張される以上の多くのことを含んでしまうことである。たとえば、もし食品衛生法（pure-food laws）にたいしていかなる反対もないことを認めるとした場合、このことはある望ましい目的に向けられた政府活動にはいっさい反対しないことを意味するものと受けとられる。方法よりもむしろ目的の点から政府の機能の限界を定めようとする人びとはつぎのような立場におかれることになる。すなわち、結果が望ましいにすぎない国家活動に反対するか、あるいは特定の目的にとっては有効であるが全体の効果としては自由社会を破壊する手段に反対する一般的規則をなんらもたないことを認めざるをえないことになるかである。国家は法と秩序の維持に関連しない問題についてはなにもすべきでないとする立場は、国家を一つの強制装置としてみなすかぎり論理的であるように思われる。けれども、国家を一つのサービス機関としてみなすならば、おそらく他の方法ではむずかしい目的の達成を支障なく援助することができるということは認めなければならない。それゆえ、政府の新しい福祉活動の多くが自由にとって脅威となる理由は、それらが単なるサービス活動として提供されるとしても、実際には政府の強制力の行使を含み、排他的な権利を要求することにもとづいているということにある。

5　自由擁護者の課題の変化

今日の情況は自由の擁護者の任務を大きく変化させいっそう困難にした。危険がはっきりと集産主義的な性質の社会主義からくるかぎり、その教義はまったく間違っていると論破することができた。すなわち、社会主義者が望むことを達成できず、むしろ望まないほかの結果を生みだすであろう、と論破できた。福祉国家にたいしては、この用語が明確な体系を示していないために、同じような反対議論をすることはできない。この名称に含まれるものはきわめて多様かつ矛盾をも含む要素の集まりであるために、その一部は自由社会をより魅力あるものにするかもしれないが、そのほかは自由な社会と両立しないし、少なくとも潜在的脅威となるかもしれない。

以下において説明するが、福祉国家の目的のあるものは、個人的自由を損なわずに実現しうるであろう。ただしその方法は明白で評判のよいものとはかぎらない。また別のものは、ある程度までは同じように実現することができる。ただしそのための費用は想像以上に大きいものであったり、あるいは富が増大するにつれゆっくり漸進的にのみ達成しうるものであったりする。また他のもの――それらは社会主義者の心情にとってとくに貴重な目的である――は個人の自由を維持したいと願う社会では達成しえないものである。

共同の努力によって供給することが、共同社会のすべての成員にとって利益となると思われる公共的な福利施設(amenities)、たとえば公園や博物館、劇場や運動施設がある。ただし、それらは国家当局よりもむしろ地方当局によって供給されるべきだという考えには強い根拠がある。さらに保障の問題、全員に共通する危険にたいする保護という重要な問題もある。その場合、政府はしばしばこれらの危険を減少させるか、あるいは危険にたいする人びとの備えを援助することができる。しかしながらここで、二つの保障概念を区別することが重要である。その一つはある限度の保障で全員にとって達成可能ないかなる特権ともならないものと、もう一つは絶対的な保障でそれは自由社会において全員にとっては達成不可能なものとである。前者はきびしい物質的欠乏にたいする保障、すなわち全員にたいする一定の生活最低限度の保障であり、後者はある一定生活水準の保障で、個人あるいは集団の享受する水準とほかの人びとあるいは集団のそれとを比較することによって決定される。したがってその差異は、全員にたいする等しい最低所得の保障と、ある個人が受けるに値すると考えられている特定の所得の保障との区別である。[15] 後者は福祉国家をあおる第三の主要な野心、すなわち財のいっそう均等な分配もしくは公正な分配を保障するために政府の権力をもちいたいという願望と密接に関連している。これによって特定の人びとが特定のものを得ることを保障するために政府の強制力をもちいるべきであることを意味するかぎり、それは異なった人びとにたいするある種の差別と不平等な扱いとを必要とするもので、自由社会とは両立しない。「社会的正義」を目的とし、「第一義的に所得再分配者(16)」となるのはこうした福祉国家である。それは必然的に社会主義とその強制的かつ本質的に恣意的な方法へと逆もどりすることになる。

6　行政国家に固有の拡張主義

福祉国家の目的の一部は、自由を害する方法によってのみ達成しうるものではあるが、その目的すべてをそのような方法によって追求することもできるかもしれない。今日の主要な危険は、政府のある目的がひとたび正当なものとして受けいれられると、つぎには自由の原則に反する手段でさえ正当に利用しうると想定されることである。不幸な事実は、大部分の分野においてある一定の目的を達成するもっとも確実かつ迅速な方法が、あらゆる利用可能な資源を目に見える解決方法に向けることのように思える。特定の悪にたいする憤りに満ちた野心的で性急な改革家にとって、もっとも迅速かつ直接的な手段でその悪を完全に廃棄することが適切と見えるであろう。もし現在、失業、病気あるいは老齢にたいする不十分な備えに悩んでいる人たちをひとり残らず救ってその不安をのぞかなくてはならぬとするならば、まったく包括的でしかも強制的な計画を立てなければ駄目であろう。しかしそのような問題をすぐに解決したいという焦りから政府に排他的で独占的な権力を与えるならば、われわれは近視眼的であったことに気づくであろう。もし目の前にある対策決定に向けてなにをおいても進むことが唯一の認められる方法でありあらゆるほかの代案が排除されるならば、もしある要求を満たす最善の方法であると今日考えられているものがすべての将来の発展にとって唯一の出発点をなすとするならば、現在の目標にはおそらくすみやかに達するであろう。しかし同時にいっそう有効な対策があらわれるのを妨げることになるであろう。多くの場合、既存の知識と権力を徹底的に利用することにもっとも熱心な人たちは、知識の将来の成長をもっとも妨げる人たちであることが多い。統制された単線的な発展は、焦りと行政上の便宜によってしばしば改革者をひきつけ、とくに社会保険の分野では現代福祉国家の特徴となったものであるが、将来の改良にとっては主要な障害となるかもしれない。

もし政府が個人によるある標準の到達をしやすくするだけでなく、すべての人びとがそこに到達することを確実にしようと望むならば、その点に関するすべての選択を個人から奪うことによってのみそうすることができる。すなわち、福祉国家は家政国家となり、家父長主義的権力が共同社会の所得の大部分を支配し、個人にとって必要であり受けるに値すると権力が考える形態と量で配分することになる。

多くの分野において、効率と経済性の考慮にもとづくもっともらしい議論がある特定のサービスに関する国家の独占的責任負担を支持するのにもちだされることがある。しかし国家が実行するとなると、結果それらの利益が幻にすぎないことがじきにわかってくるだけでなく、サービスの性格は競争的な機関によって供給された場合とはまったく異なったものになる。たとえば、政府がある特定のサービスのためにその支配下にあるかぎられた資源を管理する代わりに、ある専門家によって必要と認められるものを人びとに強制的に与えることを保障する場合。人びとの生活にとって重要なことがらの一部——健康、雇用、住居および老齢手当など——に関しての選択をもはやすることができず、自分たちの必要について任命された権威者の評価をもとにくだされた決定を受けいれざるをえないとする場合。さらに、ある種のサービスが国家の独占的領域となり、すべての専門職業——医療、教育あるいは保険のいずれであろうと——が、統一的な官僚的階層支配としてのみ存在するようになる場合。これらの場合、人びとがなにを手にいれるかを決定するのは、もはや競争的実験ではなくて当局の決定のみとなるであろう。[17]

一般に性急な改革者をして、そのようなサービスを政府独占の形で組織化したいと考えさせる同じ理由によって、個人にたいする広範な自由裁量的権力を、責任を負う当局に与えるべきであると信じさせるようになる。もしその目的がある規則にしたがって、特殊なサービスを供給することにより、全員にとっての機会を改善することであるにとどまるならば、これは本質的に企業的なやり方で達成しうる。しかしその場合には、すべての個人にとっての結果が正確に望んだとおりになるとはけっしていえないであろう。もし各個人がある特定の仕方で考慮されるべきであるとするならば、それは人びとを差別する権力をもつ一つの自由裁量的な当局によって個別的で家父長主義的なあつかい方をするしかないであろう。

市民のある種の必要が単一の官僚的機関の独占的事業となった場合に、その機関を民主的に管理すれば市民の自由を効果的に保護することができると考えるのはまったくの幻想である。個人的自由の保持に関するかぎり、単にあれこれをなすべきであるとする立法府と、これらの指令を実行する排他的権力を与えられる行政装置とのあいだの分業は、考えうるもっとも危険なやり方である。[18] あらゆる経験の確証するところであるが、とくにイギリスとアメリカの経験から十分明白であるように、「行政機関がその眼前にある当面の目的を達成しようとする熱意は、自らの任務を狂わせることになり、憲法上の限界と保障された個人の権利も、政府の至高の目的とかれらがみなすものを達成する熱心な努力の前に、道を譲らなければならないと想定させるにいたる。[19]」

今日、自由にたいするもっとも大きな危険は、現代の政府においてもっとも必要でもっとも有力な人たち、すなわち公共の利益とみなすものに独占的にたずさわっている有能な専門行政官から生じるといっても誇張ではないであろう。それでもなお理論家たちは、これらの活動にたいする民主的統制について語るかもしれないが、この問題に直接的な経験をもつ人はすべて（ある最近のイギリスの著述家が述べたように）、「もし、大臣の統制が……神話になっているとするならば、議会の統制は、まったく愚かなおとぎ話であり、そしてつねにそうであった。[20]」国民の福祉に関するこのような管理がわがままで統制しがたい機関となるのは避けられず、その機関の前で個人は無力となり、それは主権的権威ともいえるまったく神秘的な性質をいよいよ帯びるようになる。この言葉はドイツ的伝統の最高行政（*Hoheitsverwaltung*）、あるいは支配国家（*Herrschaftsstaat*）といわれるもので、アングロサクソン人にとってほとんど馴染みがなく、意味を伝えるために「覇権（hegemonic）[21]」という奇妙な用語をつくりださなくてはならなかった。

7　国内政策に限定されるべき議論

自由社会のための経済政策の完全な目録を解説するのは以下の章の目的ではない。われわれが注意を向けようとするものは、主として自由社会においてその位置がなお不確定な新しい願望についてである。それに関するさまざまな立場はなお両極端のあいだで揺れうごいており、そこでは悪から善をえり分けるのに役立つ原理がもっとも緊急に必要である。ここで選びだす問題はおもに、もし過度に野心的な企てのために福祉国家のあらゆる活動にたいして向けられるかもしれない不信から、比較的に穏当で正当な目的の一部を救いだすべきであるとした場合に、とくに重要であると思われるものである。

政府活動には自由社会の維持にとってもっとも重要なものがたくさんあるが、ここでは十分にそれらを検討することはできない。まず第一に、国際関係から生ずる複雑な問題にはいっさい触れないことにしなくてはならない。これらの問題を慎重に考察しようとすれば、本書を過度に膨張させるだけでなく、適切に扱うためにわれわれの準備を超えた哲学的基礎づけを必要とするからである。これらの問題にたいする満足のいく解答は、主権国家という形で歴史的に与えられている実体を国際秩序の最終単位として受けいれないかぎり、おそらく見いだされないであろう。また、政府のさまざまな権力をどの集団に委任すべきかという問題もあまりにもむずかしく、簡単には答えられない。さらに、国際的規模での法の支配にたいする道徳的基礎は依然として欠如しており、もし今日超国家的機関に政府の新しい権力の一部をゆだねるべきであるとするならば、法の支配が国家のうちでもたらすあらゆる利益はおそらく失われるであろう。あらゆる政府の権力をいかに効果的に制限し、一連の機関のあいだにいかに分割するかを学ばないかぎり、国際関係の問題にたいしてはその場しのぎの解答しかありえないように思われる。また、国家的政策における現代の発展は、国際問題を一九世紀におけるよりもはるかに困難にしたといってもよいであろう。[22] ここでわたくしの意見としてこうつけ加えたい。個人的自由の保護が今日よりもいっそう確実に保障されるまで、一つの世界国家の創設は、文明の将来にとっておそらく戦争よりも大きな危険となるであろう。[23]

第二に、政府機能の集権化対分権化の問題は、国際関係の問題に劣らず重要である。その問題はこれからさき議論をしていく問題の多くと古くから関連をもっているけれども、体系的に考察することはできないであろう。政府権力の最大限の集中を支持するのはつねにこれらの権力の増大を好む人たちの特徴であるが、他方、主として個人的自由に注意を払う人たちは一般に分権化を主張してきた。あるサービスの提供を私的創意に期待できないゆえ、集合的行動が必要とされる場合、地方当局による行動が次善の解決を与えるということには有力な理由がある。というのは、それが多くの点で私企業の有利さをもち、かつ政府の強制的行動の危険が少なくてすむからである。地方当局間、あるいは移動の自由がある一地域内でのより大きな単位間での競争は、さまざまな方法による実験の機会をおおいに提供するものであって、それが自由な成長の主たる利益を保障するのである。大多数の個人はけっして住居を変更しようとは考えないかもしれないが、青年や進歩的な人たちのなかには移動をのぞむ者もかなりいるので、地方当局としては妥当な費用で競争者と同等のサービスを提供することを必要とすることになる。(24) 概して、権威主義的な策動家たちは、画一性、政府の効率および行政上の便宜の利益をあげて中央集権的傾向を支持し、この点で相対的に貧しい多数者の強い支持を受ける。かれらは相対的に豊かな地域の資源を吸いとろうと望んでいるのである。

8　独占とその他の小さな問題

以上のほかにもいくつかの重要な経済政策の問題があるが、われわれは付加的に触れることしかできない。経済的安定と大きな不況の防止が、ある程度政府活動に依存することを否定するものはいないであろう。この問題は失業および貨幣政策の表題のもとで考慮しなければならない。しかし体系的展望をしようとすれば、経済理論の高度に技術的かつ論争の的になる問題に入りこむことになるであろう。その場合、この分野でのわたくしの専門的研究の結果として取るべき立場は、本書に論じられた原則とはほとんど無関係である。

同様に、ある特定の努力にたいする補助金を課税によって資金調達する場合、補助は住宅、農業および教育との関連で考察しなければならないが、さらに一般的な性格の問題になってくる。いかなる政府も補助金を与えるべきではないと単純に主張するだけでこの問題をかたづけることはできない。たとえば国防のように、政府活動の当然の領域においては、補助金はおそらく必要な発展を刺激する最善かつもっとも危険の少ない方法であり、場合によっては完全な政府引きうけよりも好ましいものである。おそらく補助金に関して規定しうる唯一の一般的原則は、直接の受益者（それが補助金を受けたサービスの提供者であるか、そのサービスの消費者であるかを問わず）の利益の点からはけっして是認しえないもので、ただ全市民が享受できる一般的便益、すなわち真の意味での一般的福祉の点からのみ是認できるということである。補助金は所得再分配の手段としてではなく、個別的にサービスの代価を支払う人びとだけに限定することのできないサービスを提供するために、市場を利用する手段としてのみ政策の正当な道具となるのである。

これからあとの概観におけるもっとも明白な欠陥は、おそらく企業独占の体系的な議論をいっさい省略したことである。その問題は慎重に考えて除外した。その主要な理由は、それが普通に付与されているほどの重要性をもたないと思われたからである。[25]自由主義者にとって、反独占政策は一般に改革のための情熱の主要な対象であった。わたくし自身、過去において、労働組合の強制的権力を抑えるには同時に企業独占を攻撃しなければ、それを望めないとする戦術的な議論をしていたと思う。しかしながら、労働側の現存の独占と企業側のそれとを同種のものとして見ることは誠実なことではないと確信するようになった。このことは、企業独占をある点で有益かつ望ましいと考える一部の著述家[26]と立場をともにすることを意味しない。わたくしは一五年前に感じたと同様、[27]いまなお、もし独占者が経済政策の一種の身代り犠牲者（whipping boy）として扱われるならば、それはよいことであるかもしれないと感じている。そしてアメリカにおいて、立法府が独占にとって不利な世論の空気の創出に成功したことを認めている。一般的な規則（たとえば差別禁止の規則のような）の強制が独占的権力を抑制しうるかぎり、そのような行動は全面的に望ましい。しかしこの領域で実際になしうることは、法人、特許、および課税に関する法律の漸進的改良という形を取らざるをえない。これらについて役立つようなことを手短に述べることはほとんど不可能である。しかしながら、わたくしは特定の独占にたいする政府の自由裁量的活動の有益な性質についてはますます懐疑的になっている。そして、個々の企業の大きさの制限を目的とするあらゆる政策の恣意的性質には重大な不安を感じている。アメリカにおける一部の企業についてあてはまるように、反トラスト行為として摘発されるのではないかという理由から、大企業が価格引きさげによる競争を恐れるという事態を政策が生みだすならば、それは馬鹿げたことになる。

現在おこなわれている政策が見誤っている点は、害をもたらすものが、独占それ自体あるいはその大きさではなく、ある産業もしくは商業への参入の障害、およびその他のある独占的慣行そのものにあるという点である。独占はたしかに望ましくない。しかし、それは欠乏が望ましくないのと同じ意味でそうであるにすぎない。そして、どちらの場合にも、それを避けることができるということを意味するのではない。[28] ある種の能力（また、特定の組織のある種の利点と伝統）が複製することのできないことは人生の好ましくない事実の一つであって、ちょうどある財が稀少であることが事実であるのと同じである。この事実を無視し、「あたかも」競争が有効であるかのような条件をつくりだそうとすることは無意味である。法は状態を禁止することにおいて効果的ではありえず、ある種の行為を禁止できるにすぎない。われわれが望みうるのは、競争の可能性がふたたびあらわれるときにはいつでも、それを誰もが妨げられずに利用できるということだけである。独占が市場への参入にたいする人為的な障害による場合には、それを排除するのが当然である。また一般的規則の適用によって可能なかぎり価格差別を禁止することにも強い理由がある。しかし、この分野における政府の記録はきわめて嘆かわしいものであり、政府に自由裁量的権力を与えることがこれらの障害を増大させる以外になにか役に立つことになる、となお期待する者がいることは驚くべきことである。どこの国の経験でも、独占の処置における自由裁量的権力は、すぐに「善い」独占と「悪い」独占とを区別するために利用され、そして当局はその悪い独占を防ぐことよりも、善いと想定された独占を保護することに多くの関心をもつようになる。保護に値する「善い」独占があるかどうか、わたくしは疑う。しかし不可避的な独占はいつも存在するが、その経過的で一時的な性質は政府の配慮のために恒久的なものになってしまうことがよくあるのである。

しかし、企業独占にたいするいかなる特殊の政府活動からも期待されるものはほとんどないけれども、政府が意図的に独占の成長を助長し、しかも長いあいだ労働の分野において実行しつづけてきたように政府の本来の機能を果たすことに失敗している場合、すなわち、法の一般的規則の例外を認めて強制の防止という機能を果たすことに失敗している場合には事情は異なる。不幸なことに、民主主義においてある期間にわたって特定の集団を優遇する手段が普及したのちに、特権に反対する主張は特殊な援助を必要とし、また受けるに値すると考えられていたという理由で、大衆の特殊な支持を受けていた集団に反対する主張となるのである。しかしながら、法の支配の基本的原則が最近の労働組合の場合のようにほかのいずれの事例におけるよりも広く侵害され、重大な結果をもたらしたことは疑う余地がない。それゆえ、それに関する政策がわれわれの考察する第一の主要な問題となる。

第一八章　労働組合と雇用

政府は他の独占にたいしては久しく反対してきたが、突然、労働者の独占権を広範囲にわたって保護しかつ奨励した。労働者の独占に民主主義は耐えうるものではない。これを規制するには破壊するしかなく、おそらくこれを破壊しなければ、かならず民主主義そのものを破壊してしまうだろう。

ヘンリー・C・サイモンズ（Henry C. Simons）

1　結社の自由

労働組合に関する公の政策は、一世紀あまりのうちに、一方の極端からもう一方の極端へと移っていった。労働組合のおこなうことは禁止されていなくともほとんどが合法的でなかった状態から、現在は法の一般的規則の通用しない独特の特権が与えられた制度をもつ状態に達した。労働組合は、政府がその主要な任務、すなわち強制と暴力の防止をきわだって果たしえていない唯一の重要な実例となっている。

この発展に非常に力を与えたのはつぎの事実である。はじめ組合は自由の一般的原則[1]に訴えることができ、それからずっと組合にたいする差別がすっかり廃止されて、例外的な特権を得るようになったのちも自由主義者の支持を維持することができたのである。進歩派の人たちがある特定の議案の妥当性について考慮しようとせず、「組合に賛成なのか反対なのか」、あるいは通常のいい方では「労働者に賛成なのか、反対なのか[2]」を一般的に問題にするだけというのは、ほとんど他の領域では例を見ないところである。だが、組合の歴史をきわめて簡単に見さえすれば、妥当な位置はその進化を示す両極端のどこか中間になければならないことがわかる。

けれども、大部分の人は実際にどうなったかについてほとんど実感をもたないので、いまになってもなお組合が「結社の自由」のために闘っていると信じて組合の要望を支持しているのである。しかし、この言葉は事実上その意味を失い、現実の争点は個人が組合に加入するかしないかの自由にあるのみである。現在の混乱は、ある程度は問題の特質があまりにも急速に変わったことに起因する。多くの国々で労働者の自発的な団結が合法的なものになった途端に、組合が気の進まない労働者を組合員になるように強制し、非組合員を雇用させないようにしはじめたのである。大部分の人は「労働争議」が報酬と雇用条件との不一致を意味すると未だに信じているであろうが、争議の唯一の原因は気の進まない労働者を強いて、加入を強制しようとする労働組合の側の試みにしばしばある。

組合による特権の獲得がイギリスほどめざましいところはなかった。一九〇六年の労働争議法（Trade Dispute Act）が「組合、あるいはその専従員の犯すもっとも嫌悪すべき誤ちであっても、それを遂行するために市民的責任をまぬがれる自由を労働組合に与えた。要するにすべての労働組合にたいして、他のどんな個人または団体も（法人であろうと非法人であろうと）もっていない特権と保護を与えたのである。[3]」同じように好意的な立法は、アメリカにおいても組合を助けた。一九一四年のクレイトン法（the Clayton Act）は、シャーマン法（the Sherman Act）の反独占の条項から組合を除いた。一九三二年のノリス・ラガーディア法（the Norris-LaGuardia Act）は、「不法行為にたいする労働組織の実際に完全な免責を認めるまでにいたった。[4]」そして最高裁判所は最後に重大な判決において、「経済活動への参入を組合が雇用者にたいして否定する権利の要求を支持した。[5]」多かれ少なかれ同じ事態が一九二〇年代までにはヨーロッパ諸国に存在するようになった。「それは、はっきりとした立法的承認によるよりも、当局と裁判所の黙認によって存在するようになった。[6]」いたるところにおいて、組合の法制化は組合の主要目的の合法化として、またこの目的（すなわち独占権）を達成するために必要と思われるどんなことでもできる組合の権利の承認として解釈された。組合は正当で利己的な目的を追及する集団として、しかもその目的はすべての利益と同様に同じ権利をもって競争し合う利益によって抑制されなければならない一集団として取りあつかわれるのではなく、集団の目的（全労働者の徹底的かつ包括的な組織化）が公衆の利益のために支持されなければならない一集団として取りあつかわれるようになった。[7]

組合によるその権力の眼にあまる濫用は世論に衝撃を与え、無批判な親組合感情は衰えているが、民衆は現存の法的立場が基本的に誤りであり、自由社会の全体の基礎が組合によって横奪された権力によってゆゆしくも脅かされていることを知らない。ここでは、最近アメリカで注目された組合権力の犯罪的な濫用には関係しない。ただし、その濫用は組合が合法的に享受する特権とまったく関係がないわけではない。われわれの関心は、法の明白な承認、あるいは少なくとも司法当局の暗黙の寛容によって、組合がもっている権利にかぎられる。ここでの議論は直接に組合それ自体に向けられることはない。また現在広く濫用とみなされている方策に局限されるものでもない。しかし、「神聖な権利（sacred rights）」としてではなくとも、現在広く正当として受けいれられている組合の権力の一部分に注意を向けることになろう。これらの権利に反対する立場を弱めるよりは強めることになるのは、組合がしばしばその権力を行使するにあたり、おおいに抑制を示したという事実である。わたくしたちが現在の事態がつづくことを認めるわけにはいかないのはつぎの理由による。現在の法的事情では、組合はそれが現在なすよりも無制限に多くの害を及ぼすことができるし、事態がもはや現状存続に耐えられないほど悪化しないのは多くの組合指導者の節度と賢明な思慮に負うところが多いからである。(8)

２　組合の強制と賃金

組合が法のもとでの自由の原理全体に反して行使を許されている強制とは、おもに仲間の労働者にたいする強制である。このことは十分に強調しえていない。使用者に本当の強制権力をふるうことができるとしても、それは他の労働者を強制するというこの主要な権力の結果である。すなわち、使用者にたいする強制は、もしも組合から不本意な支持を強要するこの権力を奪われるならば、その非難すべき性格をほとんど失うであろう。労働者間の自発的な同意の権利も、労働者のサービスを一斉に停止する権利でさえも問題とはならない。ただし注意しておくが、後者（ストライキをする権利）は正常の権利ではあるとはいえ、譲渡することのできない権利とはみなすことができない。一部の雇用にあっては、労働者がこの権利を放棄することが雇用の条件になっているのは、理由のあることである。つまり、そのような雇用では労働者の側で長期にわたる義務をともなうことになり、そういう契約を破棄するための一斉的行為はいずれも違法である。

事実、一企業あるいは一産業のいっさいの潜在的労働者を効果的に支配する組合は、使用者にたいしてほとんど無限の圧力をかけることができるし、とくに多大の資本が特殊の設備に投入されている場合には、そのような組合は実際に所有者を剥奪し、その企業の全収益をほとんど支配することができる。[9] けれども、決定的な点はこのことが全労働者の利益にはならないであろうということである。たとえば、このような行動から生ずる全利益が雇用されていてもいなくても労働者に等しく分配されるようなありそうにない場合を除いて。したがって、組合はそのような一斉行動の支持を自分たちの利益に背くとして反対する労働者を強制することによってのみ、これを達成することができる。

これができるのは、労働者が供給を制限することによって、すなわち労働の一部を留保することによってのみ自由市場で成り立っている水準を超えて実質貸金を上昇させることができるからである。より高い賃金で雇用される人びとの利益は、そのためにいつも結果的により低い賃金の仕事にのみ職を見つけるか、あるいはまったく職を見いだせない人びとの利益に対立する。

たいてい組合がまず使用者をしてある額の賃金に同意させ、そのあとでより低い賃金では誰も雇用されないように仕組むという事実は、ほとんど実態を変えるものではない。賃金を固定させるというのは、もっと低い賃金でのみ雇用される人たちを締めだす手段としては、他のどのような手段とも同じくらいに効果的な手段である。肝腎な点は、組合が他のものを締めだす力をもっていることを使用者が知っているときにのみ、その賃金に同意するということである。[10] 原則として、(組合によろうと、当局によろうと)賃金の固定化が、そうしない場合よりも賃金を高くするのは、働く意志のある労働者がみな雇用される場合の賃金よりも高いときだけである。

組合はそれでもなお反対の信念にもとづいて行動するかもしれない。しかし、働く意志のある労働者全体の実質賃金を自由市場において成立する水準以上に、長期的に上昇させることはできないということは今日では疑いえない。ただし名目賃金の水準を引きあげることならたしかにできるであろうが、そのことについては、その影響と合わせてのちに論ずることにしよう。組合がその点を超えて実質賃金の引きあげに成功し、しかもその成功が一時的なものにとどまらないとすれば、それは他人の犠牲においてある特定の集団だけを利することになる。したがって、その成功が全員の支持を得るとしても、ある部分的な利益に奉仕するだけであろう。ということは、純粋に自発的な組合であれば、その賃金政策は労働者全体のためにはならないため、全体の支持を長く受けることはできないであろう。それゆえに、組合外のものを強制する力をもたない組合は、仕事を求めている者すべてが雇用される水準、すなわち労働一般のためにまことに自由な市場で成立する水準以上に賃金を強いて押しあげるほどの力はないであろう。

しかし、雇用されている者の実質賃金が失業の犠牲においてのみ組合活動によって押しあげられるとともに、特定の産業なり職業なりの組合は、他の人びとを比較的に低い賃金の仕事にとどまらせるよう強いることにより組合員の賃金を引きあげることがきっとできるであろう。これがどのくらい賃金構造を実際に歪めるかは判断がむずかしい。けれども、一部の組合は自分たちの職種への流入を阻止するために暴力の使用を便利だと考え、また別の組合は加入のために高いプレミアムを課したりすること（あるいは現在の組合員の子供のために仕事の口を留保しておくことさえ）ができること、などを考えるならばこの歪みがおおきいことは疑いないであろう。このような政策は比較的に繁栄した高報酬の支払われる職業にたいしてのみ成功するのであって、その政策によって相対的に裕福な人びとが相対的に貧しい人たちを搾取する結果になるであろうということは記憶しておくに足ることである。どの組合をとって見ても、その範囲内では組合活動が報酬の差を縮める傾向を示すことがあるとしても、主要な産業と職業の相対的な賃金に関するかぎり、今日の組合がなんらの機能をもたない不平等にたいしてもっとも責任があり、その不平等が特権の結果にすぎないことはたしかである。[11]ということは、組合の活動は必然的にいたるところで労働の生産性を低下させ、そしてそのために実質賃金の一般的水準をも低下させている。なぜかというと、もし組合活動が報酬の高い仕事につく労働者の数を減少させ、報酬の低い仕事に滞留せざるえない人たちの数を増加させることに成功するとすれば、その結果は全体の平均が低くなるに違いないからである。組合が非常に強い国では、実質賃金の一般的水準は、そうでない場合に見られるよりも低いということは、実際に十分ありうることである。[12] このことはたしかにほとんどのヨーロッパの大部分の国についてあてはまる。組合政策は「不必要な仕事を増やす（make-work）」という性格の制限的慣行が一般的にもちいられているので強化されているのである。

一般的賃金水準がこれまでのように急速に上昇したのは組合の努力によるものであるということを、もしいまなお多くの人が明白で疑いない事実として受けいれるとすれば、上記の理論的分析の明白な結論、また経験的な反証にもかかわらず、かれらはそう思いこむのである。実質賃金はしばしば組合が強いときよりも弱いときにずっと速く上昇した。それればかりではない。労働者が組織されていない特定の職業や産業における上昇でさえ、高度に組織化され、そして同じように繁栄している産業におけるよりも、はるかに速いことさえもあった。[13] 共通の印象がこれとは反対なのはつぎの事実にもとづく。すなわち今日、組合との交渉によって大部分の場合に得られる賃金引きあげは、まさにその理由により、組合交渉の方法でのみ得られるとみなされるのである。[14] さらに、つぎの事実にもとづくことも多い。あとで詳しく説明するが、組合の活動は事実上、実質賃金の上昇を超える貨幣賃金の継続的な上昇をもたらすのである。貨幣賃金のそのような上昇が一般的な失業を生みださずにすむのは、その増加がインフレーションによって一様に効果のないものとされるからにすぎない。事実、完全雇用を維持すべきであるとするならば、そうならざるをえないのである。

3　賃金にたいする組合の権力の限度

もし組合が実際に一般に信じられているよりも、その賃金政策によって達成することがはるかに少なかったとすれば、この分野における組合の活動は経済的に非常に有害であり、政治的にははなはだしく危険である。組合がその権力を使用する仕方は、市場制度を効果のないものに傾けると同時に、経済活動の方向の支配を自分のものとする。それは政府の掌中にあれば危険であるが、特定の集団によって行使されるならば耐えうるものである。組合は労働者の各種の集団の相対的賃金にたいする影響を通じ、また貨幣賃金水準にたいする恒常的な上方圧力を通じて支配力を及ぼすのであり、その結果は不可避的にインフレーションをともなう。

相対的賃金への影響は、ある一つの組合支配下の集団内では賃金の一様性と硬直性が大きく、相異なる集団間の賃金では格差がより大きく、そして非職能的な相違が存在するのが普通である。これは労働の移動の制限をともなうものであり、賃金の一様性と硬直性の結果であるか、あるいは原因であるかのどちらかである。特定の集団には利益をもたらすが、生産性をすなわち労働者一般の所得を引きさげることは、つけ加えていう必要はないであろう。それからまた、組合が確保する特定集団の賃金のより大きな安定性は、雇用のより大きな不安定性をともなう傾向があるということも、ここでさらに強調する必要はないであろう。重要なことは、種々の職業と産業の組合の力の偶然の差によって、経済的に正当性をもたない労働者間の報酬のいちじるしい不平等が生じるだけでなく、種々の産業の発展においても非経済的な不均衡が生じるであろうということである。建設業のような社会的に重要な産業は、その発展をいちじるしく妨げられるであろうし、緊急の必要を満たすこともできないであろう。というのも、その産業の性格から、組合にたいして強制的で独占的な慣行のための特別の機会を与えるからである[15]。組合は資本投入のもっとも大きなところでもっとも強力であるから、それは投資の妨害になりがちである。おそらく現在、租税につぐ妨害物であろう。最後に、企業と共謀した組合の独占が、しばしば当該産業の独占的支配の主要な基礎の一つになることがある。

組合主義の現在の発展によって生ずる主要な危険は、各種の労働の供給において組合が効果的な独占力を打ちたてて競争を妨げ、すべての資源の配分の効果的な調整器として働かないようにすることである。しかし、もし競争がその調整手段としての効果をもたなくなれば、なにかほかの手段が代わりに採用されなければならないであろう。だが市場に代わる唯一のものは当局による管理である。そのような管理は部分的な利害をもつ特定の組合の手にまかせることはできないし、いっさいの労働を統一する組織によって適切におこなわれるものでもない。そういう組織はその国における最強の力になるだけでなく、国家を完全に支配する一つの力になるであろう。けれども、現在のような組合主義は、全面的な社会主義計画の体系そのものを生みだす傾向があるが、これを望んでいる組合はほとんどなく、実際に利害面から見れば避けなければならない。

4　組合の強制の方法

組合がその主要な目的を達成するには、同種の型の労働供給を完全に支配することができなければならない。しかし、そのような支配に従うことは労働者全員のためとはならないから、一部の労働者を自らの利益に反するよう行動させるにちがいない。これはある程度まで容易に心理的ならびに道徳的な圧力を通じて、組合が全労働者に利益をもたらすという誤った信仰を進めることができるであろう。すべての労働者はその階級のために組合活動を支持すべきであるという一般的感情をつくりだすことに成功すれば、強制は反抗的な労働者に義務を果たさせる正当な手段として受けいれられるようになる。そこで組合はもっとも効果的な道具に頼ってきたのである。すなわち、労働者階級の生活水準がこれまでのように急速に上昇したのは組合の努力の結果であり、そして組合の絶えざる努力を通じてのみ賃金は可能なかぎりの速さで上昇しつづけるという神話――それを熱心に教化することにより、通常その反対者によって積極的に助けられてきたのである――がそれである。このような状態から脱却するには、事実のより正しい洞察によってのみ可能である。そして、これが成功するかどうかは、経済学者が世論啓蒙の仕事をどのように効果的にするかにかかっている。

しかし、組合によっておこなわれるこの種の道徳的圧力は非常に強力であるとしても、実質的な害を及ぼす力を組合に与えるには十分とはいえない。組合の指導者は、もし目的を達成しようとするならばいっそう強い形態の強制が必要であるという点で、組合主義についての研究者と明らかに意見を等しくする。組合が構成員を実際に強制的にさせる目的で発達させた技術とは、すなわち、「組織活動」(organizational activities)（アメリカでは「組合保護」(union security) と呼ばれる――奇妙な婉曲語法――）と呼ばれるもので、組合に実質的な力を与えるのである。まことに自発的な組合の力は全労働者の共通の利益に制限されるだろうから、かれらは非同調者を強制して自分たちの意志に従わせることにその主要な努力を向けるようになった。

組合はこの点において、誤導された世論の支持と政府の活発な援助とがなければ成功しなかったであろう。不幸にも、かれらは完全な組合化が公共政策にとって正当であるだけでなく、重要でもあることを民衆に説得するのにある程度成功した。労働者が組合を結成する権利をもつということは、組合が労働者個々人の意志とは独立に存在する権利をもつということではない。もし労働者が組合の結成を必要と感じないならば、それは公共的な災難であるどころか、実際非常に望ましい事態であろう。しかるに全労働者を組合に加入させることが組合の当然の目的であるという事実は、組合がその目的を達成するために必要と思われるどんなことでもする資格が与えられるべきであるということを意味するように解釈された。同様に、組合がより高い賃金を確保しようと試みることは正当であるという事実は、組合がその努力によってうまく成功するために、必要と思われるどんなことでもしてよいとされなければならないことを意味するように解釈された。とくに、ストライキは組合の正当な武器として受けいれられたから、それを成功させるのに必要なことはどんなことでもおこなってよいと信じられるようになった。一般に、組合の合法化は、その目的にとって必要不可欠だとみなすどんな方法でも、合法的とみなすべきだということを意味するようになった。

このようなわけで、組合の強制力はどんな他の目的にたいしても許されないと思われる方法で、個人の私的領域の保護に背く方法の利用に基礎をおいているのである。第一に、組合は一般に認められているよりもはるかに大きい程度まで、威嚇の手段としてのピケット・ラインの利用を頼りにしている。いわば何回にも分けておこなう「平和的」ピケットでさえ非常に強制的であること、そしてそれを許すことが正当と想定されている目的の故をもって容認されている特権をなしているということは、つぎの事実によって明らかである。すなわち、ピケットは労働者でもない人たちによって、他人を強制して組合を結成させるためにもちいることができるし、もちいられているのである。それによってかれらは組合を支配しようとするし、さらに純粋に政治的な目的のために、人気のない人にたいして憎悪をあらわすためにももちいられるという事実である。目的がしばしば承認されているという理由で与えられるピケットの合法性の外観は、それが自由社会ではどんな私的機関にも行使を許されないある種の組織的圧力を個人に加えることをあらわすという事実を変えるものではない。

ピケットの容認についで、組合が個々の労働者を強制しうる主要な要素は、クローズド・ショップ、あるいはユニオン・ショップとそれらを取りあわせたものの立法と司法権の両方による裁可である。これらの制度は取引の制限をおこなう契約を意味するのであって、通常の法規からの免除によってのみこれを組合の「組織活動」の正当な対象としたのである。立法はしばしばはなはだしく進んでいき、一工場、あるいは一産業の労働者の多数の代表者によって締結された契約は、それを利用しようとするどの労働者にも適用可能であるだけではなく、かりに雇用者が個別に違った組合わせの利益を得ることを望み、またそれを得ることができるとしても、その契約は全雇用者に適用されることを要するまでになったのである。(16) われわれとしては、賃金交渉の道具としてではなく、ただ他の労働者を無理に組合政策に同意させる手段としてもちいられるいっさいの二次的なストライキやボイコットを、承認しがたい強制手段とみなさざるをえない。

そのうち、組合のこれらの強制的戦術の大部分が実施可能な理由は、法律によって労働者の集団に、共同行為の通常の責任が免除されるからである。すなわち形式上の法人化を免除するか、あるいは法人に適用される一般的規則から組合組織をはっきりと除いてしまうのである。このほか種々の現代組合政策の問題を取りあげる必要はあるまい。その一つだけをたとえば取りあげるならば、全産業的あるいは全国的交渉というのがある。こういうことが実行可能かどうかは、すでに述べた慣行にかかっている。もしも組合の基本的な強制力が取りのぞかれるならば、ほとんど確実にそれらの手段は消失するであろう。(17)

5　組合の正当な機能

強制をもちいて賃金を引きあげることが、組合の重要な目標であることを否定することはできない。たとえこれが組合の唯一の目的であるとしても、組合を法的に禁止することは是認できない。自由社会においては、もしも望ましくないものが差別的な立法なしでは防止できないとすれば、その多くは容認されなければならない。しかし賃金の支配は現在でさえ、組合の唯一の機能ではない。すなわち、組合は非難しがたいだけでなく明らかに有用なサービスを与えることがたしかにできる。もしその唯一の目的が強制的行動によって賃金引きあげを強いることにあるならば、強制力が取りあげられることになれば、たぶん組合は消滅するであろう。しかし、組合は果たすべき有用な機能をほかにもっている。それらの機能の完全な禁止の可能性を考えることさえわれわれの原則にまったく反するとはいえ、なぜそのような禁止にはどんな経済的根拠もないのか、なぜ自発的、非強制的組織として組合が重要なサービスを与えることができるのかを明白に示すことは望ましい。事実、組合が強制の使用を実質的に禁止されて、現在の反社会的目標から転換させられてはじめて、その潜在的な有用性を十分に発揮できるであろうということは、想像以上のものがある。(18)

強制力のない組合は、おそらく賃金決定の過程においてさえも有益かつ重要な役割を演ずるだろう。第一に、一方における賃金増加とそれに代わる利益――使用者が同じ費用で提供できるが、労働者の全員あるいは大多数が追加的な給与よりも好んで受けとることを前提とするもの――とのあいだで、しばしば選択がなされる。賃金の階層における個人の相対的地位は、しばしばその絶対的地位と同様に一個人にとって重要であることも事実である。どんな階層的組織でも、仕事の相違に応ずる報酬の相違や昇進の規則が多数によって公正であると感じられることは重要である。(19)同意を得るためのもっとも有効な方法は、団体交渉において一般的要綱の一致を求め、さまざまな異なった利害が表明されるようにすることである。使用者の立場からでさえ、それ以外の方法では、大組織のなかで満足のいく賃金構造に達するために考慮すべきいっさいの異なった事情を調整する方法を考案するのは困難であろう。ある一連の標準的条件に同意を求め、利用したい者には誰でも利用できるようにし、ただ個々の場合の特殊の取り決めを排除しないようにしておくことは、大規模な組織の必要から不可欠のことのように思われる。

同じことが個々の報酬以外の労働条件に関するいっさいの一般的問題に、さらに広い範囲であてはまる。これらの問題は、全被雇用者に関係するものであり、労働者と使用者の相互の利益のためにできるだけ望ましい方法で規定されるべきである。大きな組織はだいたいにおいて規則によって支配されていなければならない。そしてそういう規則は労働者の参加のもとに作成されるならば、もっとも有効に作用するものである。[20] 使用者と被雇用者とのあいだの契約は、両者の関係だけでなく、いろいろな被雇用者集団との関係をも規定するから、その契約に多角的協定の性格を与え、そして苦情処理におけるように被雇用者間にある程度の自治を認めることが便利なこともある。

最後に、もっとも古くかつもっとも有益な組合活動として、「共済組合（friendly societies）」がある。それは組合員の仕事の特殊の危険に備えるため、組合員の援助を引きうけることである。これはあらゆる点で望ましい形の自助とみなされるに違いない任務であるが、ただしだいに福祉国家によって引きうけられるようになっている。しかしながら、上述の議論のいずれかが、工場あるいは企業単位の組合より大規模な組合を正当と認めるかどうかについては、問題を未決定のままにしておこう。

これとはまったく別の問題が一つある。ここでは付随的に述べるにとどめるが、組合の経営活動への参加要求である。「産業民主主義（industrial democracy）」の名のもとに、あるいはもっと最近になって「共同決定（co-determination）」の名のもとに、この要求はとくにドイツで、そしてまたそれほどでもないがイギリスでかなりの人気を得た。それは一九世紀の社会主義の一分派である革命的労働組合主義（サンジカリズム）の考えの奇妙な再燃であって、その教義のもっとも思慮の足りない、もっとも非実際的な形態を代表するものである。これらの考えは表面的には訴えるところがあるが、調べてみればその固有の矛盾がはっきりわかる。一つの工場あるいは産業は、ある恒久的な独自の労働者団体の利益になるように運営しながら、同時に消費者の利益に奉仕することはできない。しかも、企業の管理に効果的に参加するのは専任の仕事であり、そして専任として従事するとなれば、誰でもやがて一被雇用者の見方と利益とをもたなくなってしまう。したがって、このような案を拒絶すべきだとするのは単に一使用者の観点からだけではない。アメリカにおいて組合の指導者が経営に関してどんな責任をも引きうけることを強く拒絶しているのは十分に理由のあることである。だが、この問題をさらに詳しく検討するには、読者自ら利用しうる慎重な研究文献を参照して、その関係する範囲をすべて含めて学ばれることを望む[21]。

6　強制の抑制

あらゆる組合の強制にたいして個人を保護することは、一般世論が組合の強制を正当とみなすかぎり、不可能かもしれないが、この問題の大多数の研究者の一致した見解としては、法律と裁判権についてわずかで一見些細と見える変更をすれば、現在の状態にたいして広範でたぶん決定的な変化をもたらすに足りるであろうと考えられている[22]。明白に組合に許可されている特殊な特権あるいは裁判所の寛容のもとで組合に越権的に許されている特権をただ取り去るだけで、組合が現に行使している非常に重要な強制力を奪い、社会的に有益になるようにかれらの正当な利己的な利益を導くに足りると思われる。

もっとも大切な条件は、真の結社の自由が保障されること、そして強制は使用者または被雇用者のいずれが行使するにしても、また組織のためであろうと組織に反対のためであろうと、等しく不当なものとして取りあつかわれるべきということである。目的が手段を是認することにならないという原則、組合の目的が法律の一般的規則からの免除を是認することにならないという原則は、厳密に適用されるべきである。ということは、第一に、何回にもわたるピケットは禁止されるべきことを意味する。なぜなら、それは暴力の主要なそして通常の原因であるばかりでなく、そのもっとも平和的な形態においてさえも強制の手段であるからである。第二に、組合は非組合員をどの仕事からも排斥することを許してはならない。これはクローズド・ショップとユニオン・ショップの契約（「組合権の維持」と「優先雇用」条項のようなものを含む）は取引を制限する契約として取りあつかわれなければならず、法律の保護から外されなければならないということである。これらの契約は個々の労働者が組合に加入することを禁じる「黄犬契約（yellow-dog contract）」と少しも異なるものでなく、通常、法律によって禁止されているものである。

このような契約をすべて無効にすれば、二次的なストライキとボイコットの主要な目的物を取り去ることによってこれらの圧力や類似の圧力をほとんど効果のないものとしてしまうであろう。けれども、また一工場あるいは一産業の労働者の多数を代表する人たちと契約を結ぶにあたっては、全雇用者を拘束するようないっさいの法的規定を廃止し、そして全組織集団の構成員がその権限を自発的に委任しなかった場合にも、なお構成員を拘束する契約を当集団が結ぶ権利を奪うことも必要であろう。(23) 最後に、契約上の義務や一般の法律に違反する組織的行為や一斉行動の責任は、もちいられる組織的行動の特定の形態がどうであろうと、行動の決定権を握っている人たちにはっきりおかれなければならない。

ある種の契約を無効と定めるごとき立法はすべての契約の自由の原則に背くと主張するのは、根拠のある反対論ではないであろう。この原則はすべての契約が法的に拘束力をもち実施しうるものであることを意味しえないということを、われわれはさきに（第一五章で）指摘した。この原則の意味は、どんな契約でも同一の一般的規則にしたがって判断されなければならないこと、そしていかなる権威も特定の契約を承認するか否認するかの自由裁量的権力を与えられるべきではないことを説いているにすぎない。法律によってその有効性を否定さるべき契約のなかには取引の制限に関する契約が数えられる。閉鎖的で組合加入を条件とする契約は明らかにこの範疇にはいる。もしも立法と司法と行政機関の寛容とが組合に特権を与えなかったならば、組合に関する特別立法の必要は慣習法の国ではおそらく生じなかったであろう。このような必要が存在するのは遺憾なことであるし、自由の信奉者はこの種のどんな立法をも不安に思っているであろう。しかし、ひとたび特殊な特権が国法の一部となっているとすれば、それをのぞくには、特殊な立法によるしかない。特殊な「労働の権利に関する法律（right-to-work laws）」の必要があってはならないが、アメリカにおいて立法と最高裁判所の判決によってつくりだされた事態のもとでは特殊立法こそ自由の原則を回復する唯一の実際的な方法とせざるをえないのである。[24]

労働界における結社の自由の原則を回復するために、どの国でも必要とされると思われる特別の手段は、その国の個々の発展によって生じた情況に依存するであろう。アメリカにおける事態はとくに興味深い。というのは、ここでは立法と最高裁判所の判決とが組合の強制を法制化するうえでおそらくどこの国よりもさきに進んでおり、そして行政当局にたいして自由裁量的で、本質的には無責任な権力をきわめて広く与えているからである。[25]しかしさらに詳しい説明のためには、必要な改革が完全に述べられているペトロ（Professor Petro）の『自由社会の労働政策（*The Labor Policy of the Free Society*）』[26]についての重要な研究を読者に読んでもらわなければならない。

組合の有害な権力を制限するために必要な変化をおこなうには、他のどんな人間にも適用されるものと同一の法の一般的な原則に組合を服従させるだけでよいのであるが、現在の組合が全力をあげてこれに抵抗することはたしかである。かれらは望みを達成するのに強制力が必要であることを知っている。この強制力こそ自由社会を維持しようとするならば制限されなければならないものである。しかし事態は望みのないものではない。現在の状態がいつまでもつづくものでないことがやがて組合にも判明すると思われる方向への発展が現にある。組合に開かれている今後の発展のどちらかの筋道のなかで、いっさいの強制を防ぐ一般原則に従うことのほうが現在の政策をつづけるよりも長期的にははるかに望ましいことに組合は気づくだろう。というのは、後者の道は二つの不幸な結果のいずれか一つをもたらさざるをえないからである。

7　貨幣政策の役割

労働組合は労働者全体が稼得できる実質賃金の水準を長期的に変更することができず、しかもそれを引きあげるよりは引きさげるような傾向が事実あるが、貨幣賃金の水準についてはおなじことがあてはまるわけではない。貨幣賃金に関していえば、組合の活動の効果は貨幣政策を支配する原則に依存するであろう。現在、広く受けいれられている教義とそれに応じて貨幣当局から期待される政策とをもってすれば、現在の組合政策は継続的かつ累進的なインフレーションにほとんど確実に導くに違いない。これについての主要な理由は、支配的な「完全雇用」の教義がどんな失業の責任をも組合からはっきりと取りのぞき、貨幣・財政当局に完全雇用を維持する義務を課していることである。後者が組合政策から失業を生みださないように阻止しうる唯一の方法は、どんな過度の実質賃金の上昇を組合が引きおこしそうな場合にもインフレーションを通じて対抗することである。

このような事態になってしまったことを理解するためには、「ケインズ」型の完全雇用政策の知的根拠を少し説明する必要があるであろう。ケインズの理論展開は、広範な失業の通常の原因が高すぎる実質賃金にあるという正しい洞察から出発した。そのつぎには、貨幣賃金を直接に引きさげることが、非常に苦労の多くかつ長きにわたる闘争でしかできないので、それを想像することはむずかしいという命題がくる。そこでケインズは結論として実質賃金の引きさげが貨幣価値の低下の過程によってのみ可能であるとしたのである。これが実に「完全雇用」政策全体の根底にある理論であり、非常に広く受けいれられている。[27] もし労働者があまり高い水準の貨幣賃金を主張して完全雇用が許されないとするならば、貨幣の供給を増加して物価の水準を引きあげ、現行の貨幣賃金の実質的価値が雇用を求める労働者の生産性を超えない程度にまでもってこなければならない。このことから、一つ一つの組合は貨幣価値に追いつこうとして貨幣賃金のより以上の上昇を主張することをやめなくなり、そして組合の努力の合計はこうして累進的インフレーションを生むにいたることを意味してしまう。

たとえ個々の組合がある特定の集団の貨幣賃金の減少をとにかく防ぐにとどまるとしても、こういう結果は生じるであろう。組合がこのような賃金引きさげを実行させないようにし、経済学者がいうように賃金が一般的に「下方硬直的」になっている場合には、たえず変化する条件によって必要となる各種集団間の相対賃金の変化はすべて――相対的な実質賃金が低下しなければならない集団の貨幣賃金を除き――、いっさいの貨幣賃金を上昇させることによって生みだされるに違いない。そのうえ、貨幣賃金の一般的上昇とその結果として生ずる生計費の騰貴は、一般的に実質賃金の低下をしなくてはならない集団の側でさえ、貨幣賃金を押しあげようとすることになるであろう。そして相対賃金の再調整が成り立つまでには、つぎつぎと賃金引きあげを繰り返していくことが必要になるであろう。相対的賃金の調整の必要はいつでも生ずるのであるから、この過程だけでも賃金・物価の循環上昇を引きおこすのであって、それは第二次世界大戦以来、すなわち完全雇用政策が一般に受けいれられるようになって以来、引きつづいて生じているのである。[28]

この過程は、賃金増加があたかも直接にインフレーションを起こすかのように記されることがある。これは正しくない。もし貨幣と信用の供給が拡大されなければ、賃金増加は急速に失業をもたらすであろう。ある賃金水準で完全雇用を保障するのに十分な貨幣を提供することを貨幣当局の義務とする教義の影響を受けている場合には、賃金の増加の循環ごとにさらにインフレーションが生じてくることは政治的に避けられない[29]。あるいは、物価の上昇が十分に顕著にかつ長期にわたって、重大な公の警告が生まれるまで避けがたいのである。そのときになって貨幣的な歯止めをかけようとする努力が払われるのである。しかし、そのときまでには経済がいっそうのインフレーションの期待にかみ合うようになっており、現存の雇用の多くは継続的な貨幣の拡大に依存するであろうから、それをとどめようとすれば、相当の失業を生みだすであろう。これはインフレーションにたいする、新しい抵抗しがたい圧力を生みだすことになろう。そしてインフレーションをさらに拡大していくにつれ、かなり長い期間にわたり失業の出現を防ぐことができるであろう。もしインフレーションを進めなければ、賃金の騰貴は失業を招いているであろう。結局、社会にとって累進的なインフレーションは、組合の賃金政策の結果を治療しようとするものでなく、組合の賃金政策の直接的な結果であるように映るであろう。

賃金とインフレーションとのあいだのこの競走はしばらくのあいだはつづくであろうが、いつまでもつづけるわけにはいかず、人びとはなんとかして止めなければならないことを実感するにいたる。組合の強制力を押えて、広範かつ長期の失業を生みだす貨幣政策は排除されなければならない。というのは、その政策は政治的にも社会的にも致命的であるからである。しかし、もしわれわれが組合の力をその根底において抑制することにある期間内に成功しないと、組合は法の支配に服従させられるよりも、たとえ組合の指導者でなくとも、個々の労働者にとって非常に不愉快な手段の要求に直面させられることになるであろう。すなわち、政府による賃金の固定あるいは組合の完全な廃止を求める要求がでてくるであろう。

8　長期的な展望

他のどの世界とも同じように労働の世界においても、操縦機構としての市場の排除は、行政的管理の制度によって市場をおきかえなければならなくなるだろう。市場の調整機能にわずかでも接近しようとするならば、行政的管理は経済全体を統合しなければならないし、またそのために最後の手段として単一の中央当局によっておこなわれなければならないだろう。かかる当局は、最初は労働の配分と報酬のみに関与するかもしれないが、その政策はかならず社会全体を中央集権的計画・管理体制へ転換させることになるであろうし、さまざまの経済的ならびに政治的な結果をもたらすのである。

インフレーション的な傾向がしばらくのあいだ影響してきた国々では、「総合的な賃金政策」の要求がしだいに頻繁になっていくのが見られる。これらの傾向がもっともいちじるしかった国、とくにイギリスでは、左翼の知的指導者のあいだの定説として、賃金は一般に「統一政策（unified policy）」によって決定されるべきである、とされているように思われる。ということは、究極的には政府が決定をしなければならないという意味である。[30] もしも市場が取りかえしのつかないほどにその機能を奪われているとすれば、賃金を当局によって決定させる以外に、産業間、地域間および職業間に労働を配分する効果的な方法はまったくないであろう。一歩一歩、強制力を備えた公式の調停と仲裁の機構の設立により、また賃金裁定局の新設を通じて、賃金は本質的に当局の恣意的な決定に違いないものによって決定される情況に向かっているのである。

すべてこれは、労働組合の現在の政策の不可避的結果にすぎない。組合は市場の力によるよりも、むしろある種の「公正（justice）」の概念によって賃金が決定されるようにしたいと望んでいるのである。しかし、とにかく機能する制度においては、ある集団の人たちが当然にもつべきだと信ずるものを、暴力の脅威によって実施することができるようであってはならない。そして、わずかの特権集団だけでなく労働の主要部門の大多数が強制的な行動のために効果的に組織化されるようになっているときに、その一つ一つが独立に行動することを認めることは公正の正反対をもたらすだけでなく、経済的混乱を生みだすであろう。もし市場による賃金の非人格的決定にもはや依存しえないとすれば、活力のある経済制度を保持できる唯一の方法は政府の権威によって賃金を決めさせることになる。このような決定はきっと恣意的に相違ない。というのは、適用できる公正の客観的基準なるものはないからである。[31]あらゆる他の価格やサービスに関してあてはまるように、仕事を求めるすべての人にとって開放された機会と両立する賃金率は、どんなふうに評価しうる功績にも、どんな独立の公正基準にも合致しないが、しかし誰もが制御できない条件に依存しなければならない。

ひとたび政府が全体の賃金構造の決定を引きうけ、それによって雇用と生産を支配せざるをえなくなると、組合の現在の権力は、法の支配に服する場合に生ずるよりもはるかに大きな破壊を受けるであろう。こうした制度のもとでは、組合は一方では政府の政策に進んで従う道具になって政府の機構のなかに編入されるのと、他方では全面的に廃止されるのとのどちらかしか選ぶことができなくなるであろう。おそらく前者の方法が選ばれるだろう。というのは、現在の組合官僚が組合の立場とその一部の個人的権力を保持できると思われるからである。しかし、労働者にとっては、それはある組合国家による支配に完全に従うことを意味する。大多数の国の状態はある種のこういう結果を待つか、あるいはわれわれの足跡を踏んでいくしかほかに道はない。現在の組合の位置はいつまでもつづきえない。というのは、組合は経済の一部分においてのみ機能できるからであって、それをかれらは破壊しようと最大の努力をしているのである。

9　当面の選択

労働組合の問題は、われわれの原則の適切な試験となると同時に、この原則を侵害した場合の結果についての教訓的な実例ともなる。私的強制を阻止する政府の義務を果たしえず、政府はその失敗の結果を矯正するためにいたるところでその本来の機能を乗りこえざるをえなくなり、そのためにその演じる仕事は組合と同じように恣意的となる状態に陥っている。組合が手にいれることを許された権力が攻撃しがたいものとみなされるかぎり、組合のために蒙る損害を矯正するには、もっと大きい恣意的強制力を国家に与えることしかない。事実すでに労働の領域において法の支配の明白な衰退をわれわれは経験している。(32) しかし、その事態を改善するために実際に必要なことは、法の支配の原則にもどり、立法および行政当局が一貫してこの原理を適用することである。

しかるに、この道はあらゆる流行りの議論のうちでもっとも愚かなものによってふさがれている、すなわち、「われわれは時計を逆にもどすことはできない」と。この古くさい文句を習慣的にもちいる人びとは、冒した誤りから学ぶことができないという運命論的な思いこみを、また知性を働かすことができないということを卑劣にも承認していることを、その文句があらわしていることを知っているのであろうか疑わざるをえない。もし多数の人びとが現在の発展の行方を十分に理解していれば慎重に選択すると思われる別の満足のいく解答があるということを、長期的な見方をする人が信ずるかどうかをわたくしは疑う。一部にはさきを見通した組合指導者がつぎのように考えはじめた兆候がある。すなわち、自由がますます衰退していくままにまかせるべきでないとすれば、その趨勢を逆転させ、法の支配を取りもどす決心をしなければならない。そして組合の運動において貴重なものを救うために、指導者はこれまで長いあいだ運動を引っぱってきた幻想を放棄しなければならないと。(33)

現在の政策を、すでに捨てられてしまった原則にふたたび従わせるだけでも、自由にとっての脅迫的な危険を回避することができるだろう。必要なことは経済政策の変更である。というのは、現状においては、政府が短期的な必要に迫られてつぎつぎと緊急事態に応じる戦術上の決定によって、われわれは恣意的な支配の繁みにいよいよ引きずられていくのである。相矛盾する目標の追求のために必要となる緩和剤を累積していく結果は、戦略上に致命的になってくるのである。経済政策のすべての問題にもあてはまるように、労働組合の問題は個別的な問題にたいする場あたりの決定によっては満足のいく解決はありえず、一つの原則を首尾一貫して適用し、すべての領域において一様に守られてこそ解決されるのである。自由社会を保持することのできるそのような原則はただ一つある。すなわち全員に等しく適用のできる一般的、抽象的な規則の実施をのぞいて、いっさいの強制を厳格に防止することである。

第一九章　社会保障

落ちこぼれ者を捕捉しようという安全網の教義は、十分に自立のできる仲間に公正な分け前を与えようという教義のために、無意味なものになってしまった。

『エコノミスト』（The Economist）

45　第19章　社会保障

1　公的扶助と強制保険

西欧の世界では、自分の力の及ばない事情から生じる極端な貧困あるいは飢餓に脅かされている人びとにたいしてある給付をすることが、社会の義務として久しく受けいれられてきた。はじめは、地域的な施設によってこの必要を満たしていたが、大都市が成長し、人間の移動が増え、古い地域的な結びつきが解体したとき、それでは不十分になったのである。そして（もし移動にたいして障害を引きおこしてはならないことが地方当局の責任だとすれば）これらの給付は全国的に組織しなければならず、特別の機関がその給付のために創設される必要があった。公的扶助あるいは公的救済として、今日知られているものは、あらゆる国でさまざまな形態を取って備えられているが、それは現代の情勢に適応した、かつての救貧法にほかならない。産業社会にあって、こうしたある施設の必要は問題とするまでもない。貧困者側の絶望的行動にたいして身を守る必要のある人びとの利益だけからしても。

この救済がそうした必要に自分で備えることのできなかった人（「貧者の名に値いするもの［deserving poor］」と通例呼ばれていた）にいつまでも限定しておくべきではないこと、また比較的豊かな社会で今日与えられている救済の額が生存と健康の維持に絶対に必要な額を超えるべきものであることは、たぶん避けがたいのである。この援助を利用できるがために、一部の人が自ら備えうる危急にたいしてもそうした備えを怠るようになることを予期しなければならない。ゆえに、備えることができたにもかかわらず援助を要求する人びとには、備えを自らするよう要請するべきであるとするのは、しごく当然であると思われる。老齢、失業、疾病などの極端な必要に備えることがひとたび社会一般の義務として公認され、個人が自ら備えうるかどうかまた備うべきであるかどうかにかかわらないとすれば、そしてその援助が個人の努力を怠らせるほどに保障されるとなれば、こうした人生共通の危険に保険をかける（あるいは備える）よう人びとを強制するのは、明白当然の結果であると思われる。この場合の正当性の理由は、人びとがその個人的利益になることをするよう強制されるべきだというのではなく、備えを怠って、社会一般へのお荷物となることを防ぐということである。ちょうど自動車の運転者が第三者の危険に備えて保険をかけるよう強いられるのは、これと同じことであって、自分自身の利益のためでなく、自分の行動で害を被るかもしれない他人の利益のためなのである。

最後に、かつては一部の人だけがしたある種の備えを、国家がひとたびすべての人に要求するとなれば、国家が適当な制度の発展にも助力すべきであるとするのは、十分根拠のあることと思われる。放っておけばもっと緩慢に進むだろうと思われる発展を促進することが国家活動にとって当然のこととなり、新型式の制度を実験し、これを発展させる費用は、ちょうど公共の利益にかかわる他の領域における調査費用あるいは知識の普及と同様に、公の責任とみなすことができよう。この目的のために国庫から支出される援助は本来、一時的なものであるべきである。すなわち、それは公的な決定によって必要とされる開発の加速化を助ける意図にもとづく補助金であって、ある過渡的な期間だけのものであり、そして現行制度が成長して新たな要求に間に合うまで発展すれば、廃止されるべきものである。

この点までは、「社会保障」の制度全体の正当性について、もっとも首尾一貫した自由擁護論者もおそらく受けいれることができよう。多くの人はそこまでするのは賢明でないと考えるかもしれないが、それがわれわれの述べてきた原則と矛盾するということはできない。これまで述べてきたようなプログラムには、ある程度強制力を必要とするが、しかしその強制は他人のために個人のより大きい強制を先回りして防ぐよう企図されただけのものである。これを擁護する議論は、個人として同胞の極端な貧窮の結果にたいして自分自身を守ろうとする願望があるのと同じように、個人を強いてその個人自身の必要にたいしていっそう有効に用意をさせようとする願望があるということに根拠をおいている。

2　最近の発展の傾向

深刻な問題が発生するのは、「社会保障」の支持者がさらに一歩踏みだす場合である。一八八〇年代のドイツにおける「社会保険」の初期段階にあってさえ、個人は、もし自分がしなかったならば国が備えなければならないとされた危険にたいする備えをするよう強いられたばかりでなく、政府によって運営される単一機関をとおしてこの保護を得るよう強制されたのである。この新しい型の組織の着想は、イギリスにおいてはとくに労働者自身の創意にもとづきつくりだされた制度に由来するものであったし、やはりこうした制度が生まれていたドイツにおいては、とくに疾病保険の分野においてそれらの制度の存続は許されていたが、老齢、産業傷害、労働不能、扶養者および失業にたいする備えのように新たな発展が必要とされた分野では、いずれにおいてもその発展には統一組織の形を取ることとし、それがそのサービスの唯一の供給者となり、保護を受けるものはすべてこれに所属しなければならないというふうに決定されたのである。

このようにして「社会保険」は当初から強制保険を意味したばかりでなく、国家の支配による統一組織への強制加入をも意味した。この決定を是認するおもな理由は、かつては広く論議され、現在では変更不可能なものとして受けとられている。つまり、統一組織のもつ効率性と管理上の便宜（すなわち、経済性）であった。これを必要とするもの全員にたいして、一挙に十分な備えを保障する唯一の方法であるとしばしば主張されたのである。

この議論のなかには正しい部分もあるが、しかしそれは決定的なものではない。あるいは一定の時点において、当局の選びうる最高の専門家が構想した統一機関がつくりうるもっとも効率的なものとなろうということはたぶん正しい。しかし、もしそれがあらゆる将来の発展にとっての唯一の出発点とされ、最初に管理を引きうけた者がどんな変更が必要かを判定する唯一の判事となるかぎり、それはいつまでも効率的でありつづけることはないのである。なにかをする最善の手段あるいはもっとも低廉な手段を保っていくには、長期的に見てあらかじめ設計によるほうが、利用しうる財源をたえず再評価していくことよりもすぐれていると信じるのは間違いである。庇護された独占はすべて時の経過とともに非能率になるという原則は、他の場合と同様にここにもあてはまる。

もしはっきりできるとわかっていることすべてをできるかぎりすみやかに達成したいと考えるならば、たしかにその慎重な考案による組織に全資源を投入することは最善の方法である。社会保障の分野において適当な制度の漸次的発展をあてにするということは、もし中央集権化した組織であったらただちに配慮したと思われる一部個人の必要が、ある期間にわたり適当な注意を払われないことを意味するであろう。気短かな改革家にとっては、避けうる悪をすべて即刻廃止できないことには満足ができず、なしうることをなすに足りる十分な権力を備えた単一の装置をつくりだすことが、それゆえ唯一の適切な方法に見えることになる。しかしながら長い眼で見れば、ある特定分野における成果について見ても、このために支払わねばならない代価はきわめて高価なものであろう。もしもその当面の適用範囲が広いという理由である単一の包括的な組織にわが身をしばるのは、福祉にたいして結局はより大きく貢献したかもしれない他の組織の発展を妨げることになるであろう。(1)

もし能率ということが単一の強制組織を支持するにあたって主として強調されたとすれば、その擁護者たちの心のなかにははじめから明らかに別の考えが潜んでいたのである。事実、たがいに関連はあるが異なる二つの目的があって、それは強制力を備えた政府組織なら達成することができるが、営利事業として運営される機関では及びえないものである。私的機関は契約にもとづいて特殊のサービスだけを供給することができる。すなわち、それは受益者の意図的な行動とは独立に生じ、しかも客観的規準に照らして確かめることのできる必要にたいしてのみ備えることができる。それはこうした方法でただ予期しうる必要にたいしてだけ備えることができるのである。しかし、まことの保険制度をどれほど拡大しようとも、受益者は契約による要求の満足以上のものを得ることはできない。すなわち、その本人の情況にもとづいて必要と判断されたものならなんでも、得ることができるわけではない。これにたいして、独占的な政府サービスは契約による要求とは無関係に必要に応じる配分の原則にもとづいて行動することができる。このような自由裁量の権力をもつ機関だけが、個々人の受けとる「べき」ものをなんでも供与する立場にあり、ある均一の「社会的標準」を達成するために、なす「べき」ことをなんでもかれらにさせる立場にある。それはまた――これは第二の主要点であるが――望ましいと思われる程度に、個人や集団のあいだに所得を再分配する立場にあることになろう。保険はすべて危険の共同化を含んでいるが、私営の競争的保険では前もって選びだされた集団から他の集団へと所得の意図的な移転をおこなうことはできない。(2)

このような所得の再分配は今日では、社会「保険」――この名称は計画の当初の時期においても誤称である――といまなお呼ばれているものの主たる目的となっている。一九三五年にアメリカでこの計画が導入されたとき、「保険」という用語は、「助長的傾向のある表現に従い」(3)、口にしやすいという理由だけで使われたのである。計画ははじめから保険とはほとんど関係がなかったし、それ以後もっていたかもしれない保険に類似したものはまったく失われてきたのである。同様のことは、もともと保険にいっそう近いものをもって出発した大部分の国にもあてはまる。

所得の再分配は、社会保障制度の最初からの公称の目的ではなかったが、いまではどこでも実際の公認の目的となっている。(4)独占的な強制保険制度はまったく違ったものへ変質、つまり強制的な所得再分配の道具への変質に抵抗しなかった。不幸な少数者になにを与うべきかを与える側の多数者が決定するのではなくて、受けとる側の多数者が富裕な少数者からなにを受けとるべきかをかれら自身が決定するという制度の倫理性については、つぎの章で論じよう。ここでは、もともと貧困の救済をめざしていた一つの制度が、平等主義者の再分配手段に変貌してゆく過程にのみ注意を向けよう。福祉国家が多数のものにとって旧式の社会主義の代替物となってきたのは、所得を社会化し、もっともふさわしいと考えられる人びとに貨幣ないしは実物で給付を配分する一種の家計的国家を生みだす手段としてである。直接に生産を操作しようという現在では評判の悪い方法にたいする代替案とみなされる福祉国家の技術は、「公正な分配」をもたらそうとして、それが適当とみなす比率と形態において所得を与えるもので、たしかに社会主義の古い目標を追い求める新しい手段にすぎないのである。古い社会主義よりもはるかに広く受けいれられるようになってきた理由は、はじめのうちは特別に困窮する人びとに給付を与える有効な手段にすぎないもののごとくに正規には受けとられていたからである。しかし、一見穏当な福祉組織の提案の承認は、のちにあるまったく別種のものの約束と解釈された。こういう変質が起こったのは、大部分の者にとって些細な技術的問題と思われた決定を通じてであって、実はその際に重大な相違が根気づよく巧妙な宣伝によってしばしば故意に曖昧にされたのである。大切なことは、窮乏を防ぎ福祉の最低水準を用意する義務を社会が受けいれるという事態と、あらゆる人の「公正」な地位を決定する権力を想定してひとりひとりにそのふさわしいと考えるものを割りあてるという事態とを区別する線に明確に気づくようになることである。自由が致命的に脅かされるのは、政府があるサービスを供給する排他的権力を与えられるときである。すなわち、その権力は政府の目的を達成するために個人を自由裁量的に強制するために利用されるのである。(5)

3　民主主義と専門家

社会保障制度が極度に複雑であって、そのためにわかりにくいことは民主主義にとって深刻な問題を生んでいる。巨大な社会保障機構の発達が昨今の経済の主たる変容要因でありながら、同時にほとんど理解されることのもっとも少ないものだといっても誇張ではない。このことは個々の受益者がサービスにたいして先払いをしてきたのであるから、そのサービスにたいして道徳上の請求権をもつという根強い信念(6)のなかに見られる。そればかりか、社会保障立法の主要なものが全部認めるかいっさい認めないか以外の選択余地を残さず、立法府のいかような修正も排除するというやり方で提示されるという奇妙な事実のなかにもしばしば見うけられるのである。そして、その結果こういう逆説が生じてくる。国民の多数が賢明な選択をおこなう能力を欠いているという想定のもとに、その所得の大部分をかれらの将来のために管理する口実としているその同じ国民が、個々人の所得をいかに支出すべきかの方法の決定を、その集合的能力において要請されるのである。(7)

しかしながら、社会保障の複雑さがほとんど一つの神秘なものであるのは素人である一般大衆にとってだけではない。経済学者、社会学者、あるいは法律家も含めたほとんどの人が、その複雑でたえず変化しつづける制度の詳細については同様に無知である。結果として、他の分野におけるのと同じく、専門家が支配するようになっている。(8)

労働、農業、住宅建設、教育のような分野にもいる新しい種類の専門家は、ある特定の制度的な構成における専門家である。これらの分野においてわれわれがつくりだしてきた組織は成長してきわめて複雑になっており、それを十分に理解するには、多かれ少なかれ一個人の時間の全部を要するのである。制度の専門家とは、その制度の価値を判定することのできるに足りるだけの知識をすべてもっている人であるとはかぎらず、たいていはその組織をよく理解しているという理由で欠くことのできない唯一の人物なのである。なぜ特定の制度に興味を抱くようになり、その制度を是認するのかという理由は、ある専門家としての資格とはほとんど関係のないことが多い。けれども、例外なくこの新しい種類の専門家は一つの顕著な特徴をもっている。かれらは臆することなく、専門とする制度を擁護している。その訳はひとえに、制度の目的を是認する者だけがその詳細を理解する興味と忍耐とをもつからでなくて、そうした努力は他の誰にとってもほとんど値しないという理由によりいっそう負うところが多いのである。つまり、現行制度の原則を承認する気持ちのない者の見解は大切に受けとられない傾向があり、当面の政策決定の論議で重視されることがないのである。(9)

この発展の一つの結果として、ますます多くの政策分野において、「専門家」として認められた者のほぼ全員がその政策の基礎となる原則に賛成しているということは、一つのきわめて重要な事実である。これはたしかに多くの現代の発展を自己加速的に仕向けている要因の一つである。現行の政策をさらに発展推進するにあたり、政治家たちは「専門家全員がそれを望む」ことを主張するが、多くの場合それはまったく正直な発言である。というのは、その発展を望む者だけがこの制度的な意味での専門家であり、しがらみに拘束されず反対を唱える経済学者や法律家は、専門家とはみなされないからである。ひとたび機構が設立されると、その将来の発展はそれに奉仕しようと選ばれた人たちが必要とみなすものによって形成されてゆくであろう(10)。

4　成長 対 設計

新しい制度が設計から生まれるのではなく、一つの漸進的な進化過程からいかにして生じるかが他のいずれの分野よりも明白に例示すると思われる分野においては、当局が排他的で単一の仕方で発展させる方が優越していると、国家が今日主張するのはいささか逆説的である。保険によって危険《リスク》に備えるという現代の考え方は、かつて誰かがその必要をみてとって合理的解決を工夫した結果ではない。われわれは保険の運営によくなれているので、知識のある人ならば少し考慮するだけで、その原則をただちに見つけるだろうと考えがちである。実際、保険がこれまで発展してきたその道程は、将来の発展を権威の強制によって単一経路に限定しようと望む人びとの想定にたいするもっとも説得力をもつ批判である。かつて、「後に社会保険がつくられたように、海上保険をつくろうとした人はいなかった」とは適切な言葉であるし、また現在の技術にわれわれが達しえたのは漸進的な成長によるのであって、その一歩一歩は、「無名の、過去の人たちによる無数の貢献のおかげで、今日のような完成した状態をつくりあげたのであって、この全体と比較すれば、ひとりひとりの創造的知性による賢明な考え方は、すべてきわめて幼稚にしか見えないのである。[(11)]」

いま視界に見えている目標にいっそう速く到達するために、過去における意図せざる発展から、また古い仕組みを新しい目的に徐々に適応させることから受けてきた助けを考慮せずに、あらゆる英知の目的を達成してきたと、われわれは自信をもっていえるだろうか。国家が独占しようと目論んでいる二つの主要な分野——老齢への備えと医療への備え——において、国家がまだ完全な支配を獲得していないところでは新しい方法がもっとも急速に自生的に成長するのをわれわれは目撃しているのであって、いろいろな実験によって当面の必要にたいする新しい、どんな先行計画も考慮しえなかった解決法を確実に生みだしている。[(12)] このことはきわめて意義深いというべきである。そうだとすれば、国家の独占のもとで長期的に見て、いまよりよくなることが実際にありうるだろうか。ある一定の瞬間において利用しうる最善の知識をもちいて将来の全努力に強制的な標準を定めることは、新しい知識の発生を妨げるもっとも確実な方法であるといってよい。

5　社会保障制度の拡張主義

これまでに明らかにしたことは、はなはだしい困窮に陥った人たちのために公の財源のうちから備えをしてやるという慣行が、人びとに半強制的に困窮にたいする備えをさせて他人の負担にならないようにしようという慣行と結びつき、それが結局いたるところで、三つ目の異なる制度を生みだしてしまったということである、たとえば、疾病とか老齢の人びとは困窮とは無関係に、また自分でその備えをしていたかどうかにかかわらず、その制度のもとでは給付を受けるのである。(13) この制度のもとでは、すべての人は享受すべきだと想定される水準の福祉を給付されるのであって、人びとが自らなしうること、なしてきた個人的な貢献、あるいはどれほどの貢献を今後なしうるかとは無関係なのである。

この第三の制度への移行が一般におこなわれたのは、当初強制保険から得られたものを公的資金によって補い、それから人びとにたいしてわずかな程度しか払う必要のないものを当然の権利として与えるということになったのである。このような強制的所得移転を一つの法律上の権利としたところで、特殊の必要という根拠にもとづく場合だけ移転が是認されるものであり、それはやはり慈善にほかならないという事実はもちろん変わらない。しかし、この性格はこの権利を全員もしくはほとんどの人たちに与え、そして単に比較的に裕福なものの懐中からかれらが受けとるものの何倍かのものを単に取りあげるということで、おおい隠されているのである。多数者として自分が稼得したものではないと知っているあるものを受けとり、しかも個人的必要を斟酌《しんしゃく》して与えられるということを表面上嫌がる感情と、「資産調査（means test）」を好まない気持ちとは、各個人の支払額および不払額をわからなくしてしまうように、この組織全体を包みかくしてしまう口実にされてしまったのである。(14) このことこそ、ごまかしによって世論を説得し、所得分配の新しい方法を受けいれさせる努力の本質であり、これを新しい機構の管理者たちははじめから一つの過渡的な間に合わせの手段とみなし、やがては所得再分配をはっきりとめざす装置へ発展すべきものとしたのである。(15) かかる発展を阻止しうるのは、最初から受取人が十分に支払った部分の給付、つまり道徳的にも法律的にも権利と見る部分と、必要にもとづく給付、したがって必要の証拠に依存する部分との区別をはっきりさせることである。

これに関連して、単一の国家機構による社会保障の、別の特殊性に注意しなければならない。すなわち、強制的方法で徴収した資金をこの強制制度の拡大の宣伝に利用するその権力である。多数者が自らに課税して同じ多数者を説得して現に望んでいる以上になお前進しようとめざす宣伝組織を維持するというのはまったく明らかに愚劣である。少なくともアメリカでは、私営事業では十分正当とされる「広告」技術を公的機関がもちいることは広く受けいれられているが、民主主義の社会において、そうした機関が活動を拡張するために公的財源を広告宣伝に支出することが適当かといえば疑わしいといわなければならない。そして他のどのような分野とくらべても、これが社会保障の分野におけるほど国家的規模でも国際的規模でも一般的現象となっているところはない。それはある特定の発展に関心をもつ専門家の集団が公的資金を使って、世論を自分の都合のよいように操縦することを許されているにほかならない。その結果、投票者も立法者もかれらの行動を指導すべき立場の人びとからのみ、もっぱら自分たちの情報を受けとることになる。この要素が社会がさもなくば容認した限度をはるかに超えて、いかにその発展を加速させたか、その影響ははかりしれないものがある。このような補助金つきの宣伝が、税金で維持される単一組織で展開される場合には、競争的広告とは比較にならないものがある。それによって、この組織は人びとの心を支配する力を与えられるが、その力は情報供給手段を独占する全体主義国家の権力とまったく同じ部類のものである。(16)

形式的な意味では、現行社会保障制度は民主主義的決定によってつくりだされたものであるが、受益者の多数がもし十分にその制度の内容を知っていたとしたら実際に賛成したかどうか、当然疑いたくなるところがある。かれらが、国家の選択した目的にその所得の一部を振りむけることを国家に許すために受ける負担は比較的に貧しい国ではとくに重い。しかるにそういう国では、物質的生産力の増大がもっとも急を要するものである。イタリアでは、平均的な半熟練労働者の仕事にたいするその使用者側の総支出の四四パーセントが国家に手渡されるので、かれらの暮らしは楽になっていると本当に信じられるであろうか。あるいは、具体的な数字でいえば、使用者が労働者の一時間あたりの仕事にたいして支払う四九セントのうちから、かれが受けとるのは二七セントにすぎず、二二セントは国家によってかれのために支出されるからといって、労働者は暮らしがよくなると信じられるであろうか。[17] あるいは、もし労働者が事情を理解しているとして、その仕組みと可処分所得が社会保障なしで約二倍になる場合との選択を許されるとすれば、かれは前者を選択するであろうか。あるいはフランスの場合では、全労働者に向けられる額は総労働費用の平均約三分の一に達しているが、[18] この比率は労働者から見て、国家が見返りとして提供するサービスにたいして自ら進んで提供する額以上ではないであろうか。あるいはドイツの場合は、総国民所得の約二〇パーセントが社会保障行政の手にゆだねられているが、[19] これは人びとが明らかに望むよりもはるかに多く、強制的な資源配分にあてているのではないだろうか。もしもその金額が人びとに手渡され、かれらが私的企業から自由に自分の保険を購入するとすれば、これらの人びとの大半は暮らしが楽になるだろうということを、まじめに否定できるだろうか。[20]

6　老齢者にたいする手当

ここでは社会保障の主要な部門だけをより専門的に考察する。老齢、その他の原因による恒久的労働不能、および家族の稼ぎ手の喪失にたいする手当て、医療・病院診療の手当て、そして失業による所得喪失への保護である。その他の無数のサービスがさまざまな国で、その一部としてあるいは別個に供給されてはいる——たとえば、出産手当てや育児手当ては現代の政策の一面たる「人口政策」と称されるものの一部と考えうる独得の問題を提起する——が、ここでは考察しない。

大部分の国がもっとも深く約束をしてしまい、もっとも深刻な問題を生む傾向のある分野が、老齢と扶養家族にたいする給付である（おそらくイギリスは例外であろう。この国では無料の国民保健サービス［National Health Service］の確立によって、同様の重大な問題を生んでいる）。老齢者問題はとくに深刻である。というのは、今日西欧諸国の大部分では政府の誤りのために、老齢者が自ら備えるべく努力することができたであろうと思われる維持手段が奪われているからである。政府は約束を守らず安定通貨維持の義務を履行しないので、今世紀第三四半期に退職してゆく世代は自分の退職に備えて貯蓄につとめてきた額の大部分を奪われてしまい、こうした情況がなかった場合よりもずっと多くの人びとが、かかる苦境の回避に前もって費やした努力にもかかわらず、不当にも貧困に直面するのである。インフレーションは避けがたい自然災害では決してないと、繰り返しいわざるをえない。それはかならず貨幣政策を引きうけている人びとの弱さや無知の結果である。ただし責任の分担がきわめて広く散らばっているので、誰も単独には非難されない。当局はインフレーションをとおして避けようと試みたものはなんであれ、より大きな害悪とみなしてきたのであろう。つまり、インフレーションをもたらすものは当局の政策選択である。

しかも、仮に老齢への備えを取りあつかうにあたり、当然のことながら政府が招いた特別の責任に十分注意を払うとしても疑わざるをえないのは、ある世代に与える損害（その世代は、結局その責任を分担する）によって、一国の国民がある恒久的な制度を押しつけられ、その制度のもとで一定年齢を超える人の通常の所得源が政治的に定められる年金であって現在の課税から支払われるということを果たして承認しうるかということである。しかし西欧世界全体はこの制度に傾いており、これが将来の政策を支配する問題を生ぜざるをえないが、大部分の人はいまだほとんど理解していない。われわれは一つの病いを治療しようと努力しながら、将来の世代にたいしてかれらが進んで負担しようとする以上の負担を確実に負わせることになり、その結果かれらの両手を奪ってしまい、自分自身を救いだそうとする多大の努力のあとに、われわれが犯してきた以上の背任によって、最終的には将来の世代に負担をかけることになるであろう。

政府が個人の必要、またはかれの果たした払い込みとは無関係に、老齢者全員にたいして最小限度ばかりでなく、ある「適当な」給付を保障しようとするとき、問題はたちまち深刻な様相を呈する。国家がひとたびこの保護給与の責任を独占的に引きうけると、ほとんど間違いなく二つの重要な段階を踏むことになる。第一には、その保護が払い込みを通じて保護の請求権を得たものばかりでなく、まだ払い込みをする時間をもたなかった者にも与えられるということ、第二には、年金が満期に達するとき、それはその目的のために蓄積された追加資本の生みだしたもの、すなわち受益者の努力に帰する追加所得から支給されるのではなくて、現に生産に従事している人びとの労働の果実の一部分の移転にほかならないということである。この点は政府が名目的にある準備基金を積み立てて、それを政府証券に「投資」する（すなわち政府が自分に貸付けて実際にそのまま消費する）としても、あるいは政府が公然と経常の課税で経常の債務を補うとしても、どちらでも同じことである[21]（想像しうることでまだ実行されていない別の方法は、政府が生産資本へ準備基金を投資することであるが、それは産業資本にたいする政府支配を急速にますます増加させることとなろう）。国家が供与する老齢年金のもつこの二つの当然の結果こそは、この種の組織が強要される主たる理由でもある。

こうしてこの装置のもつ保険の性格を完全に放棄して、一定年齢以上のもの全部（およびその扶養家族ないし能力喪失者の全員）にたいして、多数者（そのうちの大部分は受益者である）によってそのときどきに決定される、ある「適当な」所得を受ける権利を承認することになり、この制度全体が政治の一手段、つまり票漁りをする煽動的政治家にとってのやりとりの球になってしまう経過は容易にわかる。公正についてのある客観的基準があって、特権を得る年齢に達した人びとがたとえまだつづけて働く能力があるとしても、現に働いている人びとによって「適当に」扶養してもらえると主張しうる、その程度についてある限度を定めることができるとは信じられない。しかも現に働いている人たちはいつか将来、自分たちが比例的に見てさらにずっと多数となり、それ相応の大きな投票力をもつようになれば、自分たちの必要にたいして、働いている人たちをして備えをさせるずっと有利な立場におかれることになろうと考えてこそ、慰めを見いだすわけである。

根気強い宣伝によって、完全に隠されてしまった事実がある。すなわち、全員にたいする適当な年金という計画には、長らく待ち望んだ引退のときについに到達した多数の人びと、および自分の貯蓄によって引退できる人びとは、実はまだその時期に達していない人びとの犠牲による贈与の受領者となっているのであり、しかもその時期に達していない人たちの多くも、もし同額の所得を保障される場合には、ただちに退職するであろうという人たちである。[22]そして、インフレーションによって荒廃していない豊かな社会では、退職者の大部分はなお現に働いている人より快適に暮せるのが正常であるということを意味している。この問題について、いかに深刻に世論が誤り導かれてきたかをよく説明するものとして（アメリカ連邦最高裁判所が認めている）よく引用される主張がある。すなわち、一九三五年にアメリカでは、「六五歳かそれ以上の老人の約四人のうち三人が、その生活の一部ないし全部を他人に依存していたであろう」と。この説明は統計にもとづいてはいるが、その統計がはっきり想定しているように、老夫婦の保有する全財産は夫に属し、その結果、妻はすべて「被扶養者」であったのである。[23]

こういう事情はアメリカ以外の国々でも普通の特徴になっていたので、その避けがたい一つの結果として、各選挙年度のはじめには、きまってどれほどまた社会保障の給付を引きあげるかの思惑が広がるのである。[24]圧力の加わることの要求になに一つ限度がないことは、イギリス労働党の最近の宣言を見ればまことに明白である。その趣旨によれば、実際に「適当な」年金とは、「同じ環境で生活し、同じ趣味を楽しみ、同じ友だち仲間とつきあえる権利」を意味する。[25]こうなると、おそらくこんな議論がでてくる日も近いことであろう。退職者はお金を使う暇が多いから、まだ働いている者より多く与えられねばならないと。そしてわれわれが近づきつつある年齢分布から見て、四〇歳以上の多数者がやがて自分たちより若い者に命じて自分たちのために働かせようとしても無理からぬことになる。こうした点にいたって、ようやく肉体的に強い人たちが反抗をおこし、老人たちからかれらの政治的権利と扶養を受ける法制上の要求とを奪いとることになるであろう。

さきに引用したイギリス労働党の文書がもう一つ意義があるのは、老人を救済したいという動機のほかにきわめて明確に、老人の自力自助を不可能にさせ、老人をもっぱら政府の維持に依存させたいという欲求を思わず漏らしていることである。あらゆる私的年金計画もしくは、その他同様の仕組みにたいする不満がこの文書には充満している。さらにいっそう注目すべきは、提案された計画の数字の根底にある冷淡な推定によると、物価が一九六〇年と一九八〇年のあいだでは二倍になろうというものである。[26] もしこれが前もって計画されたインフレーションの程度であるとすれば、結果的に今世紀末に引退する人の大半は、若い世代の慈善を頼りにすることが確実である。そして究極的には道徳でなく、青年が警察と軍隊をもって答えるという事実が、問題を解決するであろう。自分自身を養いえない老人の強制収容所が、青年を強制するしか所得をあてにすることのできない老人世代の運命となるであろう。

7　健康保険 対 自由診療

疾病にたいする給付は、すでに考慮してきた大部分の問題であるばかりでなく、それに固有の問題もある。というのは、年齢のような一定の客観的基準を満たすすべての人にたいしては同一であるかのように「必要」の問題を取りあつかうことができないからである。個々の必要ごとに、緊急性や重要性の問題があり、それは必要を満たす費用との釣合いを取らなくてはならないし、本人が決めるかあるいは本人のために誰かほかの人が決めるかしなければならない。

健康保険の拡大が望ましい発展である点には疑いの余地はほとんどない。そしておそらく強制的におこなうのも望ましいであろう。というのは、強制的ならば自身のために備えをする多くの人たちが、そうでないと公的負担となるかもしれないからである。しかし、国営保険という単一組織に反対する議論は強いものがあるし、またすべての人にたいする無料保険給付には、圧倒的に反対の主張が強いと思われる。これまで観察してきたところによれば、そうした組織を採用してきた国々では、明らかに不都合があるようである。ただし、すでに採用されてしまった現在では政治的事情が放棄を許しそうもない。こういう組織にたいするもっとも強い反対論の一つは、実際にこれを導入すると政治的に取りかえしのつかないしきたりとなって、誤りであるとわかろうがなかろうが、継続されるだろうという点なのである。

無料保険給付業の賛成論は通例、根本的に誤った二つの信念にもとづいている。第一に、医療の必要は客観的に確認しうる性質のもので、どんな場合にも経済的配慮とは無関係に十分に充足されることができるし、また充足すべきものであるという信念である。このことを踏まえて、第二に、改善された医療給付はたいてい経済的能力ないし稼得能力の回復をもたらしそれ自体として引きあうので経済的に可能である、という信念である。[27] この二つの主張は健康と生命の保持に関する意志決定に際してほとんどの場合に生ずる問題の本質を見誤っている。ある特定の場合に、どれほどの看護と努力が要求されるかを判定する客観的基準は存在しないし、また、医薬の進歩につれて客観的に可能なことをすべて実施する場合にどれほどの額を費やすのが経済的に引きあうかについては、いかなる限度も存在しないことがしだいに明らかになっている。[28] そのうえまた、健康と生命の保護をするためになすことのできることは、個々の評価において、他の必要を超える絶対的な優先性をもっているとするのも正しくはない。確実性を問題とするのではなく、蓋然性と機会とを問題としなければならない他のあらゆる意志決定の場合と同じように、たえず危険を考慮し、経済的考慮にもとづいてある特定の予防措置を取る意味があるかどうかを見定め、危険と他の必要との釣合いを取るのである。もっとも富裕な人でさえ、健康を守るために医学知識がなしうることすべてをするものではない。というのは、たぶん他の関心がかれらの時間と精力を求めて競争するからである。誰かがいつも追加的努力や追加的資源支出が必要かどうかを決めなければならない。実際の問題点は、当の本人が発言権をもち追加的犠牲を払うことでより多くのサービスを得るか、あるいはこの意志決定がその本人のために他の人によってなされるべきかである。健康や生命という非物質的価値を、物的利益と釣り合わせねばならないという事実を、われわれはすべて好まずそんな選択は不必要であると願いはするが、変更することのできない事実のゆえに、その選択をしなければならないのである。

医療給付のために客観的に決定のできる基準があって、これをあらゆる人に供与可能、かつそうすべきであるという考え方は、ベヴァリッジ計画（the Beveridge scheme）やイギリス国民保健サービス全体の基礎をなしているが、現実とはなんの関係もない[29]。今日の医療のように急速な変化をとげている分野では、平均の給付基準として全国民に等しく備えることのできるものは、せいぜい劣等な基準である[30]。いずれの進歩的な分野においても、全員にたいして備えることが客観的に可能なものは、すでに一部の人に供与されているものに依存するのである。ゆえに、大部分のものにたいして平均的給付以上のものを与えようとすれば非常に高価なものとなり、その結果はやがてこの平均なるものをそうしなかった場合よりも低下させることになるに違いない。

無料保健給付から生じる問題がさらにむずかしくなるのは、医療の進歩によって、労働能力の回復にとどまらず、苦痛の軽減と生命の延長に向かって、その努力を高める傾向があるという事実である。こういう問題はもちろん、経済的根拠でなく人道的根拠にもとづいて是認されうるのである。しかも、人間を不能にしてしまう重病と闘う仕事は比較的にかぎられたものであるが、慢性的な経過を通じてわれわれはみな最終的に死にいたらざるをえないのに、その生命をただ長びかせるという仕事には限度がない。この仕事はどう考えても医療施設を無制限に備えてさえ解決できるものではないし、遺憾ながら競合する目的のうちのどれかをたえず選択するという問題を生みだす。国家医療制度のもとでは、当局がこの選択を個人に課さねばならないだろう。きびしいことと見えようが、自由な制度のもとでは十分に稼得能力のある人たちが老齢で致命的な病人をある程度無視するという犠牲のもとに、一時的で危険でない程度の労働不能をいち早く治療することがしばしばあるであろう。国家医療制度が運営されているところでは、十分な活動力をすみやかに回復できる人が、長期にわたって待たなければならぬ場合が一般的であるのに気づく。というのは、病院の施設が他人の必要にたいして二度と貢献しそうもない人たちによって、すべていっぱいになっているためである。(31)

非常に多くの深刻な問題が、医療の国営化のために引きおこされているために、重要な問題にすべて言及することができない。しかしそのなかで、多くの者はまだほとんどその重要性に気がついていないが、きわめて重大なものとなりそうな問題がある。これは医者がもともと自分の患者にたいして責任をもつ自由職業人の一人であったのに、国家に雇われた公務員、つまり官吏に不可避的に変わらねばならぬことになり、かれらは当局の指図にはどうしても従わねばならず、当局に関するかぎり秘密を守る義務を解かれねばならないということである。医学知識のかかる新しい発展のもっとも危険な面はおそらくつぎのようなことであろう。医学の知識が高まるにつれ、人びとの心を支配する力がこの知識をもつ者に握られることになり、そしてこの医師たちは単一の指揮のもとにおかれる統一的な組織に従属してしまい、国家が一般的に政治を支配する場合の理由と同一の理由によって指導を受けるであろう。個人にとって欠くべからざる人であるその人物が同時に国家の一機関でもあって、個々人の内面の考えごとを見破り、そしてその人物がこの知識を上役に打ちあけなくてはならない状態におかれ、当局によって決定された目的のために、それを利用しなければならないという仕組みは実におそろしい将来を招きかねないのである。国家医療がロシアにおいて、産業訓練(32)の一手段として利用されてきたその方法は、そのような制度によってなされる悪用の予兆を感じさせるのである。

8　失　業

第二次世界大戦前にもっとも重要視された社会保障の分野である失業対策は、近年では比較的に重要でなくなってきている。大規模失業の防止が失業対策よりも重要であることには疑問の余地はないが、前者の問題を永久に解決してしまったとはいえないし、後者の問題がふたたび重要性をもってこないとは確信できないのである。さらにまた、失業者にたいするわれわれの備えの性質が失業の規模を定めるもっとも重要な要素の一つとはならないという点でも確信をもてないのである。

必要と認められるすべての場合についてある均一の最少額の給付をする、公的救済制度の有用性を当然のことと再度ここでみなしておくのは、それにより社会の成員はすべて食も住も欠乏の状態におかれずにすむからである。失業者が引きおこす特殊の問題は、かれらの通常の稼得額にもとづいた、さらに以上の援助をもしするとすれば、どのような方法で誰が供給すべきであるかということである。そして、この必要が公正の原理に従う強制的な所得再分配を是認するかどうかという問題である。

すべての者に保障される最低限以上の給付を支持する主たる議論は、予測のできない突然の労働需要の変化が、労働者にとって予測することも支配することもできない事態の結果として生じるということである。この議論が力をもつのは、大きな不況期間における広範な失業に関するかぎりである。しかしながら、失業には他に多くの原因がある。繰り返し生じ、予測のできる失業は大部分の季節的職業に生じる。そして、この場合には季節的な稼得額が一年間を通じて労働者を養うに足りるほど労働供給が制限されるか、あるいは労働者の流れが職業から職業への周期的移動によって維持されることが、明らかに一般的利益に合致する。もう一つの重要な場合として、ある特定の職業において賃金が高すぎる直接の結果として失業が生じることがある。それは賃金が組合活動によってあまりに高く押しあげられたか、もしくは当該産業の衰退によるのである。いずれの場合にも失業の治療には、賃金の弾力性と労働者自身の移動性が必要である。しかるに、そのいずれもが全失業者にかれらが稼いでいた賃金の一定率を保障する制度によって押さえられているのである。

失業にたいする純粋な保険が実行できる場合には、すなわち各種の職業に含まれるいろいろな危険が支払われる保険料に反映される場合には、それが良いことはたしかである。ある産業で、その特有の不安定性のために失業者の予備がいつも必要であるとすれば、この特有の危険を補償するに足るだけの高賃金を提供することによって、十分な人数を待機させるようにするのが望ましい。こうした保険の制度はさまざまな理由により、ある種の職業（たとえば農業労働や家事サービス）では、ただちに実行しうるようには思われない。「保険」のために国営計画が採用されてきたのは主としてこのためであった[33]。それはほかの労働者もしくは、一般的な課税による負担から拠出された資金によって、それらの集団の稼得に補助を与える計画である。しかし、ある特定の職業に特有の失業の危険が、同業内部の稼得によってまかなわれずに外部から補われる場合には、そうした職業の労働の供給が経済的に望ましい点を超えて拡大するよう補助されることを意味する。

包括的な失業補償制度はすべての西欧諸国において採用されているが、その主要な意味は、それが労働組合の強制的な活動の支配する労働市場において運営されていること、そして労働組合をその賃金政策において助ける目的をもって組合の強い影響のもとで考案されてきたということである。ある労働者が職を求めている企業ないし産業の労働者がストライキ中であるために、その労働者は職を見つけることができないとみなされて、扶助を受ける資格をもつという制度は、組合の賃金圧力の大きな支えとなる。このような制度は組合の政策が生みだす失業にたいする責任を組合に負わせることなく、組合によって職を占め出される人たちの生活を維持するだけでなく、かれらに満足を与えるという負担を国家に負わせる。こういう制度は結局は雇用問題をいっそう深刻にするにすぎない。[34]

自由社会におけるこれらの問題の妥当な解決案はつぎのようなものであろう。国家は自らを養うことのできない者全員にある均一の最低限だけの世話をするとともに、周期的失業を適切な通貨政策によってできるだけ減らす努力をすることとする。さらにそれ以上の世話を求めて慣習的な基準を維持する必要があれば、それは競争的で自発的な努力にまかせる。この後者の分野においてこそ、労働組合はひとたびすべての強制力をとりはずされた場合にもっとも有益な貢献をすることができる。たしかに組合はよくその必要を満たそうとしていたのであるが、その途中で国家が大幅に組合から仕事を奪ってしまったのである。[35] しかるに、いわゆる失業保険という強制組織は相異なる集団のあいだの相対的報酬を「修正」し安定的職業の犠牲において不安定的職業を補助し、そのうえ高い雇用水準と相容れない賃金要求を支持することにつねに利用される傾向がある。それゆえ結局、長期的に見れば治療しようと思っている弊害をさらに激しくすることになるのである。

9　社会保障の危機

社会保障制度がいたるところで直面している困難は、繰り返される「社会保障の危機」論の原因となっているが、それは貧困の救済のために設計された制度が所得再分配の一手段、といっても実際にはそのときどきの決断にまかされ実際に存在していないある社会的正義の原理にもとづくと想定される再分配の一手段に変じてしまったという事実の結果なのである。自分自身のために備えることのできない者全員にある均一の最低限の世話をすることさえ、ある程度の所得再分配をともなうことはもちろんたしかである。しかし、普通に機能している市場における収入で自分を養うことのできないすべての者にかかる最低限の世話をすることと、いっさいのそれより重要な職業における「公正な」報酬を目的とする再分配とのあいだ――自分の生計を立てている大多数の人たちが立てることのできない人たちに与えることに同意する再分配と、多数者が少数者からかれらのほうが富裕であるという理由で取りあげる再分配とのあいだ――には、非常に大きな相違がある。前者は、個人に関係しない調整方法を保持するもので、その場合には人びとは職業を選択する自由がある。後者は、人びとがなにをなすべきかを当局から命ぜられる制度へわれわれを近づけていくのである。

サービスを提供するための統一的で政治的に指導された計画は、大多数の人びとの相対所得を決定し、そして経済活動全般にわたって支配する手段に、急速に変質していくのがその運命であるように思われる。[36]ベヴァリッジ計画は創始者には所得再分配の手段とは意図されなかったが、政治家により急速にそうしたものに変質していった多くの例のうちでもっとも著名な一例である。自由社会はすべての人にある最低水準の厚生を供与することは可能であるが、あらかじめ想定されたある種の正義の概念にしたがって所得を分配することとは両立しない。すべての困窮者にある最低限度を等しく保障する場合には、最低限度の基準の必要証明がある場合のみ供与し、個人的な寄付で支払われることでもないかぎり、けっして証明なしには供与されないことを前提とする。必要にもとづくものと想定される、給付のための「資産調査」にたいするまったく不合理な異議によって、いくたびとなく愚かな要求が導きだされた。それは実際に援助を必要とする人に劣等感を抱かせないために、すべての者が必要とかかわりなく援助を受けるべきだというのである。その結果として、必要を感じる者を助けると同時に、かれらが得るものは努力もしくはメリットの成果であると感じさせるような状況がつくられたのである。[37]

当局のもつどのような自由裁量権にたいしても、自由主義者には伝統的な嫌悪感がある。それがこの発展を可能にするうえで一端の役割を演じたかもしれないが、自由裁量的な強制に反対する議論をもってしても、責任ある人物に援助にたいする無制限的請求を許すとか、自分自身の必要の究極的判事たる権利を与えることを実際に是認するわけにはいかない点は注意すべきである。自由社会の正義の原則には、証明された必要と無関係に、「無制限的」あるいは「非自由裁量的」援助にたいする権利を与えるものは存在しえない。もしこのような要求が「社会保険」の口実のもとに、そして公認の欺瞞――その創始者にとって誇りの源泉となっている欺瞞[38]――を通じて、導入されたとすれば、法のもとでの平等な正義という原則とはまったく関係のないものである。

今日、自由主義者が希望として時おり表明することは、「福祉国家の全装置をもって、ある一時的な現象とみなされなければならない[39]」ということ、すなわち発展のうちの一つの過渡的段階であって、富の一般的な成長につれてやがて不必要となるということである。しかし、果たしてこういう独占的な制度の純効果が有益になると思われるような発展の一段階がはっきりと存在するものかどうか、さらに、ひとたび独占的な制度が設けられてしまうと、それを取りのぞくことが政治的に可能かどうか疑わしいと思わざるをえない。貧しい国では、たえず成長する機関が重荷となって、富の増大をいちじるしく遅らせる傾向があり（人口過剰の問題をいっそうきびしくする傾向については述べるまでもない）、そのためにそれを不必要と思うようになるときを無限に遅らせる。たいして富裕な国では、この機関はその機能の一部を肩代わりしうる代替制度の発展を妨げるであろう。

疾病および失業手当の制度をまことの保険制度、すなわち個人が競争的制度によって提供される便益にたいして代価を支払うという制度へ、漸進的に切り換えていくことには克服しがたい障害はおそらくないであろう。さらにもっと見きわめることの困難なことは、老齢者にたいする給付の制度を放棄することがどうしたらできるかである。

この制度のもとでは、各世代がその先行世代の必要とする支払いによって、後続世代の援助にたいして同様の請求権をもつのである。このような制度は一度取りいれられてしまうと、永久に存続しつづけねばならないか、あるいは完全に崩壊にまかされることになるかのどちらかであろう。それゆえ、そうした制度の導入は発展を拘束することとなり、社会の負担をしだいに増加させ、その負担からまぬがれようとしてインフレーションをいくたびも繰り返すことになるのが落ちであろう。このはけ口にせよ、あるいはすでに負っている責務の故意の不履行にせよ[40]、堅実な社会を支える基盤を生みだすことはできない。これらの問題について分別をもって解決を期待できる以前に、民主主義は自らの愚の代償を支払わなくてはならないこと、そして、その今日の問題を解決するために、将来無限に手形を振り出すことができないことを学ばなくてはならないであろう。

まことに適切な表現であるが、われわれはこれまで社会悪に悩むのがつねであったのに、いまやその治療策のために悩んでいる[41]。その違いはこうである。かつては社会悪が富の増大とともにしだいに消えていったのに、現在では採用してきた治療策が富の増大の継続を脅かしはじめている。しかもこの増大にこそいっさいの将来の改良は依存しているのである。ベヴァリッジ報告の福祉国家が闘うように構想された「五つの巨大な災い」に代わって、堅実な生活にとってもっと大きな敵とみなされる新しい巨大な災いを登場させている。われわれは、欠乏、疾病、無知、不潔、怠惰の克服をほんのわずか早めることができたかもしれないが、インフレーション、能力を麻痺させる課税、強制力をもつ労働組合、ますます増大する政府支配の教育、そして広大な恣意的権力をもつ社会事業官僚制から、主なる危険がおそってくるとき、将来それとの闘いにおいて事態をいっそう悪化させるかもしれない。これらの危険から個人は自力では逃げることができないし、過度に膨張した政府機関の勢いはその危険をゆるめるよりもむしろ強める傾向にあるのである。

第二〇章　課税と再分配

はじまりは、僅かなものであるというのが、ものごとの本性である。しかしよく注意しておかないと、その比率は急速に高まり、最後には誰も予測できなかったほどの点にまで到達するであろう。

グィチャルディーニ（F. GUICCIARDINI）（*ca.* 1538）

1　再分配の中心問題

多くの点で、わたくしはこの章を省略することができたらよいと考えている。その論議は広く支持されている信念に反対するものであるため、多くの人の感情を害せざるをえないであろう。これまで支持し、たぶんわたくしの立場を全体として妥当なものと認めてきた人たちでさえ、課税に関するわたくしの見解を空論、極論、そして非現実的なものとみなしそうである。多くの人は自由が原因となって生じていると信じている不公正を適当な課税手段によって矯正するとすれば、わたくしが弁護しつづけてきたいっさいの自由を喜んで取りもどすことを望むであろう。累進課税による再分配はほとんど普遍的に公正なものと受けいれられるようになってきている。しかし、この問題の議論を避けることは不誠実であろう。もしそうしたならば、民主的行動の無責任の主たる源泉と思われるばかりでなく、未来社会の全特徴を左右する決定的問題とも思われるものを無視することを意味するのである。このことがらについて独断的信条となってしまったものから人を解き放つのはかなりの努力を必要とするであろうが、その問題が一度明確に説明されれば、まさにほかのどこでもない、この点においてこそ政策が恣意に向かって動いていったことがはっきりするに違いない。

累進課税原則については、長いあいだなんの疑問も起こらず新しい議論はほとんどおこなわれなかったが、最近になってこの問題にたいしてかなり批判的な研究があらわれてきた。(1) 問題全体をさらに突っ込んで検討する必要はなおおおいにある。残念なことに、この章ではわれわれの反論を簡単にまとめて述べることができるにすぎない。

まずただちに述べておきたいことは、以下で扱う累進のうち、長期的に見て自由な制度とは調和しえないと確信している累進とは、全体としての課税の累進である。すなわちすべての租税をひっくるめて考察すると、比較的高所得にたいする比例的重課税以上の高課税ということである。個人の税、とくに所得税は累進をしてもよい理由があるといってよい。なぜなら、多くの間接税は比較的低所得者にたいして比例的に重い負担をかける傾向があるので、それを補償するためである。これが累進を是認する唯一の論拠である。しかし、それはある一定の租税構造の一部としての特定の税にだけ適用されるものであり、全体としての租税構造にまで拡げることはできない。主として、ここでは累進的所得税の効果を論じよう。というのは、最近それが全体に急勾配の累進課税を進める主要な道具としてもちいられているからである。一定の制度のもとにおける異なった租税のあいだの適切な相互調整の問題はここでは扱わない。

累進課税が今日では所得再分配の主要な道具であるが、それは所得再分配を達成させうる唯一の方法ではない、という事実から生じる問題も、ここでことさら考察することはしない。比例課税制度のもとでもかなりの再分配が可能なことは明らかである。そうするには主として特定の階級を利するサービスを供与するか、あるいは直接その階級に補助金を与えるために相当額の歳入をもちいれば足りることである。しかしながらその際問題となるのは、低所得層の人たちが無料のサービスを享受する代わりに、自分の自由に支出しうる所得を課税で削減されてもよいと、どの程度まで考えるかである。また、この手段が高所得層の格差をどれほど実質的に改めることが可能かもよくわからない。それはたしかに一つの階級としての富者から一つの階級としての貧者への相当の所得移転をもたらすであろう。しかし、それは累進課税の主要な効果である所得ピラミッドの頂上部分の平坦化を生むことにはならないであろう。比較的富裕な人びとにとっては、すべてがその所得全体にたいして比例的に課税されることになるが、かれらの享受するサービスに関しての格差は取るに足りないものとなろうというだけの意味しかおそらくないであろう。しかしながら、この階級こそ累進課税によって生じる相対所得の変化はもっとも深刻なのである。技術進歩、資源配分、向上心、社会的流動性、競争、投資――これらすべてに及ぼす累進課税の効果は主として、この階級に及ぼす影響を通じて働くのである。将来になにが起ころうとも、とにかく当面は累進課税が所得再分配の主たる手段であり、それなくしてはこのような政策の余地はきわめて限定されるであろう。

2　累進課税の発展

多くの同様の手段についてもいえるように、累進課税は間違った口実のもとに密輸入された結果、今日その重要性をもつにいたったのである。フランス革命時代、そしてさらに一八四八年の革命に先立つ社会主義の煽動期に、それは率直に所得再分配の一手段として唱導されたが、そのときははっきりと拒絶されたのである。「この発案者こそ死刑《エクセキュート》にすべきで、計画を実施《エクセキュート》してはいけない」とは、初期のこの種のいくつかの提案にたいする自由主義者テュルゴー（Turgot）の、憤りを込めた反応であった。[2] 一八三〇年代に、それがさらに広く支持されるようになったとき、マカロック（J. R. McCulloch）はしばしば引用される文章のなかで主たる反論を唱えたのである。「あなたがすべての個人から、その所得あるいは財産の等しい割合だけをきびしく取り立てるという基本的原則を放棄するその瞬間に、あなたは舵も羅針盤もなしに海にでることになる。そして、あなたが犯す不公正と愚行には限度がない[3]」と。一八四八年、カール・マルクス（Karl Marx）とフリードリッヒ・エンゲルス（Friedrich Engels）は、率直にこう提案した。「きびしい累進的・漸進的所得税」を一つの手段として革命の第一段階ののちに「プロレタリアートは政治的支配力を利用し、徐々にブルジョワから全資本を奪取し、全生産手段を国家の手に集中するであろう」と。そしてこういう方法を、「所有権ならびにブルジョワ的生産条件への専制的侵略の手段……すなわち……経済的には不十分かつ支配しがたいものであるが、その運動過程で自らを乗りこえ、古い社会秩序へのより以上の侵略を必然とし、生産様式を完全に変革する手段として不可避的なものとなる[4]」と言った。しかし一般的な姿勢は、ティエール（A. Thiers）の説明によく集約されていた。「比例は一つの原則であるが、累進はけがらわしい恣意にすぎない[5]」と。あるいは、ジョン・スチュアート・ミルの説明、累進は「穏やかな型の盗み」というのも適切な要約である。[6]

　しかし、この最初の攻撃が撃退されたのち、累進課税のための煽動は新しい形態で再登場した。社会改革家たちは、一般的には所得分配の変更の望みを捨てながらこう主張しはじめた。租税負担の総額は他の理由で決められると想定して、「支払い能力」にしたがって分担さるべく、それによって「犠牲の平等」を確保するようにし、そしてそれには所得の累進課税が最適であろう、と。これを擁護して提案された数多くの議論はいまも財政学の教科書のなかに生き残っているが、(7)そのなかで一番科学的に見える議論が結局勝利を得ることになった。それには少し説明が必要である。というのは、まだ一部の人はそれが一種の累進課税に科学的正当化を与えると信じているからである。その基礎的概念は連続的消費行動における限界効用逓減という概念である。その抽象的な性格にもかかわらず、あるいは、それゆえにかつては明らかに恣意的要請に依拠していたものを、科学的に尊重されるものとするのに、(8)強い影響を及ぼしたのである。(9)

しかしながら、効用分析それ自体の領域における現代の発展によって、この根拠は完全に破壊されてしまっている。その妥当性を失った理由の一部分は、異なる個人間の効用を比較する可能性に関する信念が一般的に放棄されてしまったことであり、(10)また一部には、限界効用逓減の概念が全体としての所得に正当に適用できるかどうかがまったく疑わしいこと、すなわち、ある人がその資源の利用から引きだす利益の全部を所得とみなす場合に、それが意味をもつかどうかは疑わしいのである。効用とは純粋に相対的概念であるという今日一般に受けいれられている見方（すなわち、あるものを他のものと比較して、大きいとか、等しいとか、少ないとかの効用をもつといえるのであって、一つのものそれだけについて効用の程度を語ることは無意味であるという見方）に立つならば、いまわれわれが所得の効用（および効用逓減）を語ることができるのは、ほかの欲しい財、たとえば閑暇（あるいは、労苦の回避）と比較してあらわす場合にだけである。しかし、もし労苦と比較してあらわした所得の効用が逓減するという主張の含意を厳格に追求するとすれば、奇妙な結論に到達することになろう。要するに、それはある人の所得が増加するにつれて、同量の限界労苦を誘いだすのに必要な追加所得をあらわした向上意欲は増大するようになることを意味する。これは逆累進課税擁護の議論を導くことになり、けっして累進課税擁護の議論を導くことにはならないであろう。しかしながら、この考え方の道筋をこれ以上追ってもほとんど価値はないであろう。課税理論に効用分析を利用するのは、まったく嘆かわしい過ちであったし（その過ちには現代のもっとも著名な経済学者もいく人か加わっていた）、それから生じたこの混乱からできるかぎりすみやかに脱出することができれば、それだけよいことはいまや疑うまでもないことである。

３　その是認の理由の変化

一九世紀後半に累進課税を擁護した人たちが一般的に強調したのは犠牲の平等を達成することにその目的があり、所得の再分配ではない。また、かれらは一般にこの目的のために是認される累進の程度は「穏やか」なもので、その「過度の」利用（一五世紀のフィレンツェのように、五〇パーセントにも率が高められるような）は非難されるべきであると考えた。適当な累進率を決める客観的基準を設けようとする試みはすべて失敗に帰したし、そしてひとたび累進原則を受けいれるとしても、同じ正当性をもって累進を進めることには許容限度があり、それを超えてはならないと指定しうるものがなに一つ存在しない点を反論した場合にもなに一つ応答がなかったのである。しかし、議論は文脈から見て所得分配に及ぼす影響が無視しうる程度と思われるような率を考えて進行していたのである。率がこうした限度内にはとどまるまいという注意は、悪意に満ちた議論の歪曲とみなされ、民主的政府の英知への信頼を欠く不当な考えをもらしているとされたのである。

累進課税の擁護者がはじめてその抵抗を克服したのは、当時の「社会改良」の指導者たるドイツにおいてであった。そしてその現代的進化がはじまったのである。一八九一年には、プロシアは〇・六七パーセントから四パーセントに達する累進所得税を導入した。ルドルフ・フォン・グナイスト（Rudolf von Gneist）は法治国家（*Rechtsstaat*）をめざす、当時ようやく最後の仕上げをしようとしていた運動の尊敬すべき指導者であったが、国会でつぎのように抗議をしたが効果はなかった。つまり、これは「もっとも神聖な平等の原則」たる法の前の平等の基本的原則[11]の放棄を意味するものであると。この原則こそは財産の侵害に反対する唯一の障壁を提供したのであった。新しい案のなかに組み込まれたこの負担はきわめて些細なものであったために、原則の問題としてそれに反対する試みはいずれもきき目がなかったのである。

一部の他の大陸諸国はまもなくプロシアに追随したが、その運動が強大なアングロサクソン諸国に波及するには、約二〇年を要した。イギリスは一九一〇年に、アメリカは一九一三年にようやく、当時としては注目すべき数字である八・二五パーセント、七パーセントまでの高さの段階的所得税をそれぞれ採用した。しかるに、三〇年以内にこの数字はそれぞれ九七・五パーセント、九一パーセントへと引きあげられてしまった。

かくして一世代のあいだに、累進所得税支持者が一様に半世紀にわたって起こりえないと主張してきたことが起こったのである。もちろん、この絶対税率の変化は単なる程度の相違ではなく、質の相違として問題の性質を完全に変えたのである。支払い能力を基礎としてその税率を是認しようとする試みはすべて、結果としてやがて放棄され、支持者たちは累進を是認するためにより公正な所得分配を実現するという、久しく避けてきた理由に立ちかえったのである。[12]こうして、もう一度一般的に受けいれられるようになったことは、課税全体にわたる累進の規模を擁護する唯一の理由として所得の分配の変更が望ましいこと、そしてこの擁護がどんな科学的議論にも依拠しえず、率直に政治的要請として認められなくてはならないこと、すなわち多数の決定によって定められるある分配の型を社会に課する試みとして、認められなくてはならないことである。

4　財政上の必要によらない場合

こうした展開の説明として通常説かれるのは、最近四〇年間における公共支出の激増に応ずるには急激な累進税によるしかないこと、あるいは少なくとも累進なくしては耐えがたいほどの負担が貧者に課されざるをえず、そして貧者を救う必要がひとたび認められるとすれば、ある程度の累進が避けがたいものであるということである。しかしながら検討してみれば、この説明は単なる神話にすぎない。高額所得層、とりわけ最高額所得層に課される高税率から得られる国庫収入は、総収入にくらべるときわめて少額であって、ほかの人たちの負担にはほとんど相違を及ぼさないほどのものである。そればかりでなく、累進税の導入後、長いあいだそれから利益を得たのはもっとも貧しい階級ではなく、もっぱら暮らし向きのよい労働者階級と中産階級下層の人びとであって、かれらが最大の投票者を占めていた。他方においてこういうふうにいえるかもしれない。つまり、累進課税の方法によって負担を実質的に富裕な人びとの肩に移すことができるという幻想が、これまでなされてきたように急速に課税を高めてきた主たる理由であって、この幻想の影響のもとで一般大衆はその影響のなかった場合よりも、はるかに重い負担を受けいれるようになったのであると。この政策の唯一主要な結果は最大の成功者が稼ぎうるはずの所得にきびしい制限を加え、そして、それにより比較的に豊かでない人の羨望を満たすことであった。

総収入にたいする累進課税率（とくに最高所得に課される高い懲罰的な税率）の寄与がどれほどわずかなものであるかは、アメリカとイギリスの二、三の数字で説明することができる。前者に関していえば（一九五六年には）「全累進的上部構造は、個人所得課税から得られる総収入の約一七パーセントをもたらすにすぎない」――もしくは、全連邦収入の約八・五パーセントにすぎない——そして、このうちの半分が一万六〇〇〇ドルから一万八〇〇〇ドルにいたる課税対象所得額から得られており、その場合の税率は五〇パーセントに達しており、残りの半分がより高額所得層と高税率から得られる。[13]イギリスに関していえば、累進の率はもっと高く、税負担の割合はもっと重いのであるが、「(勤労所得および非勤労所得の両方にかかる) 全付加税は全公共収入の約二・五パーセントをもたらすだけであり、もし年二〇〇〇ポンド (五六〇〇ドル) 以上の所得の各一ポンドを取ってみれば、収入の一・五パーセントを追加獲得するにすぎないであろう……。」ということが指摘されている。たしかに所得税や付加税への大部分の寄与は年七五〇ポンドから三〇〇〇ポンド (二一〇〇ドル～八四〇〇ドル) のあいだの所得から生じている。すなわち、職長から経営者にいたるまで、あるいは責任をちょうど負いはじめた公務員から、さらには公共サービスの長にいたるまでの人びとである。[14]」

一般的にいえば、また全体として二つの租税体系の累進的性質で表現すれば、両国において累進が寄与するのは、総収入の二・五パーセントと八・五パーセントのあいだであり、あるいは、国民総所得の〇・五パーセントと二パーセントのあいだであるように思われる。この数字は累進課税が必要な収入を獲得しうる唯一の手段であることを明らかに示していないのである。累進課税のもとで収入の増加分が、累進課税によって生じる実質所得の減少分よりも少ないのが、たぶん (この点について、誰も断言することはできないが) ありそうである。

富者に課される高税率が総収入にとって欠くことのできない寄与をしているという信念がこのように幻想であるとすれば、累進がもっとも貧困な階層の救済に主として役立つという主張は、累進制が導入されて以来の大部分の時期にわたり民主主義諸国において発生したものによって裏切られている。アメリカ、イギリス、フランス、プロシアにおける独立の研究が一致して指摘していることは、一般にもっとも多数の投票者を占めるのが中程度の所得の人たちで、かれらこそがもっとも軽い負担ですまされており、他方、より高額の所得者ばかりでなく、より低額の所得者が課税全体のうちでより過重な比例的負担をしたのである。この状態は第二次大戦まではかなり一般的であったように思われるが、イギリスの事情の詳細な研究の成果によってもっともよく説明されている。イギリスでは、一九三六〜三七年に、二人の子供をもつ家族の全勤労所得にたいする課税総負担は、年収一〇〇ポンドの人たちにとって一八パーセントであった。それから徐々に低下し、三五〇ポンドの人たちの場合に、最低の一一パーセントになり、また、ふたたび上昇して、一〇〇〇ポンドの人たちで、一九パーセントになった。[15] こうした数字（そして、他の国々の同様の資料）がはっきり示していることは、ひとたび比例課税の原則が放棄されると、恩恵を受けるものがかならずしももっとも必要度の高い人たちではなく、最大の投票力のある階級であること、そしてそればかりでなく累進税で得られたものはすべてみな最貧の集団と同程度になるくらい重く、中程度の所得の大衆に課税することによってたしかに得られるはずのものであるということである。

イギリスや他の国々においても、第二次大戦以降の発展は所得税の累進的性格をおおいに高めたために、課税の累進的負担が徹底的になり、そして補助金とサービスにたいする再分配的支出によって、最下層階級の所得が二二パーセントほど増加したことも、もちろんたしかである。[16]（ただしそういうことは意味を推しはかって測定できるだけのことである。というのは、はっきりわかることは費用だけであって供与されたサービスの価値ではないからである）。しかし、最近の発展は現在の高い累進率にはほとんど依存しておらず、主として中所得階級の中・上層の寄与分によってまかなわれているのである。

5　累進と民主主義

累進には節度があるという保障がなぜすべて偽りになってしまい、そして、その発展がなぜ反対者たち[17]のもっとも悲観的な予測をはるかに超えて進んでしまったのか。その本当の理由は累進を支持するいっさいの議論がどんな程度の累進をも是認するように利用することができるからである。累進の擁護者たちはある点を超えると、経済制度の効率にたいする逆影響が非常に深刻になり、より進めることが不得策になることに気づくかもしれない。しかし、累進の公正を想定しそれにもとづいている議論は、その支持者たちによってしばしば認められているように、ある額を超える全所得を没収しそれ以下の所得は課税されずに残されるまではなんらの限度をも用意しえないのである。比例とは異なり、累進は異なる個人間の相対的負担がどうあるべきかを、原則として提示できない。それは富者にたいする差別のために、比例の原則を廃棄するものにほかならず、差別の範囲を制限するなんらの基準ももっていない。「一定の方式で表示可能な理想的累進率なるものはない[18]」のであるから、累進がただちに懲罰的な率にまで進行するのを妨げてきたものは、この原則が新しいものであったということにすぎない。しかし、「前よりも少し多く」は、必ずしも公正かつ妥当とはいわれないとする理由は存在しない。

民主主義はひとたびこのような政策に乗りだすと当初の意図よりもはるかに進んでいかざるをえなくなる、と主張することはけっして民主主義にたいする汚名とはならないし、民主主義の知恵にたいする不名誉な不信ではない。「自由な代議制度は失敗である[19]」とか、「民主主義政府にたいする完全な不信[20]」へ導くに違いないというのではなく、民主主義が公正であるためには、その行動に際して一般的な原則に従わなければならないことを、なお学ばなくてはならないということである。個人の行動についてあてはまることは、集合的行動についても等しくあてはまる。ただし、多数者はおそらくその決定についての長期的重要性をはっきりと考慮しようとしない傾向があるので、原則に従う必要は一段と強いといえるのである。しかるに累進の場合のように、採用されるいわゆる原則が差別への公然たる誘惑であり、さらに悪いことには少数者にたいして多数者が差別をおこなう誘惑である場合には、見せかけの公正の原則は、純然たる恣意の口実とならざるをえないのである。

この際、必要なものは一つの規則である。それは少数者を助けるために多数者が自らに税を課す可能性を残したままにしておきながら、多数者が正当とみなす負担ならなんであれ、少数者に課すことを承認しないという規則である。多数者が単に多数であるという理由で自分自身には適用しない規則を、少数者に課す権利があるとするのは、民主主義それ自体よりもはるかにもっと根本的な原則、すなわち民主主義の正当の根拠となる原則の侵害である。（第二部一〇章および一四章で）すでに明らかにしたことであるが、もし法が個人を分類しなくてはならない場合に、特権ともならず、差別ともならないようにしようとすれば、その分類は選出される集団内部に属するものも、その外部に属するものもともに適当と認める区別に依拠するものでなければならない。

比例税のもつ大きな長所は、それが絶対的に納入額の多い人にも、また絶対的に少ない人にも同意されやすい規則を提供し、ひとたび受けいれられると少数者にだけ別個の規則を採用する問題が生じないということである。たとえ累進課税は個人を指名して高い税率を課すものではないとしても、税率を決める人たちからその他の人たちへ負担を移す目的をもつ区別を導入することにより、累進税は差別をするのである。いかなる意味においても、課税の累進表はすべての人に等しく適用される一般的規則であるとはみなしがたい。いいかえれば、ある人の所得にかかる二〇パーセントの税と、別の人のより大きい所得にかかる七五パーセントの税とが等しいとはけっしていえない。累進は公正とみなされるべきものと、みなされるべきでないものとに関するどんな基準をも提供しない。それはその適用の停止点を提示しないし、その擁護者が唯一の安全装置として頼らざるをえなくなるのは、人びとの「良識的判断」であって、それは過去の政策によって形成された当面の世論にすぎないのである。[21]

しかし事実、累進税率がこれまでの経過のように急速に高くなったことには、過去四〇年間にわたって作用していた特殊の原因によるのである。インフレーションがそれである。これは今日ではよく理解されていることであるが。総貨幣所得の増加はあらゆる人をより高い租税階層へ引きあげる傾向がある。ただし、その実質所得はもとのままであってもそうなる。その結果、多数者に属する人たちは、自分は影響が及ばないと思いこんで賛成投票をした差別的税率の犠牲者に予想に反してなってしまうことに気がつくのである。

累進課税のこの影響は、しばしば一つの長所であるといわれることがある。というのは、それがインフレーション（および、デフレーション）にある程度、自己修正作用をもたせる傾向があるからである。もし財政赤字がインフレーションの原因であるとすれば、国庫収入は所得以上の比率で増加し、そしてギャップを埋めるであろう。もし財政余剰がデフレーションを生じたとすれば、それから生じる所得の低下はさらなる国庫収入の減少をやがて招き、その余剰を一掃するであろう。しかしながら、インフレーション歓迎の偏見が拡がっているときに、これが実際に利益であるかどうかはきわめて疑わしい。この効果がなくても、過去においては予算の必要は、頻発するインフレーションの主たる源泉となってきたのである。そして、ひとたび起こりはじめると、インフレーションは止めるのがむずかしいという知識だけが、ある程度抑止制度の役目を果たしてきた。インフレーションが、比例以上の国庫収入増加を生む租税制度のもとでは、しかもそれが立法上の投票を要しないごまかしの増加によるときは、この方策はまったく抵抗しがたい誘惑となるのである。

6　比例税 対 累進税

比例税は累進税と同様に原則としては恣意的なものであり、そして数学的には明らかにすぐれてきちっとしている点を別とすれば、これを推薦すべき点はほとんどないと主張されることがある。しかしながら、比例税の擁護にはすでに述べた議論のほかにも、これを支持する有力な議論がある。すなわち、人びとが相異なる額を支払いながら、そのことに同意しやすい均一の原則を提供するということである。また古くからの議論についても、なお強調すべきことは多い。ほとんどすべての経済活動は政府の基本的なサービスから便益を受けているのであるから、これらのサービスはだいたい一定不変の成分としてわれわれが消費し、享受するもの全体のなかに含まれている。したがって社会の資源のより多くを支配する者が、政府が寄与してきた者のなかから比例的により多くを得るであろう。

比例税が各種の労働の純報酬間の関係をそのままにとどめておくという指摘もさらに重要な点である。これは「租税というものは、個人個人の相対的関係をもとのままの地位におかないかぎりよい税ではない[22]」という古い格言とは、まったく同じではない。論点は個人の所得間の関係についてではなくて、実行される特定のサービスにたいする純報酬間の関係についての影響にある。そして、これこそ経済的に関連をもつ要素である。古い格言について指摘されることかもしれないが、相異なる所得の大きさと割合がもとのままに保たれるべきであると、単純に想定して議論を避けてしまうというものではない。

二つの所得の関係がその両方を同額だけあるいは同率で減らした場合に、同じままであるかどうかには意見の相違があるかもしれない。しかしながら、課税前には等しかった二つのサービスにたいする純報酬が、税引き後においてなお同じ関係にあるかどうかには問題はない。この点こそ、累進税の効果が比例税の効果といちじるしく異なるところである。特定の資源を利用する場合にその利用の仕方はサービスにたいする純報酬に依存する。そして、もし資源を効率的に利用すべきであるとすれば、特定のサービスにたいして受けとる相対的報酬は課税によっても市場の決定するままにしておくことが重要である。累進税は特定のサービスにたいする純報酬を一個人が一定期間、通常一年にわたって受けとる他の収益に依存させることにより、この関係を大きく変えるのである。たとえば、もし課税前においては、ある外科医が一つの手術について得るものが、ある建築家が一軒の家を設計するのと同額であるとすれば、あるいは一写真家が四〇枚の肖像写真の撮影で得ると同額を、ある販売員が一〇台の車の販売で得るとするとき、もし比例税がかれらの収入から控除されれば、まったく同じ関係がやはり保持されよう。しかし、所得の累進課税の場合にはこの関係はおおいに変わるであろう。課税前にはまったく同じ報酬を受けとるサービスがまったく異なる収入をもたらすばかりでなく、あるサービスにたいして相対的に多額な報酬を得る者の手取りが、結局より少額の報酬を得る他の者よりも少なくなるかもしれないのである。

これはおそらく唯一の普遍的に認められた経済公正の原則、すなわち「等しい労働には等しい報酬」に、累進課税が必然的に背くことを意味している。もし二人の法律家がそれぞれ同じ種類の事件を正確に処理する弁護士料からたがいに保留しうる額が年間の稼ぎ高に依存するとすれば、両人は実際には同様の努力からきわめて異なる所得を引きだすことになる。非常によく働いた者、あるいはなんらかの理由で需要の多かった者は、怠けたかあるいは不運だった者よりも、いっそうの努力にたいして、はるかに少ない報酬しか得られないであろう。実際、ある人のサービスを消費者が高く評価すればするほど、かれにとって、いっそうの努力は価値の少ないものとなる。

通常、使われる意味でのこのインセンティヴに及ぼす影響は、重要でもあり、しばしば強調されるところでもあるが、累進課税のもっとも有害な影響では決してない。この点についても累進課税が課されない場合より、人びとがその結果として熱心に働かなくなるという点が非難されるよりも、むしろいろいろな活動にたいする純報酬の変化がかれらの精力の向け方をそらし、累進税のなかった場合よりも有用性の少ない方向にしばしばかれらの活動を振りむけることに非難が大きいのである。したがって累進課税については、あるサービスにたいする純報酬がその収入の生じてくる時期の率とともに変化するという事実が、不公正の源泉ばかりか資源の誤用の源泉となるのである。

努力（あるいは支出）と報酬とが、時間的にほぼ一致しない場合、すなわち遠くて不確実な結果を期待して努力が費やされる場合――簡単にいえば、人間の努力が長期の危険の多い投資の形態を取るあらゆる場合――において、累進課税は周知で、かつ解決不能な障害をもたらすものであるが、ここで取り立てて論じる必要はない。著作家、発明家、芸術家あるいは俳優など、数十年の努力の報酬を数年のうちに刈りとるものにとっては、所得を平均化するどんな案をもってしても公正に待遇できるものではない[23]。さらに、危険の多い資本投下を企てる意欲にたいして、累進率のきびしい税を課すことの影響を、なおも詳しく検討する必要もないであろう。このような課税は明らかに危険の多い冒険的事業に不利な差別をするのである。こうした事業は成功した場合に、丸損という大きな危険を償うに足る大きな収益を生むだろうということだけで、試みる値打ちがあるのである。いわゆる「投資機会の枯渇」というのは私的資本が有利に企てることのできそうな広範な事業を効果的に排除してしまう財政政策に主として起因するというのが本当のところであるといえそうである[24]。

意欲刺激と投資に及ぼすこれら有害な影響についてはすみやかに通過しなければならない。というのはそれが重要でないからではなく、概して十分よく知られているからである。そこでかぎられた紙数を、あまり理解されていないが、しかし少なくとも等しく重要な他の影響に向けることにしよう。そのうちでさらに強調するに値するものとしては、分業の頻繁な制限あるいは削減である。この影響がとくに顕著にあらわれるのは、専門職の仕事が営業分野として組織されず、実際に人の生産性向上に資する支出の多くが費用の一部と計算されない場合である。「なんでも自分でやりなさい」という傾向はときにもっとも愚かな結果を招くことになる。たとえば、より生産的な活動に専念したいとする人物が、一時間のサービスとしてそれほどの価値をもたないものへの支払いを可能にするために、一時間にその二〇倍もしくは四〇倍もの額を稼がなければならなくなる場合である。(25)

それからまた貯蓄の供給にたいする累進税のきわめて深刻な影響についても手短かに述べておくだけにする。もし二五年前には、貯蓄額が高すぎるので削減の必要があるとする議論がある程度説得力をもちえたかもしれないとしても、今日責任ある人は、自らに課してきた任務の一部でも達成すべきならば人びとの供給する用意のあるだけの高い貯蓄率を必要とする、ということを当然と思うであろう。貯蓄にたいするこの影響に関心をもつ人にたいする社会主義者の解答は、実際にはもはやこれらの貯蓄が必要でないというのでなく、社会によってすなわち課税から得た基金によって供給すべきであるというものである。しかしながら、これを是認しうるのは、長期の目的が旧式の社会主義すなわち生産手段の政府所有とする場合のみである。

7　適当な所得こそ唯一の許容しうる報酬か

累進課税がかくも広範に受けいれられるようになった主たる理由の一つは、ある適当な所得が唯一の妥当で社会的に望ましい報酬形態である、と大多数の人びとが考えるようになったからである。かれらは所得をもって提供されたサービスの価値に関係するものとしてではなく、社会的に適当な地位とみなされるものを与えるものと考える。これは累進課税の支持にしばしば利用されるつぎのような議論のなかできわめて明瞭に示されている。「年一万ポンドに値する人間はいない。大多数の人間が週六ポンド以下を稼いでいる現在の貧困状態にあっては、二〇〇〇ポンドを超えるに値する人間は、わずかのきわめて例外にすぎない[26]」と。この議論がまったく根拠を欠いており、感情と偏見に訴えるにすぎないことは、つぎのことを考えればただちに明瞭である。すなわちその意味するところは、一年間に、いや一時間にといってもよい、一個人が演じるどんな活動も、社会にとって一万ポンド（二万八〇〇〇ドル）以上の価値をもちえないということである。もちろん、一個人の活動はその何倍もの価値をもつことができるし、時にはそういうこともあるであろう。ある活動が必要とする時間と、社会がその活動から得る便益とのあいだには、必然的関係はない。

大きな利得を不必要で社会的に望ましくないものとみなす姿勢は、固定給あるいは固定賃金で自分の時間を売ることをつねとする者、そして、その結果単位時間あたりのある報酬額を正常とみなす者たちの心情から湧いてくる[27]。この報酬方法はしだいに多くの分野で支配的になってきているけれども、それが相当するのは、人びとが自分の時間を売却し他人の指揮下で利用される場合、もしくは少なくとも他人のためあるいは他人の意志の遂行として活動する場合だけである。自分の危険負担と責任において資源を管理することを任務とする者、そして自らの収入から自己の支配下にある資源を増加させることを目的とする者にとっては意味がない。かれらにとっては、資源の支配はその天職を実行する条件であり、まさにある種の熟練と特定の知識の獲得が専門職業の条件となることに等しい。利潤と損失はこれらの人の日常生計を維持する手段というよりはむしろ、かれらのあいだに資本を再分配する一機構なのである。経常の純収入は経常の消費に向けられるものであるとする考えは、俸給生活者には自然のことであるけれども、事業経営を目的とする人にとっては異質である。かれらにとっては、所得の概念それ自体が所得税のため強制された抽象に近いものである。それはかれの期待や計画から見て予期される支出能力を現在水準以下に下げることなく、どれだけの支出に堪えうるかの評価にすぎない。「自営業」の個人で主として構成される社会が、所得の概念をわれわれと同じように受けいれるだろうか、あるいは一定のサービスから生じる収入にたいしてある期間内に生じた収入の割合に応じて課税するようなことを果たして考えつくであろうか。わたくしは疑わしく思っている。

社会の多数者にとって適当な所得と映らないもの以外いかなる報酬をも認めようとせず、比較的短期間に財産を築くことをある種の活動にたいする正当な報酬形態とは認めない社会が、長期的に企業制度を保持できるかどうかは疑わしい。既存有力企業の所有権を多数の小所有者に広く分散させ、企業家と俸給雇用者との中間的地位にある経営者にその経営を引きうけさせることにはなんらの困難もないかもしれないが、新しい企業の設立はいまでも、またつねにかなりの資源を支配する個人によって実行されるであろう。一般に、新しい発展は特定の機会について熟知している少数の人によって後援されなければならないであろう。そして、あらゆる将来の進化を金融および産業の、既存の大法人企業に頼ってはならないことはたしかである。

この問題と密接に関係しているのは、資本形成の局面に与える累進税の影響であって、これはすでに議論したこととは別である。すなわち形成の場の問題である。競争制度の利益の一つは、成功する新事業が短期間に非常に大きな利潤を手にいれる傾向があり、したがって発展に必要な資本がそれを利用する最善の機会をもつ人たちによって形成されることである。成功せる革新家の大きな利得は過去において、新たな事業に有利に資本投入する能力を示したことにより、かれはやがて自分の判断を裏づけることができるということを意味した。新資本の個人的形成は多く、それがほかの人の資本損失で相殺されるので、現実的には企業家間の資本の継続的再分配過程の一部であるとみなされるべきである。こういう利潤に多少とも没収的な率で課税することは、進歩する社会の推進力の一部をなす資本の回転にたいする重税に等しいのである。

しかしながら、大きな利潤を獲得する一時的な機会が存在するときに、個人の資本形成を阻害することのもっとも深刻な結果は競争の制限である。この制度は一般的に個人の貯蓄に不利で法人貯蓄に有利な傾向があり、とくに新規参入者にたいして既存法人企業の地位を強化する傾向がある。その結果は準独占の状態をつくりだすのに力を貸すことになる。今日の税は新規参入者の「過度の利潤」の大部分を吸収するので、よくいわれているように、「資本を蓄積することができない。新規参入者は企業を拡大できないだけでなく、大企業家にも、既得権益にたいする競争相手にもなりえないであろう。古い企業は新規参入者との競争を恐れる必要はない。かれらは徴税人によって庇護されている。とがめられることもなく型にはまった仕事にふけり、公衆の願望を無視することができ、保守的になる。たしかに、所得税はかれらの新資本形成を妨げる。しかし、もっと重要なことは危険な新規参入者による新資本の蓄積を妨害する点である。かれらは実際に租税制度から特権を得ている。この意味で累進課税は経済的進歩を抑え、硬直化を助ける。[28]」

これよりさらに矛盾の多いそして社会的に重大な累進課税の影響として、不平等の削減を意図しながら、実際には現存の不平等の存続を助け、自由企業社会において不可避的な不平等にたいするもっとも重要な補償を排除することがある。富者が一つの閉鎖的集団ではなく、成功者が比較的短期に大きな資源を手にするかもしれないということが、この制度のもつせめてものとりえであるとされてきた。[29]しかし今日その階級に上昇する機会は、イギリスのようないくつかの国では、近代のはじめにあったよりも、おそらく少なくなっている。このことの一つの重要な影響として、世界の資本のますます大きな部分の管理が、自分自身の計算にもとづき個人的に危険を負いながら実質的に財産管理をしたことのない人たちの支配下におかれてきていることである。しかるに、かれらはきわめて多額の所得を享受し、かつその所得から生ずる楽しみをすべて懐にしているのである。これがいったい利益であるのかどうか問題は残されている。

人が新たな財産を築くことができにくくなればなるほど、現存の財産は是認する理由のない特権であるかに見えてくることもまたたしかである。そうなれば、相続にたいする重課税という緩慢な過程によるか、あるいは徹底した没収という急激な過程によるかして、私人の掌中からこれらの財産の取りあげを目的とする政策が取られることは確実である。私有財産と生産手段の支配にもとづく制度は、そのような財産と支配が誰か成功者によって獲得されることを想定している。もしこれが不可能になるとすれば、新しい世代のもっとも著名な資本家になったはずの人でさえ、既存の富裕者の敵とならざるをえないのである。

8 道徳的問題と政治的行為の原則

所得税がきわめて高率に達している国では、事実上、どんな人でも稼得しうる純所得にある限度を課してより平等になっている。(イギリスでは、第二次大戦中、税引後の最高純所得は約五〇〇〇ポンドあるいは一万四〇〇〇ドルであった。ただし、これは資本利得が所得として処理されていないという事実から部分的には緩和された。)ここまで見てきたように、高額所得層への累進課税が国庫収入に与える貢献は取るに足りないものであることを考えるとき、誰も高所得を支配してはならないとする見解だけが、高率課税を是認する理由であろう。しかし、高所得とはなにかということは特定社会の考え方に依存し、結局はその社会の平均的富に依存する。国が貧しければ貧しいほど、その国の許容しうる極大所得は低額になろうし、より豊かな国で中位にすぎないとみなされる程度の所得水準に到達することは、その国の住民にとっては困難であろう。その結果がどうなるだろうかということは、インド国民計画委員会（the National Planning Commission of India）の最近の提案が例示している。この提案はかろうじて採択されなかったものであるが、それによれば年六三〇〇ドル（給与所得については、年四三〇〇ドル）をいっさい上限として固定しようとするものであった[30]。もしこの原則がある一国内の異なる地域に、あるいは国際的に適用されたらどうなるかを考えれば、このことのもつ意味がわかるであろう。それらがもたらす結果は、おそらくある特定集団の多数者が所得の適当な限度を決定する資格をもつべきであるという信念の道徳的基礎と、こうした方法で多数者が民衆の厚生を援助すると信じる人たちの英知とにたいする一つの批判となろう。貧しい国が個人を富裕にすることを妨げることにより、富の全般的な成長をもまた遅らせることに疑いなどありえようか。さらに、貧しい国にあてはまることは、同様に富裕な国にもあてはまらないであろうか。

結局、累進課税の問題は一つの倫理問題であり、そして民主主義における現実の問題は、この原則を現在容認している支持が、果たしてそれがどのように作用しているかを人びとが十分理解したときに、なおつづけて支持されるかどうかである。抽象的に述べられているならば、多くの人が是認しないだろうと思われる理念にもとづいて実際におこなわれていることは、ありそうなことである。多数者は少数者にたいして差別的税負担を課す自由をもつべきであること、したがって等しいサービスが異なる報酬を受けるべきであること、そしてある階級全体にとって単にその所得が他の階級の所得と調和しないという理由で正常の意欲刺激は実質的に無効にされること。これらはすべて、公正という根拠にもとづいては擁護できない原則である。それに加えて、もしさまざまの方法で累進課税がもたらすエネルギーと努力の浪費を考えるならば[31]、その望ましからざることをまともな人に納得させるのは不可能ではないであろう。しかるに、この方面における経験の示すところでは、実に急速に習慣が公正の感覚を鈍らせ、さらに羨望以外のいかなる基盤ももたないものを一つの原則に高めてしまっているのである。

もし合理的な税制が確立されうるとすれば、税総額の規模を決定する多数者が、同じように最高率でそれを負担しなければならない点を、一つの原則として認める必要がある。同じ多数者が経済的弱者の少数者に比例的に低い課税の形態である程度の救済を与えることを決めても、これにまともな反対はありえない。累進の濫用を押える障壁を設ける仕事は複雑である。というのは、さきに指摘したように、個人所得税における若干の累進が間接税の影響を補償する手段として、是認されるという事実があるからである。承認を受ける見込みのある原則で、累進課税に固有な誘惑を押えきれなくなるのを防止する原則があるであろうか。個人的には、累進が超えてはならない上限の設定が、その目的を達しうるとは信じない。こうした税率は累進の原則と同様に恣意的であり、追加的収入の必要がそれを要求するように見えるとき、同じように容易に変えられるであろう。

必要なものは、税の総負担とのある関係において直接税の最高率を限定する原則である。その種の規則のもっとも合理的なものとは、最大限許容可能な（限界的な）直接税率を、政府が国民総所得のうちから徴収する総税負担の比率に固定する規則であると思われる。ということは、もし政府が国民所得の二五パーセントを徴収するとすれば、その二五パーセントがどの部分の個人所得にとっても、最大限の直接税となるということである。もし国家の危急からこの比率を高める必要があれば、最大限に許容しうる率は同じ数字で高められよう。すなわち、そして全体の税負担が引きさげられる場合には、それに応じてその数字も軽減されるのである。これはなおも課税をいくぶんか累進的にしておくこととなろう。というのは、所得に応じて最高率を支払う人は若干の間接税を払うであろうから、かれらの総比例的負担額が国民的平均を上まわらせることになるからである。この原則を固く守ることにより有益な結果が得られよう。すなわち、あらゆる予算は政府が国民所得のうちから租税として徴収しようとする割合の見積りを前もって明らかにしなければならないのである。所得の直接税の基準率を定めるもので、低所得にたいしては、間接的に課税される割合に応じてそれを引きさげることになろう。その正味の結果は、わずかだけ全体としての累進となるが、最高所得の限界税率は平均の所得課税率を間接税の額以上に超えることは決してありえないであろう。

第二一章　貨幣制度

通貨を下落させることほど、社会の現存の基盤をくつがえすうえで、巧妙で、確実な方法はない。その過程は経済法則のかくれたすべての力を破壊の側に引きいれていく。そしてそれは百万人のうちのだれひとりとして診断することのできない方法で進行する。

J・M・ケインズ（J. M. Keynes）

1　貨幣と政府

過去五〇年間の経験は、大多数の人びとに安定的な貨幣制度の重要性を教えてきた。前世紀と比較すれば、いまの時代はきわめて貨幣的に不安定な時代である。政府は貨幣の統制において非常に多くの積極的な役割を引きうけてきた。そしてこれが不安定の原因であると同時に結果でもある。したがって、政府の貨幣政策にたいする統制を除去すれば、もっとうまくゆくであろうと一部の人びとが感じるのはしごく当然である。しばしばこう質問する者がある。

満足のゆく交換手段として必要なものを供給するのに、なぜほかの多くの場合と同様に、市場の自生的な力に依存してはいけないのかと。

最初に明確にしておくべき重要なことは、今日ではこれは政治的に実行できないだけでなく、可能であったとしても、おそらく望ましくないであろうということである。たぶん、もし政府がまったく介入しなかったとしたら、意図的な統制を必要としないある種の貨幣的調整組織が発達してきたであろう。とくに、人びとが貨幣あるいは貨幣の酷似の代替物として信用という手段を広範にもちいなかったとしたら、われわれは自己調節的な機構に依存することができたかもしれない[1]。しかし、今日ではこの選択は閉ざされている。現代の企業組織が大部分、依存するようになっている信用制度と本質的に異なる代替手段をわれわれは知らない。そして、これらの制度の存在のために、貨幣と信用制度との相互作用にたいするなんらかの意図的な統制を必要とする状態が歴史的発展の結果として生まれてきたのである。そのうえ貨幣的調整組織を変更するだけでほかの事情まで変化することを明らかに望まないということから、さしあたり政府がおもにこの統制力を行使するのは不可欠である[2]。

こういう事態を認める三つの基本的な理由は、その一般性と有効性の程度においてさえそれぞれ相違がある。一つ目はあらゆる時代のいっさいの貨幣にあてはまるもので、貨幣の相対的供給の変化が物価と生産に影響する他の事情の変化よりもはるかに大きな不安を生ぜしめる理由を説明する。二つ目は貨幣供給が信用と密接に関係しているすべての貨幣制度に関するものである。現代の経済生活はすべてこれに依拠している。三つ目は、現在の政府支出額に関するもので、したがってつぎのような事情、すなわち、われわれはそれを変えることを望むかもしれないとはいえ、さしあたっては貨幣政策のすべての決定については受けいれざるをえない事情に関するものである。

これらの事実のうち第一の点は、この事実が介在しない場合の市場の操縦的機構における、一種の締まりのない関節の役を貨幣に課するのである。すなわち、この関節は調整機構に深く干渉して、もしも生産の方向の誤りを予期して意図的に対抗策を講じないかぎりは、そういう誤りを周期的に発生させることになるのである。その理由は、貨幣の用途が通常の商品と異なって、使いつくされることでなく、回転することにあるからである。この結果、貨幣の供給の変化（あるいは貨幣の需要の変化）の効果が新しい均衡を直接に生むことにはならない。貨幣的な変化は、ある特殊の意味で「自己逆転（self-reversing）」といえる。たとえば、もし貨幣量へのある追加分がまず特定の商品あるいはサービスに費やされるとした場合、それは性質上、一時的でその場かぎりの新しい需要を生むだけでなく、それ以上の一連の効果をつくりだして、当初の需要の増加の効果を逆転させるのである。最初に貨幣を受けとった人たちは順にそれをほかの物に費やす。小石を池に投げいれたときの波紋のように、需要の増加は経済制度全体を通じて自分自身を拡げていく。貨幣量が増加しつづけるかぎり、一回ごとに一時的に相対価格を変えるが、増加が終わるとその結果は逆転されてしまう。正確に同じことが、貨幣量の一部が廃棄される場合、あるいは、人びとがその収入と支出との関係において通常以上または以下の現金を保有しはじめる場合にあてはまる。この種の変化は、その一つ一つがつぎつぎと需要の変化を引きおこすが、それは根底にある実物的要素の変化に合致するものではなく、したがってそれは需要と供給との均衡をくずすような物価と生産の変化を引きおこすであろう(3)。

この理由から、もし貨幣供給の変化がとくに動揺を生むとしたら、われわれの知るかぎりの貨幣供給はやはり有害な変化をしがちである。重要なことは、貨幣の支出される率が過度に変動すべきでないということである。その意味は、いつでも人びとが考えを改めてその支払いにくらべてどのくらいの現金の保有を望むかを決めるごとに（あるいは経済学者の表現に従えば、かれらが流動性を高めるか低めるかにより）、貨幣量はそれに応じて変化すべきであるということである。「現金」というものをどう定義しようとも、人びとが自分の資源の一部をこの形で保有する性向は短期的にも長期的にもいちじるしく変動を受けやすく、いろいろな自発的な発展（たとえば、クレジットカードや旅行者用小切手）は貨幣量にかなりの影響を与えやすい。貨幣供給のどんな自動的な規制も、貨幣にたいする需要あるいはその代替物の供給における前述のような変化が物価と雇用にたいして強くかつ有害な影響を与える以前に、望ましい調整をもたらすことはありそうにない。

なお困ったことに、現代のすべての貨幣制度のもとでは、貨幣供給は需要のそうした変化に適応しないだけでなく、反対方向へ変化する傾向があるであろう。貨幣にたいする請求権が貨幣の代わりにもちいられるようになると――これをどうやって防ぎうるかは見当がつかない――、かかる貨幣の代替物の供給は「意地悪く弾力的」になる傾向がある。[4] すなわち、人びとにより多くの貨幣保有を望ませるのと同じ理由が、貸付けによって貨幣にたいする請求権を供給する人びとをいざなって、そのような請求権をより少なくさせるのであり、その逆もまた同様である、という簡単な事実の結果である。誰もがより流動的でありたいというとき、銀行も同じ理由でより流動的であることを望み、信用の供与を減らすという周知の事実は、大部分の信用形態に固有の一般的傾向の一例にすぎない。

貨幣供給におけるこれらの自発的変動を防ぐことができるのは、一般的に承認されているある交換手段の供給を、誰かが反対の方向へ意図的に変える力をもっている場合にかぎられる。これこそが、ある単一の国家機関――過去においては中央銀行――に委託することが必要であると一般的に認められてきた任務である。そのような機関の創設に長いあいだ抵抗していたアメリカのような国々でさえ結局気がついたことは、反復的な恐慌を避けなくてはならないとすれば、銀行信用を広範に利用した制度にはつねに現金を供給することができ、かつまた現金供給のこの統制をとおして、信用の総供給量に影響を与えることのできる中央機関が根底に存在しなければならないということであった。

これらの制度はできるかぎり政府および政府の財政政策からの独立を望ましいとする理由は強固で、依然として妥当なものがある。しかし、ここでわれわれはさきに言及した第三の点、すなわち歴史的発展につきあたる。それはまったく変更できないわけではないが、近い将来にわたっては受けいれなければならない。財政政策から独立した貨幣政策は、政府経費が総支出のうち比較的小さな部分を構成し、そして政府債務（そしてとくに短期債務）が全信用手段のうち小さい部分のみを占めているかぎりは可能である。[5] 今日ではこの状態はもはや存在しない。したがって、有効な貨幣政策は政府の財政政策と調整してのみ実行できる。しかし、この点における調整とは名目上、独立に存在しているいかなる貨幣当局でも、その政策を政府の政策に合わせなければならないことを必然的に意味している。したがって、好むと好まざるとにかかわらず、政府の政策が必然的に決定的要因となる。

貨幣的条件にたいする政府のこのより有効な統制はこうして達成可能であると思われるが、一部の人びとはこれを歓迎する。果たして望ましい貨幣政策を遂行するのに好適な地位に実際にわれわれがおかれているかどうかは、のちに考察しなければならない。さしあたって重要な事実は、現在あらゆるところでも同じように政府経費が国民所得の大きな部分を構成するかぎり、政府が貨幣政策を必然的に支配すること、そしてこれを変更できる方法は政府経費を大幅に減らすことしかないという事実を認めなければならないということである。

2　インフレーションと福祉国家

貨幣政策を支配する政府に関していえば、この分野での主要な脅威はインフレーションである。政府はいかなるところでも、いかなる場合にも通貨価値の下落の主因となっている。硬貨の価値はときどき長期にわたって低下したことがあるが、過去のおもなインフレーションは政府による硬貨の品位の引きさげか、あるいは紙幣量の過度の発行のいずれかの結果であった。現在の世代は政府が紙幣の発行によってその支払いをした場合に、通貨が下落するという乱暴な仕方にたいしてはいっそうの用心をするのは可能である。しかし今日では、同じことを一般大衆があまり気のつかない巧妙な手段によってなしうるのである。

われわれはさきに考察してきた福祉国家の主要な特徴のどの一つを取ってみても、いかにインフレーションを助長する傾向があるかを理解した。労働組合からの賃金圧力が現行の完全雇用政策と結びつきいかに同じように作用するか、そして政府が老齢年金を通じて引きうけている重い財政負担のために、いかに政府が貨幣価値の低落によって負担を軽くしようといくたびも試みるようになるか、ということを知った。また、これは必ずしも関係のないことかもしれないが、この際記憶しておく必要のあることは、国民所得のうち政府の固定債務の占める割合が約三五パーセントを超えるときには、必ずその負担を軽減するために訴えてきたと思われる、ということである。(6)また累進課税制度のもとでは、インフレーションは所得以上にそれに比例して税収入を増加させる傾向があるため、それに頼る魅力はおおいに強くなるということを知った。

しかし、もし福祉国家の制度が本当にインフレーションを助長する傾向があるとしたら、福祉制度にたいする要求を強めたのはまさにインフレーションの効果であった、ということもなおいっそう真実である。このことは、すでに考察した制度の一部のものにあてはまるだけでなく、なおこれから検討しなくてはならぬ多くのもの、あるいは単にここで述べておくだけだが、たとえば住宅に関する家賃規制、食糧補助金価格と支出に関するあらゆる種類の統制にもあてはまる。インフレーションの影響が政府統制の拡張に賛成する主要な論拠を広く用意してきたことは例示するまでもなく周知のとおりである。しかし今日、四〇年以上にわたって世界全体の発展が空前のインフレーション傾向によって規定されてきたその範囲は、十分には理解されていない。もっともよく影響があらわれているのは、労働寿命のあるうちに老後の準備をすることになる世代の人たちの努力に関してであろう。

インフレーションが今日引退時点にいる世代の人たちの貯蓄にたいしてどんな影響を与えたかを、ほんのわずかの統計的調査を眺めながらでも考えるのは事態の理解に役立つであろう。(7) 調査のねらいは、ある人が一九一三年から一九五八年までの四五年間、実質価値において等しいだけの金額を貯蓄して、それを四パーセントの固定利子率で投資したとしたら、その貯蓄合計額の現在価値が各国においてどれほどになるかを計算することにあった。この四パーセントは、西欧諸国の小額の貯蓄家が身近かに利用しやすい投資、たとえば実際の形では預金、公債あるいは生命保険などから獲得しうる収益にほぼ等しい。貨幣価値が不変であったとした場合に、貯蓄家が期末に保有する額を一〇〇としよう。こういう貯蓄家は、一九五八年にこの実質価値のどのくらいの部分を実際にもつことになるであろうか。

その額が七〇パーセントほどになっている国が世界のなかで一国だけ存在する。すなわちスイスである。アメリカとカナダの貯蓄家は、約五八パーセントを保有できるので、相対的にまだよいほうである。英連邦諸国の大部分および他の「スターリング地域」の構成国にとっては、その値は約五〇パーセントであり、ドイツについては、一九二四年以前の貯蓄額のすべてを失ったにもかかわらず、なおほぼ三七パーセントである。しかし、それらすべての諸国の投資家はフランスやイタリアの投資家に比較すればなお幸運である。後者の投資家たちは、全期間にわたるその貯蓄額の価値が一九五八年のはじめにもつはずであった価値のわずか一一パーセントから一二パーセントを保有するにすぎない。(8)

この長期にわたる世界的なインフレーション傾向の重要性を軽んじて、ものごとはいつもこんなものであり、歴史は主としてインフレーションの歴史であると注釈をつけるのが普通である。しかし一般的にそのとおりであるとしても、わが現代経済制度の発展した期間、そして富と所得が空前の速さで増加した期間については明らかにそれはあてはまらない。イギリスが一九一四年以前の二〇〇年間にわたって金本位制を固持したときには、物価水準は（実質的に計測しうるとして）だいたいある固定した水準の前後を変動し、変動しはじめたときの出発点へよくもどり、平均水準より上下三分の一以上に変動したことはまれであった。（金本位制を離脱したナポレオン戦争の時期をのぞく）[9]。同様にアメリカでは一七四九年から一九三九年にわたり、物価の大きな上昇傾向は生じなかったようである。[10] これと比較すれば、これらの国でもそのほかの国でも、過去の四半世紀のあいだに物価の上昇した速さは、大きな変動をあらわしている。

3　インフレーションとデフレーション

物価の継続的上昇運動を意図的に弁護する者は少数はいるけれども、現在のインフレーション偏向の主要な原因は、その反対のデフレーションがそれよりもっと怖ろしいものであるので、安全をはかるためにインフレーション傾向へたえず誤りをおかすほうがよいという一般的な信念である。しかし、われわれは物価を完全に安定的に保つ方法を知らないし、どちらかの方向へのわずかな動きを修正することによってのみ安定を達成できるものであるから、どんな犠牲を払ってもデフレーションを避けようと決めれば、累積的なインフレーションが生ずることになるに違いない。また、インフレーションとデフレーションはしばしば地域的あるいは局部的な現象であり、経済の資源を再分配する機構の一部として必然的に生まれざるをえないという事実があるとすれば、経済のある主要部分に影響を与えるデフレーションを防ごうとする試みは全般的なインフレーションを生まざるをえないということを意味する。

しかし長期的な観点からすれば、デフレーションがインフレーションよりも実際に有害であるかどうかはむしろ疑わしい。まさにインフレーションが果てしないほど危険なものであり、それをもっと注意深く警戒することが必要であるというのはもっともなところがあり、二つの誤謬のうち、その一つははるかに実践されやすいものである。というのは、穏やかなインフレーションはその進行中は一般的に歓迎されるが、デフレーションの苦痛は即時的で、しかもきびしい。(11)悪影響を即時的にかつ強く感じる行為にたいしては用心をする必要はほとんどない。しかし、即時的には快くあるいは一時的な困難をやわらげる活動が、あとになってはじめてはるかに多く感じる害を含んでいる場合にはつねに用心をする必要がある。まさにインフレーションと麻薬との比較がよくなされるが、それには表面的な類似性以上のものが存在する。

インフレーションとデフレーションはともに期待にはずれる物価変動を引きおこすことにより、その特有の影響を及ぼす。そして双方ともに必ず期待を二度にわたって裏切る。一度目は、物価が期待より高くなるかあるいは低くなるかの場合であり、二度目は遅かれ早かれ起こるに違いないが、それらの物価変動が期待されるようになって、そして予想されなかったできごとのもつ効果がなくなる場合である。インフレーションとデフレーションとの相違は、前者については意外な喜びが最初にきてその反動がそのあとにくるのであり、後者については事業にたいする最初の影響が憂鬱だということである。しかし、そのいずれの影響も自己逆転的である。しばらくは、いずれかをもたらす力は自己増殖の傾向があり、したがって物価が期待以上に速く動く期間は長びくことになるであろう。しかし物価の動きが同じ方向にますます加速的な速さで継続しないかぎり、期待はそれらに追いつくに違いない。そうなると、ただちに影響の性質が変わってくる。

インフレーションは最初により多くの人びとに利潤を与え、その場合、利潤が通常より一般的に大きいという状態を生みだすに違いない。ほとんどすべてのことがうまくいって失敗はほとんどない。利潤は期待されたより大きいことが繰り返しわかってくるという事実と、異常なほど多くの冒険が成功するようになるという事実は、危険負担に有利な一般的な雰囲気をつくりだす。予想外の全般的な物価上昇のために生じる意外な儲けがなければ事業を放りださざるをえない人びとでさえ事業をつづけ、従業員に一般的な繁栄の分け前にまもなく与るであろうという期待をもたせるのである。しかし、この情況が持続するのは、人びとが同じ率で継続的な物価上昇を期待しはじめるまでにとどまる。ひとたび、何ヵ月間に何パーセントかの率で物価が上昇することをあてにしはじめると、生産要素の価格をせり上げることになり、それがその期待する将来価格に対応する水準での費用を決定する。したがって、もし物価が期待していた以上には上昇しないとしたら、利潤は正常にもどり、それらの利潤を生みだす人たちの割合も低下するであろう。そして例外的な高利潤の期間では、さもなければ自分たちの努力の方向を改めざるをえなかった多くの人たちが仕事をつづけていたのであるから、通常よりは多くの企業家が損失を蒙ることになるであろう。

したがって、インフレーションの刺激的な効果が作用するのは、それが予想されなかったあいだだけである。予想されるようになると、ある高い率がつづくかぎり、同じ程度の繁栄を維持するであろう。もしそのような情況で、物価が期待ほど上昇しないとなれば、その影響は予想されなかったデフレーションの場合と同じであろう。たとえ物価が一般的に期待されたのと同じだけ上昇したとしても、それはもはや例外的な刺激は与えず、一時的な刺激の持続中に延期されていた調整の全般的積み残しを暴露するであろう。インフレーションがその当初の刺激的影響を維持するためには、つねに期待よりも速い率でそれが継続しなければならないであろう。

期待された物価の変動にたいして完全に適応することのできない複雑な事情を、ここですべて考察することはできない。とくに長期および短期の期待について等しく調整することの困難を考察することはできない。あるいはまた産業の変動を十分に検討するのに、きわめて重要である当面の生産と投資にたいするさまざまな影響を考察することもできない。われわれの目的にとって知っておく必要のあることは、インフレーションの刺激効果がその速度の累積的加速なしには作用しなくなるということと、完全な調整は不可能であるという事実のある好ましからざる結果がインフレーションの進行につれてますます深刻になるということである。これらの事情に関してもっとも重要なことは、すべての事業の決定の根拠になる計算の方法が意味をもつのは、貨幣価値が相当程度安定しているかぎりだということである。加速的な率で物価が上昇すれば、すべての事業計画の基盤をなす資本と費用計算の技術はやがてまったく意味を失ってしまうであろう。実質費用、利潤、あるいは所得はいかなる慣習的な、あるいは一般的に受けいれられる方法によって確かめることもやがてできなくなるであろう。そして、現行のままの課税原則によれば、実際には資本維持のために再投資されるにすぎないものを利潤として課税することになるであろう。

したがって、インフレーションは一時的な刺激以上とはけっしてなりえず、この有益な効果でさえ誰かが欺されつづけ、一部の人びとの期待が不必要に裏切られないかぎりはつづかない。その刺激はそれの生みだす誤謬にもとづくのである。インフレーションがとくに危険なのは、わずかの程度のその有害な余波をまぬがれるためには、さらに大きな程度のインフレーションによらざるをえないからである。ひとたびそれがある期間にわたって継続すれば、いっそうの加速を防ごうとすることでさえ、自発的なデフレーションを避けることのきわめて困難な情況をつくりだすであろう。拡張されてきたある種の活動は持続的なインフレーションによってのみ維持できるとすれば、それが同時的に停止すれば当然、一部の所得の低下が他の所得の低下を導きつぎつぎに波及する、有害かつ恐れられている過程を生みだす。われわれの知るかぎりでは、深刻な不況を防ぐには通例それに先立つインフレーションを防ぐことであるが、ひとたびそれがはじまってしまうと、なおすことはほとんどできないのである。不況を心配すべき時期は不幸にも、多くの人びとの心からそれがもっとも遠ざかっているときなのである。

政策がそれ自体一般的な状態よりもむしろ特定の情況に、そして長期的な問題よりむしろ短期的な問題にかかわる場合に、インフレーションに抵抗することがむずかしい理由は、その作用する仕方がまさに明らかにしている。それは政府と民間企業双方にとって、通例一時的な困難を乗り切る安易な方法である。言い換えれば、抵抗のもっとも小さい通路であり、ときには政府の政策が自らつくったいっさいの障害を乗り切らせ、経済を救おうとするもっとも安易な方法でもある。[12] それは他のすべての決定を所与とみなし、貨幣の供給をこれに適応させようとする政策の必然的な結果である。そのために、それ以外の方法のもたらす損害はほとんど気づかれないであろう。しかし、長期的には、このような政策により政府は自らの初期の決定の捕虜となり、有害であると知っている方法の適用をしばしば強いられることになる。おそらく誤った解釈によって、他のどの人物の意見よりもこれらのインフレーション傾向をいっそう助長させた同じ著述家が、「長期的にはわれわれは皆死ぬのである」という根本的に反自由主義的アフォリズムの責任を負っているというのも偶然ではない。[13] われわれの時代のインフレーション偏重はおもに短期的見方の普及の結果であり、それは現在の方法より遠いさきの結果を認識することの大きな困難から、また実務的な人びとや、とくに政治家たちが即時的な問題や近い目標の達成に不可避的に心を奪われることから引きつづいて生まれてくるのである。

インフレーションはデフレーションよりも防ぐことが心理的にそして政治的にきわめてむずかしいので、そして同時にそれは技術的には防ぐことははるかに容易であるので、経済学者はつねにインフレーションの危険を強調すべきである。デフレーションが感じられてくると、ただちにそれに対する闘いが試みられる。地域的かつ必要な過程であっても、それは単に防ぐべきではない。危険なことは、われわれが必要な対抗策を取らない可能性よりも、デフレーションにたいして時機に適さぬ恐怖をもつことのほうにある。誰も地域的あるいは局部的な繁栄をインフレーションと間違えることは少ないが、地域的あるいは局部的な不況がある場合にはまったく不適切な貨幣的対抗策を人びとはしばしば要求する。

これらの事情を考えると結局、長期的に望ましいものを目的とするある機械的な規制があり、短期的決定における当局の手を拘束することのほうが、それにいっそう大きい権限と自由裁量を与え、政治的圧力やそのときどきの事情の緊急性を過大評価する当局の性向の双方に従わせる原則よりは、すぐれていると思われる。しかし、これはより体系的に研究しなければならない問題を引きおこす。

4　インフレーションの幻滅

「貨幣政策における権威に対抗して規則を」という擁護論は、ヘンリー・サイモンズ（Henry Simons）が、著名な評論において納得ゆくように説いている。[14] そこで説かれた厳密な規則に賛成する議論はきわめて強力であるため、その論点は今日では、金融当局を適当な規則によってどの程度実際に拘束できるかということに大部分かかっている。もし貨幣政策の目的がなにであるべきかについて十分な同意があるとすれば、独立の通貨当局が政治的圧力から完全に守られ、かつ割り当てられた目的の達成のためにもちいる手段を自由に決定できるようにするのが、最善の仕組みであろうというのは今日でも正しい。独立の中央銀行に賛成する古い議論はなお大きな長所をもっている。しかし今日、貨幣政策にたいする責任は、一部には政府財政を主要な関心事とする機関にあるというのが事実であるから、自由裁量を多く認めることには反対し、貨幣政策の意志決定をできるかぎり予想しうるものにしようという議論のほうが有力になるといってよいであろう。

貨幣政策における自由裁量反対論が政府の強制力の使用における自由裁量反対論とは同じでないことははっきり述

べておいたほうがよいであろう。貨幣の支配がある独占者の掌中にあるとしても、その行使は私人にたいする強制を必ずしも含まない。[15] 貨幣政策における自由裁量反対の論拠は、貨幣政策とその効果はできるだけ予想しうるのがよいという見解にもとづいている。したがって、その主張の正当性はある自動的な機構を工夫して、どんな自由裁量的手段が取られる場合よりももっと予想の立てやすい方法で、しかも混乱を起こすことのない方法で貨幣の有効な供給を変更させることができるかどうかに依存するのである。しかし、その答えは明確ではない。貨幣の総供給を望むとおり正確に適合させる自動的機構なるものをわれわれはわかっていない。そしてなんらかの機構（あるいは厳格な規則で決定される行動）に賛成していいうることは、実際にいかなる意図的な統制もよりよく作用するかどうか疑わしいという程度である。この疑問の理由は一つには、通貨当局が決定をしなければならない場合の状態がたいてい長期的見解を普及させるには都合のよいものではないこと、もう一つには、当局が特定の事情のもとでなすべきことについて確信をもてないこと、それゆえ当局がなにをするかについての不確実性が一定の規則にしたがって、それが行動しない場合には必然的に大きくなるということである。

問題は、一九二〇年代と一九三〇年代の政策による金本位制の崩壊以来、いよいよ切実なものとなっている。[16] 一部の人が唯一の現実的な解決策として、この試験ずみの制度への復帰を考えるのもしごく当然である。そして今日、大部分の人びとでさえ、これまで金本位制の欠陥が誇張されすぎてきたこと、そしてその放棄が有益であったかどうかは疑わしいということにはおそらく同意するであろう。しかし、そうかといって、その復活が現在では実際的な提案であるというのではない。

まず第一に忘れてならぬことであるが、いかなる国も独自の行動によって、金本位制を有効に復活させることはできないであろう。その作用はそれが国際的な本位制であることに依存していた。たとえば、もしアメリカが金本位制に復帰するとすれば、結果としてアメリカの政策が金の価値を決定することになり、必ずしも金がドルの価値を決定することにはならないであろう。

第二に同じく重要なことであるが、国際金本位制度の機能はある種の態度と信念に依存するものであるのに、それがもはやなくなっている。この制度が作用していた根底には、金本位制から離れることは大きな不幸であり、また国家の恥辱であるという一般的な見解があった。どの国もそれを維持するために苦痛な手段を取る用意をしていないことがわかっている場合には、それは都合のよいときだけの本位制としても大きな影響力をもちそうにもない。金のこの神秘性（*mystique*）が永久に消え去ったというわたくしの信念は誤っているかもしれない。しかし、より強い反証を見るまでは、金本位制復活の試みが一時的な成功以上のものとは信じられない(17)。

金本位制の擁護論は一国の本位制に反対し、国際的な本位制に賛成する一般的な主張と密接に結びついている。ここまでの議論において受けいれた範囲内では、この問題をこれ以上追求することはできない。ただ一つだけつけ加えておきたいことがある。もし高度に自動的で同時に国際的になりうるような基準が望ましいとすれば、すでにある程度細部にわたって考案されてきた商品準備本位制が金本位制に帰せられるすべての利益をともない、しかも欠陥のない最善の案であると思える(18)。しかし、このような本位制についての提案はこれまでそれが受けてきた以上の注目に値いするものではあるが、近い将来において実際的な代案となることはほとんどない。もしそのような案がただちに採用される機会があるとしても、それがねらいどおりに運営される見込みはほとんどない。すなわち選ばれた大部分の商品群の総価格だけを安定させることを目的とし、そのなかに含まれる個々の商品の価格を安定させることを目的としないというねらいどおりにはなりそうもないのである。

5　貨幣政策における規則 対 裁量

わたくしは、もちろん、当局に正しいことを強いるような調整の擁護論を弱めることを望んでいるのではない。そのような機構に関する擁護論が強くなってきたのは、貨幣政策が財政上の配慮によって影響を受ける可能性が大きくなるにつれてである。しかし、もしそのような機構によって達成しうることを誇張するならば、それは主張を強めるよりは、むしろ弱めることになろう。この領域での自由裁量を制限できるとしても、けっしてそれを除外できないということは、たぶん否定しがたいであろう。したがって、やむを得ない自由裁量の範囲内でなにをなしうるかは、単に重要であるだけでなく、おそらくその機構が作用するのを認めるかどうかをも実際に決定することになるであろう。すべての中央銀行が直面する一つの基本的な板ばさみがある。そのために、やむを得ず政策が多くの自由裁量をともなうことになる。中央銀行はすべての流通手段（the circulating media）にたいして、間接的でかぎられた統制しか実施することができない。その力は、現金の供給が必要とされるときに、これを供給しないという脅迫に主に基礎をおくものである。しかも同時に要求されたとき、ある価格で現金を供給するのを拒否できないこともその義務であると考えられている。中央銀行当局が日常の活動でどうしても気を使わざるをえないのは、物価あるいは貨幣価値に関する政策の一般的な効果よりもむしろこの問題である。それは中央銀行としてつねに信用の領域での発展の機先を制するか、あるいは抑制することを必要とする仕事である。それについては単純な規則では十分な手引きをすることができないのである。(19)

同じことが物価と雇用に影響を与えることを意図した手段にもほぼあてはまる。それらは変化が発生したのちに修正するよりも、発生する以前にその機先を制するように指導されなくてはならない。もし中央銀行が規則あるいは機構によって行動をおこすように強いられるまで待つとしたら、その結果として生じる変動は必要以上に大きくなるに違いない。そしてもしその自由裁量の範囲内で、銀行の取る手段の方向が機構あるいは規則がのちに課すものとは反対の方向であったとしたら、その機構は長く作用することを許されない情況をおそらくつくりだすであろう。したがって結局、当局の自由裁量が大幅に制限された場合でも、その限界内でなにをなすかに依存することになるであろう。

このことの実際上の意味は、与えられた状態のもとで、当局の特定の行動よりもむしろその目標を規定することによって、貨幣政策を制限するよりほかに仕方がないということである。今日の具体的な問題は、一定の雇用水準あるいは一定の物価水準を安定的に保つべきかどうかということである。妥当な解釈をして、一定水準をめぐって小さな動揺が不可避であることを当然考慮すれば、これら二つの目的は必ずしも対立しない。ただしその場合、貨幣の安定のための必要条件が第一におかれ、そしてそれ以外の経済政策がそれに適合させられるのでなくてはならない。しかし対立が生じるとすれば、「完全雇用」が主要な目標とされ、そしてしばしば解釈されるように、これが貨幣的手段によって短期的に生みだすことのできる雇用の極大化と解釈される場合である。その方法こそ累進的インフレーションへいいたる道である。

高くかつ安定した雇用水準の妥当な目標は、包括的な物価水準の安定をねらいながらもおそらく確保できるであろうし、同時にその方法をも知っているのであろう。実際的な目的から見れば、この物価水準がいかに正確に定義されるかはおそらくあまり重要な問題ではない。ただし、もっぱら最終生産物についてのみ問われるものではないという点を別にしなければならないし（というのは、もしそうだとしたら、それは急速な技術的進歩の時期には顕著なインフレーション傾向をも生みだすかもしれないからである）、また、それは可能なかぎり地域的な物価よりも国際的な物価に基礎をおくべきであるということを除く。このような政策が、もし二、三の大国によって同時に追求されるならば、為替相場の安定とも調和できるであろう。重要な点は物価の変動が超えてはならない、あるいは政策の急激な転換を必要とする点に接近することさえ許さないような、一定またはよく知れわたった限界を、通貨当局が設定することである。

6　貨幣政策の目標

持続的なインフレーションを明白に擁護する人びとが一部にいるけれども、それは多数の人びとがおそらくそうなる傾向があることを望んでいるからではないことは明らかである。それを積極的に受けいれる人びとはほとんどいないであろう。すなわち、年三パーセントといった一見、穏やかな価格上昇でさえ、価格水準が二三年六カ月ごとに二倍になることを意味し、そして人間の労働寿命の通常の期間のうちに四倍にもなるということを意味する。インフレーションの持続する危険は、それを意図的に擁護する人びとの強さによるよりも、むしろ反対派の弱さにもとづくところが大きい。それを防ぐには、われわれがなしうることと、それをおこなわないときの結果とを明確に知ることが必要である。多くの有能な研究者は、インフレーションを防ぐときの困難が政治的なものだけであり、経済的なものではないということに同意する。なおほとんど誰も信じていないように思えるのは、通貨当局がそれを防ぐ力をもっており、いつかそれを実施するであろう、ということである。貨幣政策の達成する短期的な奇跡についての極端な楽観主義には、それが長期的に生みだすものについての徹底した運命論がついてまわっている。

どんなに強調しても十分とはいえない二つのことがらがある。第一に、インフレーション傾向を停止しないかぎり、いっそう国家統制の増大の方向への傾きを止められないことは確実と思われる。そして第二に、いかなる持続的な価格上昇も危険である。というのは、ひとたび価格上昇の刺激効果に依存しはじめると、一方でのいっそうのインフレーションと、他方での後退あるいは不況による誤ちの償いをするかのあいだで選択せざるをえないという成り行きにまかすことになるからである。インフレーションのきわめて穏やかな程度でさえ危険である。というのは、政策にたいして責任のある人びとの手をしばって、なにか問題がおきるといつでも、インフレーションの度をわずかばかり増すことが唯一の容易な打開策となると思われるような政策だからである。

紙幅がないので、スライド制契約のような、自分自身をインフレーションから守るために個々人が努力するさまざまな方法についてはふれられなかった。しかし、それらの努力はその過程を自己加速的なものにする傾向があるだけでなく、その刺激効果を維持するのに必要なインフレーションの速度を増加させるものである。ここでは、ただつぎのことを記しておく。インフレーションは、中位の収入の人びとにとって、老後の準備をますます不可能にする。それは貯蓄を妨げ、借金を助長する。そして、中産階級を破壊することによって、それはまったくの無産者と富裕者とのあいだの危険な懸隔をつくりだす。それは長期的なインフレーションを経過してきた社会の顕著な特徴であり、それらの社会のきわめて重大な緊張の源泉である。これよりももっと険悪なものは、広範な心理的効果、すなわち国民全般のあいだに長期的な視点を無視してすでに公共政策を支配している直接的な利益についてのみ関心を払う空気が広がることである。

インフレーション政策は、一般にいっそうの政府統制を望む人びと――残念ながらかれらだけではない――によって擁護されることは偶然ではない。インフレーションによって政府への個人の依存が増えること、およびその結果として生じるいっそうの政府活動の要求は社会主義者にとっては都合のよい議論である。しかし、自由を維持したいと思う人びとは、インフレーションがおそらく悪循環におけるもっとも重要な単一の要素であり、そこでは一つの種類の政府活動がさらに多くの政府統制を必要とするようになるということを、認識しておかなければならない。したがって、政府統制の増加傾向を止めたいと思うすべての人びとは、自分たちの努力を貨幣政策に集中しなければならない。これ以上に落胆させるものはおそらくないと思われる事実は、知識に富んだ事情に通じた人びとが多く他の点では自由を擁護しながらも、拡張主義の政策の直接的な便益に誘惑され、長期的に見れば自由社会の基礎を破壊するに違いないものを支持する傾向があることである。

第二二章　住宅と都市計画

もし政府が住宅補助金を廃止し、同時にその補助金とまったく同額だけ労働者階級に対する減税をおこなうとすれば、労働者階級は財政的には悪くはならないであろう。しかしそうすると、その金を住宅供給以外の用途にもちいることを選ぶに違いない。そして狭すぎてしかも環境の劣悪な家に住むであろう。というのは一部の者はよい住居から得る利益を知らないからであり、また他の者は他の用途への自分の資金の支出と比較して、住宅の価値を軽く見すぎるからである。このことが、そしてこのことのみが住宅補助金の論拠である。そしてそれをもっとも大ざっぱな形でここで述べたのは、そのことがらが左翼の文献においては現実を無視して非常に頻繁に議論されているからである。

W・A・ルイス（W.A. Lewis）

1　都市生活の問題

文明は、知っているかぎりでは都市生活と切り離すことができない。文明社会を原始社会と区別するのも、われわれが「都市」と呼ぶ人口の巨大な集まりと密接に結びついている。「都会風（urbanity）」、「礼儀（civility）」あるいは「丁重さ（politeness）」について語るときには、都市における生活態度を引きあいにだす。今日の田舎に住む人びとの生活と原始的な人びとの生活とのあいだの差異の多くは、都市が供給するものにもとづいているとすらいえる。進歩した文明社会において、田舎での、のどかな生活をときに文化生活の理想とみなすのもまた、都市の産物を田舎で享受する可能性を意味するのである。

しかし都市生活の利益、とくに都市の工業によって可能となった生産性のいちじるしい増大は、わずかの人口を田舎にとどまらせ、残りの全人口に食料を供給することを可能にしたが、大きな費用を支払って獲得されたものである。都市の生活は田舎の生活にくらべて、単に生産的であるだけではない。それははるかに多くの費用のかかるものである。都市生活によって、おおいに生産性を高めているものだけが、この種の生活による追加費用を超えた純利益を受けとるであろう。都市生活にともなう費用とある種の快適さはともに非常に高くつくので、人並の生活を可能とする最低所得は田舎におけるよりもはるかに高い。田舎でならまだ耐えることのできるある水準の貧しさでの生活は、都市ではほとんど我慢できないばかりでなく、住民にとってぞっとするほどきたない外観を生みだす。こういうわけで都市は文明にその価値を与えるほとんどすべてのものの源であり、また科学、芸術および物質的娯楽の追求のために手段を提供してきたが、同時に、この文明の最大の汚点に対しても責任がある。

そのうえ、人口密度の高いところに住んでいる多くの人びとにかかってくる費用はきわめて高いばかりでなく、大部分が共同社会的である。すなわち、その費用はそれを生じさせたものに必然的にあるいは自動的にかかってくるのではなく、全員によって負担せざるを得ないと思われるものである。多くの点で、都市生活がきっちりと密接しているために、財産権の単純な分割を基礎とした想定では少しも役に立たない。このような状態のもとでは、所有者が自分の財産をどのように処理しようとも自分のみが影響を受け、他の誰にも影響を与えないだろうということはかぎられた範囲でしか妥当しない。経済学者が「近隣効果（neighbourhood effects）」と呼ぶもの、すなわち、自分の財産について所有者のすることが他人の財産に与える影響が非常に重要となる。ある都市のほとんどどの一区画の財産の有用性も、ある程度はそのすぐ隣の人がなにをするかに依存しているし、また共同社会のサービスに依存している。共同社会のサービスがなければ、個々の所有者による土地の有効な利用はほとんど不可能であろう。

したがって、私的財産、あるいは契約の自由に関する一般的公式は、都市生活の引きおこす複雑な問題にたいして即座の回答を用意していない。たとえ強制力をもつ権力機関がなかったとしても、より大きな単位のほうがすぐれた利益を得られることから、新しい法制度の発展が生じてくるであろう。すなわち、管理の権利を分割して、開発されるべき広範囲の地域の性格を決定する上位の権利をもつものと、より小さい単位の利用に関する下位の権利をもつものにわけ、下位の権利の所有者は前者によって決定された枠組のなかで、特定のことがらを自由に決定するのである。多くの面で、組織された市自治体が果たそうとつとめている機能は、この上位の所有者の機能に相応する。

最近にいたるまで、経済学者は、都市開発に関するいろいろな側面の全体を調整する問題にたいして、残念ながらほとんど注意を払わなかったことを認めなければならない(1)。かれらのうちには、都市住宅の弊害に関するすぐれた批判者もいたが、都市生活の重要な問題に関するかぎり、久しくアダム・スミスの例に従ってきた。かれによれば、清潔と安全の問題、「すなわち、道路の清掃の適当な方法と司法の執行、すなわち犯罪の防止のための規制に関すること、あるいは都市警備を維持する方法は有用ではあるが、些細のことなのでこの種の論述のなかで考慮に値いしない。(2)」

おおいに重要な問題の研究をその専門の職業にもかかわらず、このように怠ってきたことを考えれば、その研究が非常に不満足な状態にあると不平をいうことはできないはずである。事実この分野における世論の発展は個々の災禍をなくすことに関心をもった人びとによってもっぱら進められてきたのであり、個々の努力がどのように相互に調整されるべきかという中心的な問題はほとんどないがしろにされてきた。しかし、個々の所有者たちがもつ知識と技術を有効に利用して、しかも他人の犠牲によって利益を得ることのないような範囲にその活動をとどめて調和させるにはどうしたらよいかという問題が、この場合とくに重要である。全体としてみれば、市場が都市の発展を、不完全ではあるが、一般に理解されている以上にうまく導いてきた事実をわれわれは見逃してはならない。また、市場のうえに立って改良を試みる提案は、市場をもっとうまく働かせることばかりでなく、中央管理の制度をうえにのせることにより、そういう制度がなにを成し遂げなければならないのか、効果において市場に匹敵する程度までとしても、なにをしようとするのかにほとんど気づいていないことを見逃してはならない。

実際に、都市の発展を決定したいろいろな力について、見たところはっきりとした見解をもたずに、このむずかしい問題を通常取りあつかってきた政府の場あたり的な方法を見るとき、災禍が現在の程度にとどまっていることは驚くべきである。特定の災禍の除去を意図した政策の多くは、実際にはそれをいっそう悪化させてきた。そして、最近の発展の傾向は公共機関による個人の私的生活にたいする直接統制の可能性を他のどの政策分野に見られるものよりも大きくしている。

2　家賃の制限

まず最初に取りあげるべき施策は、はじめにはいつも一時的な急場をしのぐための方策として導入され、恒久的な制度として弁護されたものでないにもかかわらず、実際にはきまって恒久的な特徴となり、西欧の多くの国々において他のどんな施策——ただしインフレーションだけを除く——よりも自由と繁栄の制限におそらく役立ってきたものである。それは家賃制限、または住居の賃借料に最高限度をおくことである。元来、家賃の制限は第一次世界大戦のあいだにその騰貴を防ぐため導入されたのだが、多くの国々において大きなインフレーションを通じて四〇年間以上も維持され、その結果、家賃は自由市場における場合の一小部分しかあらわさないものとなってしまった。こうして家屋財産は実質的に収奪されてしまったのである。おそらくこの種のいかなる他の施策にもまして、家賃の制限は長期的に見て、取りのぞこうとした災禍を逆にいっそう悪化させ、また人間の移動にたいして行政当局が高度に恣意的な権力をふるう状態をつくりだした。それはまた、財産尊重の念、個人の責任感を弱めることにもおおいに寄与した。長期にわたるその効果を経験していない者には、こうした批判ははなはだしく強硬なものに見えるであろう。しかし住宅条件の累進的な衰退やパリ、ウィーン、あるいはロンドンにおいてすら、人びとの一般的な生活態度にまでも与えた影響を見てきたものは誰でも、この一個の手段が経済の全性格に——ならびに国民の全性格にさえ——与える致命的な影響を認めるであろう。

まず第一に家賃を市場価格以下に固定すれば、必然的に住宅の不足が永続する。需要は供給を超過しつづける。また、もし最高価格が効果的に強制されていれば（すなわち、「プレミアム」の出現が防止されるなら）、当局によって住宅地を割り当てる機構が設立されざるをえない。移動性はおおいに減少し、やがては地域間および住宅の形式ごとの住民分布は、必要ないしは欲求に対応しなくなる。世帯主が十分な収入力をもつ期間には、その家族が非常に若いかまたは引退した夫婦よりも、広い空間を占めるという通常の住居回転は停止する。人びとを命令によってあちこちへ移動させることができない以上、かれらは自分のもっているものを固守しつづける。そして賃貸家屋はその家族にとって譲渡すべからざる財産の一種となり、必要とは無関係に世代から世代へと受けつがれる。賃貸家屋を相続してきた者はそうでない場合よりもしばしば暮らしが楽である。しかし人口のますます多くの部分では独立の住居をまったく手にいれることができないか、または手にいれるには公的恩恵に与るか、かれらにはだしかねる資本の犠牲によるか、それともある非合法ないし迂回的な手段によるしかない(3)。

と同時に、所有者は建物維持のための投資の興味をまったく喪失し、その特定の目的のために借家人から取り立てることを法的に許された分を超える投資をしない。パリのような都市では、インフレーションによって家賃の実質価値がかつての二〇分の一ないしそれ以下に下がり、家屋がかつてないほどの荒廃状態に陥っているほどで、きたるべき数十年間では建て替えはできないほどである。

しかしながら、もっとも重要なことは物質的損害ではない。家賃の制限のため、西欧諸国の国民の大部分は日常のことがらについて当局の恣意的な決定に従属するようになり、さらに生活における主な決定についても許可と指示を期待することが習慣になっている。当然のこととして、住む住居のための資本は誰かほかの人からただで提供されるべきであり、そして個人の経済的福祉は政府与党の恩恵に依存すると考えるようになり、政府与党は自分の支持者を助けるためにしばしば住宅にたいする支配力を利用する。

財産の尊重、法と法廷の尊重の念を害する大きな原因となったのは、当局がいろいろな要求の相対的な価値を決定したり、必要不可欠なサービスを割り当てたり、また個々の個人的要求の緊急度に判断を下して、いまだ名目的に私的財産となっているものの処分をたえず要請するからである。たとえば、「病身の妻と三人の幼い子供をもち、自分の家の占有権を得ようと望んでいる家主が、自分の要求を拒絶されたときに受ける（と思われる）苦しみは、もしそれが許可されたときに、子供はひとりだけだが寝たきりの義母のいる借家人が受ける苦しみより大きい」かどうかの問題は、[4]正義に関するどんな承認ずみの原則に訴えても解決できないのであって、当局の恣意的干渉によるほかはない。人の私的生活のもっとも重要な決定にたいするこの種の統制がいかに大きな力を当局に与えるかは、ドイツの行政訴訟裁判所（the German Administrative Court of Appeal）の最近の判決が明らかに示している。その判決は、ある地方政府の職業安定所が別の地域に住むものにたいして、まずかれが住宅当局から移住の許可および約束を得ないかぎり職業紹介を拒否する、ということに対して、それを違法と宣言することを必要としたのである。その理由は、いずれの当局もその人の要求を拒否する権限をもたないということではなく、その拒否は「行政府の別々の利害の、承認しがたいほどの結合」をともなうからというのである。[5]事実、別々の当局の行為の協力こそは、計画当局者が心から望んでいることではあるが、特定の決定における恣意にすぎないものを、個人の全生活にわたる専制的権力へと変える危険性をもっている。

3　公営住宅

家賃の制限は、大部分の人たちの記憶にあるように、ずいぶん昔からすでに実施されてきたのであるが、それでさえいまなお緊急対策とみなされており、しかも廃止することが政治的に不可能となっている。[6]同様に、国民の比較的に貧しい階層のために公的な住宅補助金や建築補助金によって住宅の費用を引きさげようとする努力は、福祉国家にとっての恒久的な部分として受けいれられるようになっている。範囲と方法において非常に注意深く制限しないかぎり、このような努力は家賃制限の結果とまったく同様の結果をもたらしてしまうことがほとんど理解されていない。

注意すべき第一の点は、政府がある集団の人びとを助けて住宅の公共的供給をしようとする場合、かれらの受けとる新しい住宅は、すべて政府が供給を引きうける場合にかぎり、かれらの利益になるということである。当局が住宅供給の一部だけを用意するのでは、実際には民間の建築活動によって提供されてきたものへの追加ではなく、その単なる代替となるにすぎないであろう。第二に、政府がより安い住宅を供給する場合は、その対象を援助しようとする階層に厳密に制限しなければならない。単に低い家賃での需要を満たそうというのであれば、その階層が援助のない場合に占有すると思われるよりもはるかに多くの住宅を供給しなければならないであろう。第三に、公営住宅をこのようにもっとも貧しい家族に制限することが一般的に実施可能であるためには、政府としてかれらが以前に住んでいた住居よりも低廉で、いちじるしく良質のものを供給しないことである。さもなければ、こうして援助された人びとは、経済的階層のすぐうえの人びとよりもよい家に住むことになるであろうし、そして後者の人びとからも計画のなかに含めてもらいたいという圧力に抗しがたくなる。この過程は繰り返されることになり、ますます多くの人びとに累積的に波及するであろう。

この結果は、住宅改革論者によっていくたびも強調されてきたように、住宅条件のどんなに広範な変革を公的行為によって試みるとしても、実質的には一都市の住宅全体が公共サービスとみなされ、公的財源からその費用が支払われないかぎりは成功しないことになる。しかしながら、このことは国民一般が住宅のために自分たちの望む以上の出資を強いられるだけでなく、その個人的自由が重大な脅威を受けることをも意味する。当局がこのより良質・低廉の住宅を、徴収家賃に応じた需要に見合う分だけ供給することに成功しないかぎりは、当局による利用可能な施設を割り当てるための恒久的な制度が必要となろう。すなわち、人びとは住宅にいくら支出すべきか、また各家族または個人はどんな種類の設備を得るべきであるかを当局が決定する制度である。もしもあるアパートあるいは家屋の取得が一般に当局の決定に依存するとすれば、当局が個人生活にたいしてどのような力をもつことになるかは想像に難くない。

それからまたよく理解しなければならぬことは、住宅を公共サービスとする努力が多くの場合において、住宅条件の一般的改良の主要な障害となっており、建築費用の漸進的な低下をもたらす力にさからっていることである。およそすべての独占者は周知のように非経済的であり、政府の官僚機構はなお一段とそうである。そして競争機構の停止と、中央指令型の発展に必ずある硬直化の傾向は、望ましくもあり同時に技術的に不可能でない目標、すなわち、いっさいの住宅需要に応じうる費用の実質的かつ累進的な低下の達成を必然的に妨害することになる。

公営の住宅供給（および補助金が支給される住宅の供給）はこうして、せいぜい貧者を援助する手段となりうるが、その結果、不可避的にそれを利用する者を政府当局に従属させてしまい、従属者たちが国民の大部分を占める場合には、政治的に非常に重大となるであろう。ある不幸な少数者にたいするいかなる援助と同様に、そのような施策は自由の一般的制度と調和しないことはない。しかしそれは非常に大きな問題を引きおこすのであって、危険な結果をもたらさないためには真正面からその問題に立ちむかわねばならない。

4　スラム街の経済学

都市生活から得られるより大きな所得力その他の利益は、都市の大きさにしたがって一般に増加する都市生活の相対的に高い費用によってかなりの程度相殺される。都市で働くことによって生産性をおおいに増加させた者は、たとえ自分たちのかぎられた居住空間にたいしてもはるかに多くを支払わねばならず、また毎日の長距離通勤にかかる運賃をも負担しなくてはならないとしても、なお差引き純利益を得るであろう。またほかの者は、旅行や高い宿に金を使わずにすむとか、あるいは密集地区に住んでも気にせず、別のことがらにより多くの金を使うことができる場合には、純利益を手にするであろう。古い建物はほとんどの都市の成長の段階においてはその中心部に存在するが、その土地にはすでに他の目的のために非常に多くの需要があって、そこに新しい住宅を建てることの利益はなく、またもはや裕福な人びとがそれを望むこともない。そうなると、古い建物は生産性の低い人たちにとって、非常に混雑した生活という代価を払って都市のもたらすものから便益を享受する機会を得ることになる。かれらがそこに住むつもりさえあれば、これらの古い家屋をそのままにしておくことがしばしばもっとも有利な土地の利用法でもあろう。こうして、逆説的ではあるが、都市のもっとも貧しい住民がしばしば土地の価値の非常に高い地区に住み、また地主は都市のうちでもっとも荒廃した部分となりそうなところから非常に大きな所得を得る。そのような事情のもとでは、この種の土地財産が住宅のためにつづけて利用しうる唯一の理由は、修繕または維持のためにほとんど経費を投じない古い建物に高密度で人びとが居住していることにある。もしもかれらがこういう形で利用または使用できないならば、都市生活のために追加的な費用以上に自分たちの所得を増大させる機会は、この種の土地に住む大部分の人には存在しないであろう。

このようなスラム街の大多数は都市の成長期間に多かれ少なかれいっそう悪化した形であらわれるものであるが、その存在は二種類の問題を引きおこす。それらは区別されねばならないものであるのに、通例は混同されている。たしかな事実は、このような不衛生な地区の存在が一般に不潔でまたしばしば無法状態にあるため、都市の他の部分にたいして有害な影響を与え、スラム街に住む者の負担しない費用を都市行政府または他の住民に負担させるよう強いることである。スラム街居住者が都市の中心部に住むことを自分たちの利益とする唯一の理由が、自分たちの決定によって生じた費用をいっさい支払わないことにあるのだというのが本当であれば、これらすべての費用をスラム街の財産に負担させることにより、事態を変更させるのがよいという議論がでてくる。おそらくその結果としてスラム街はなくなり、商業または工業上の目的に適する建物に取って代わられるであろう。明らかにこれはスラム居住者たちを助けるものにならないであろう。この行為を弁護する議論はかれらの利益にもとづくものではない。問題は「近隣効果」によって引きおこされているのであり、都市計画の問題に属する。これはあとで考察しなければならない。

これとまったく異なるのは、スラム街居住者の想定上の利益ないしは必要にもとづいてスラム一掃を主張する議論である。これはまったくのジレンマを生じる。人びとの密集した古い建物に住むのは、都市の特別な稼ぎの機会からなんらかの利潤を引きだすことができるからにすぎない。もしスラム街の廃止を望むならば、二つのうちのどちらかの一つを選択しなければならない。一方は、かれらが稼ぎを得る機会である低価格でごみごみした住宅を取りのぞくことによって、この人びとにとっては好機の一部であるものを利用できないようにし、そしてすべての都市住宅にたいしてある最低基準を課すことによって、効果的にかれらをその都市から押しだしてしまうか[7]、もう一方は、費用に引きあわない価格でよりよい施設を提供し、かれらが都市にとどまることにも、同時にもっと多くの同種の人びとが都市に移動することにたいしても補助金を支給するかである。後者は経済的に是認できる限度を超えて都市の成長を刺激することに等しく、そして共同社会に依存して必要と想定されるだけのものの供給を受けるある階級を恣意的につくりだすに等しい。こういうサービスを長期にわたって継続すれば、ある一定の都市への移住を誰には許し、誰には許さないかを決定する権利をも当局が要求することにならざるをえない。

多くの分野で生じることだが、この場合に遂行される政策はある一定数の人間のためのサービス供給をめざしながら、結果としてはその供給を受けねばならないと思われる同種の人間の追加を考慮していないのである。ほとんどの都市において、スラム人口の一部分は都市生活しか知らない古い居住者からなっており、田舎の環境では、なお一段と適度の生計が立てがたいものであることは本当である。しかしそれよりもっと深刻な問題は、より貧しい農業的な地域から多数の人が流入してくることによって生じる問題である。かれらにとっては、都市における老朽化した荒廃した安い居住施設は、より大きな繁栄に導くかもしれない梯子の足掛りを提供する。込み合っていて不衛生な条件のもとで生活しなければならないにもかかわらず、都市へ移住することを利益と考える。はるかによい住居を同じ低さの費用で供給するならば、はるかに多くの人びとがひきつけられることになるであろう。問題の解決策は経済的な障害を活用するか、もしくは人口流入を直接に統制するかであろうが、自由を尊重するものは前者のほうが災いが少ないと見るであろう。

住宅問題はそれだけを孤立させて解決のできる独立の問題ではない。それは一般的な貧困問題の一部分であり、所得の一般的上昇によってのみ解決できるものである。しかしながら、その生産性が生活の費用をなおまだ上まわっているところから下まわることになるところへ移動する人びとにたいして補助金を支給するならば、あるいは、移動によるみじめな条件での生活という犠牲のうえに将来のよりよい見通しをもてると信じている人びとにたいしてその移動を妨げるならば、所得上昇という解決策は遅らされるであろう。

ここでは自治体による他のすべての施策を考察する紙面の余裕はないが、これらの施策はある一定の住民の窮乏を救済しようとするものでありながら、実際には経済的に是認できる点を超えて巨大都市の成長を助成する傾向がある。公益事業の料金に関する政策の大部分は、費用以下でサービスを供給することにより即時的には密集を軽減し、周辺地域の成長を促進させることをめざしているが、長期的には事態を悪化させるだけである。イギリスにおける当面の住宅政策に関して述べたことは他の大部分の国々についてもあてはまる。「成長しすぎ集中しすぎた都市構造の維持、それからいまだ成長している大都市の場合には、根本的に非経済的な成長の持続を、全国民から集めた税金をもちいて財政的に奨励するという慣行にいつの間にか移っていった。(8)」

5　都市計画と財産権

ある別の一組の問題がつぎの事実から生じる。それは非常に密集した都市生活において、価格機構は財産の所有者が自分の行為によって他人にたいして与えるかもしれない便益ないし損害を、不完全にしか反映しないということである。一般的に動産の場合には、その使用から生じる利益または不利益はそれを支配するものにかぎられるのが普通であるが、そういう事情と違って、一区画の土地の利用はしばしば隣接した区画の有用性にも必然的に影響する。都市生活の条件のもとでは、このことは私的所有者の行為にばかりでなく、道路や都市生活にとって欠くことのできない公共の保養施設などにもちいられる公共所有の土地の利用に関してもなおいっそうよくあてはまる。市場において個人個人の努力の効果的な調整が実現するには、個々の所有者および公共的不動産を管理する当局の双方が、少なくとも自分たちの行為によって他人の不動産に与えられるいっそう重要な影響を考慮できるような条件のもとにおかれなくてはならない。都市当局がもつ不動産の価値も個人がもつ不動産の価値もともに、その所有者によって利用される際の全効果を反映するときにのみ、価格機構はなすべき機能を果たすであろう。この条件は特別の取り決めをしておかなければ、かぎられた程度でしか満たされないであろう。一個の不動産の価値は、隣人たちが自分の不動産をどう利用するかにより、またさらに当局によって供給されるサービスと強制される規制とにより、さらに一段と強く影響を受けるであろう。そしてさまざまな決定においてこれらの効果が考慮されないかぎり、便益の全体が費用の全体を超える可能性はまずないであろう(9)。

しかしながら、たとえ価格機構が都市の土地利用にとって不完全な基準であるとしても、もし発展が私的創意にゆだねられるべきであり、また多くの人びとのあいだに分散しているすべての知識および前途の見通しが利用されるべきであるとするならば、価格機構は依然として不可欠の基準である。どのような実際的方法をもちいるにしても、所有者が自分の決定からどんな結果を招こうとも、すべてその影響を考慮にいれるようにすることによって、その価格機構をいっそう効率的に働かせることができる、という主張には強力な根拠がある。したがって、私的所有者の決定を公共の利益と合致させやすいものとするための規制の枠組は、この場合、他の種類の財産に関して必要である以上に、仔細でまた特定の局地的事情によりいっそう適合したものでなければならないであろう。このような「都市計画」は主として市場における影響を通じて作用し、またある地域ないし近隣の発展に際して従わなくてはならない一般的条件を設定して作用するのであるが、これらの条件のもとで決定を個々の所有者にゆだねている。それは、市場機構をさらにいっそう効果的にさせようとする努力の一部をなすものである。

しかしながら、「都市計画」の名のもとに実施される管理の型には非常に異なったものがある。これは上記のものと異なり、価格機構を不要にし、中央の支配によって取って代わらせようとする動機がもとになっている。実際に実施されている都市計画の多く、とくに個々人の活動の調整に果たしている価格の役割をまったく理解していない建築家と技術者によって実施されている都市計画の多くは[10]この種類に属する。これは、土地の各区画の利用をあらかじめ考えられた計画にしたがっておこなわせるよう将来の発展をしばりつけることが目標とされていない場合でも、市場機構の働きをますます利かないようにする傾向がある。

したがって問題は都市計画に賛成すべきかどうかではなくて、もちいられる施策が市場を補完し、かつ援助することになるか、あるいはそれを停止させ、代わりに中央管理が取って代わることになるかである。この場合に、政策によって生じてくる実際問題は非常に複雑であり、完全な解決は期待できない。どんな施策を取るにしても、それが有益だということはある望ましい発展を結果的に生むことであるが、しかしその発展の詳細はほとんど予想不可能であろう。

実際上の主要な困難は、都市計画に関する大部分の施策が一部の個人の財産の価値を増大させ、他の一部の人の財産の価値を減少させるという事実から生じる。もしそれらの施策が有益であるとするならば、利益の総計が損失の総計を超えなくてはならない。効果的に埋めあわせをするためには、ある施策にもとづく利益と損失の両方が計画当局に帰される必要がある。当局は個々の所有者にたいしてその財産の価値の増加分について課税し（たとえ、その原因となる施策が一部の所有者の意志に反しておこなわれたとしても）、また財産に損失を蒙ったものにたいしては補償をする責任を負うことができなくてはならない。これは公共機関に恣意的で制御しがたい権力を授けることなく、公正な市場価格で収用する権利を認めれば達成できる。それだけのことで、その行為によって生じる価値の増大をすべて捕捉し、また自分の財産の価値が減少するからといって反対する者の権利を買いとることができるようになる。実際には当局は買いとりをする必要はなく、強制収用権に裏づけされて所有者と交渉し課税ないし補償を取り決めることができるであろう。市場価格での収用が当局にとって唯一の強制力であるかぎり、正当な利益はすべてみな守られるであろう。もちろん、それはいくぶんか不完全な用具ではある。というのは、そのような事情のもとでは「市場価値」は明白な大きさのものではなく、またなにが公平な市場価値であるかについてはおおいに意見がわかれるかもしれないからである。しかしながら重要な点は、そのような争いが最終的には独立した裁判所において決定できるものであり、計画当局の自由裁量にまかせられなくてすむということである。

危険は主として、多くの計画者が自分たちの計画の全費用を数えあげる必要から逃れたいと望むことから生まれる。かれらはしばしばこう抗議する。もしもその費用を市場価値で補償しなければならないとすれば、ある改良を実施する費用は法外に高いものになると。しかしながら、もしこのことが事実であるとすれば、提案された計画は実施されるべきでないことを意味する。都市計画者が公正な市場価値以下での収用を正当化するためにもちいる議論、すなわち、そうすることによって計画の社会的費用を減少させることができるとの間違った主張にもとづいた議論ほど、疑わしい眼をもって見られるものはない。このような計画の帰するところは、ある特定の費用が考慮にいれられないということである。すなわち、計画者は費用の一部分を私人の肩に負わせ、つぎにそれを無視することだけで計画が有利に思えるようにするのである。

都市計画のための議論のなかで妥当なものの多くは、要するになんらかの目的のための計画単位を個人的所有の財産の通常の大きさよりも大きくすることである。計画目的のあるものは所有権の内容を分割することによって達成できる。その分割においては、全地区ないし全地域を代表する法人たる上位権利者がある特定の決定、すなわち個々の下位所有者の利益および損失を評価する権限をもつ。土地開発にたいして、開発者が個々の土地の利用に関してある恒久的な統制力をもつようにすることは、政治的権力による統制の実施にたいして少なくとも一つの代替案として考えられる。そうすれば、大きい計画単位は数のうちの一つでもあろうし、そして他の同様の単位と競争せざるをえないため、その権力の行使が抑制されるであろうということもまた利点である。

もちろんある程度まで、自治体または他の政治的な下部機関のあいだの競争でさえも同様の抑制効果をもつであろう。しかしながら、都市計画者はしばしば地方的または全国的な規模の計画すら要求することがある。計画にはより大きな単位によってのみ考慮できる要素がいくつかつねに存在するだろうことはたしかである。しかし、もっといっそう間違いのないことは、統一された計画地域が拡大するにつれて、必然的に地方の事情に関する特定の知識が効果的に利用されなくなるだろうということである。全国的な計画の意味するものは、競争単位がより大きくなる代わりに、競争がまったく消滅するだろうということである。たしかに、これは望ましい解決策ではない。問題の複雑さから生じる現実の障害にたいする完全な回答はおそらくないであろう。しかし主に私的所有者に提供される判断材料と誘因とを通じて作用する方法は、土地の個々の部分の利用をかれらの自由にしておく方法でもあって、満足すべき結果を生みだしやすいのである。というのは、どんな他の方法でも開発の見込みと可能性に関する散在した知識を市場の場合のように十分に利用しないと思われるからである。

これらすべての困難は、「単一税（single-tax）」案の採用によって解決できるであろうと主張する一部の組織集団が依然として存在する。すなわち、すべての土地の所有権を社会へ移し、市場において決定される地代でそれを私的開発者に貸付けるだけでよい。この土地社会化案は、その論理においてすべての社会主義計画のなかでおそらくもっとも魅力があり、もっともらしいものである。この案の根拠となっている事実に関する仮定が正しいならば、すなわち、一方で「土地の永遠かつ不滅の力」の価値と、他方で二種類の改良――社会的な努力に起因するものと、個々の所有者の努力によるもの——に帰すべき価値をはっきりと区別することができるならば、それを採用する論拠はきわめて強力であろう。しかしながら、われわれが述べてきたほとんどすべての障害は、そのような区別を少しでも確実につけることができないことに由来している。どんな一区画の土地でも、私的な開発に必要な機会を与えるためには、固定地代で認められる土地貸借は非常に長期にわたるものでなければならない（同時に自由に譲渡もできるようにすべきであろう）とすれば、ほとんど私有財産と違わないものとなり、個人財産に関するすべての問題がふたたび出現することになろう。世間のものごとは「単税」案の想定するように単純であればとわれわれはしばしば願うことがあるが、そこからは関心をもつ問題のどれにたいしても解決策を見いださないであろう。

6　土地利用の統制

都市計画者たちは行政府の専制主義に全経済を従属させたがる傾向があるが、これはイギリスにおける一九四七年の「都市地方計画法（British Town and Country Planning Act）」の徹底的な規定がよく例示している。[11] この法律は数年で廃止されざるを得なかったが、よそでは称賛者を欠くことがなかったし、アメリカでは模倣されるべき例として支持されたことがある。[12] その規定は、都市の財産所有者がその土地の利用について、どんな主要な変化からでも利益を得るならば、すべてそれを完全に収奪してしまうに等しいものであった。そして利益というのは、土地利用の変更がまったく禁止されていた場合に想定される土地の価値、もちろんそれはゼロの場合もあろうが、それを超えるいっさいの価値増加を指すものであった。[13] すべての開発権のかかる没収にたいする補償は、その目的のために別枠にしてある一括払いの総額の一部分からまかなわれることになっていた。

この案の背後にある考え方は、特定の一片の土地が永久に現在の用途にとどめられるはずであるとの想定にもとづく価格においてのみ土地の売買を自由におこなうべきである、というものであった。すなわち土地利用の変更から生じるいかなる利益も変更の許可料として計画当局に帰することになり、一方、現在の利用法において土地の価値の低下から生じるいかなる損失もその所有者の負担になることになろう。ある一区画の土地が現在の利用法では少しも収益をもたらさなくなった場合には、「開発賦課金」と呼ばれる課税は、新用途に向けた場合におけるその土地の全価値にも達することになるであろう。

こういう法律条項を執行するためにつくられた官庁当局は農業以外の土地利用の変更を完全に支配する力を許されたので、事実上は新しい工業上ないし商業上の用途にイギリスの土地をどう利用するかを独占的に決定する権力、およびこの権力をもちいてそのような開発のすべてにたいする効果的な支配を実施する完全な権威が与えられたのであった。これはその性質上、規則によって制限できない権力であり、権力を託された中央土地局（Central Land Board）は、自らになんらかの規則を課して一貫してそれに従うことによって自己規制をするつもりのないことを最初から明らかにした。委員会が活動を開始するにあたって発行した『施行覚え書（*Practice Notes*）』には、このことがほとんど比類のないほど率直に記されていた。『覚え書』は「特別の理由から通常の規則があてはまらない」ときは、いつでもその公表された運営規則に拘束されないこと、また「ときどきその政策を変更すること」、そして「一般的な運営規則は特定の場合に適合しないならば、変更することができる」という権利をはっきりと留保した。[14]

こういう法令の性質がうまくいかないことがわかって、七年後にあらゆる土地の「開発価値の国有化」にたいする補償が一つも支払われないうちに、廃止されねばならなかったことは意外ではない。残っていることは、土地開発がすべて計画当局の許可によるという事態だけである。しかしその許可は、開発がすでに公表されている全般的な計画に反しないかぎりは得られるものと想定されている。こうして個々の所有者はふたたび自分の土地をより有利な用途へ転用することに関心をもつのである。この実験全体は奇妙な挿話であり、また無分別な立法の愚挙の実例とみなすこともできよう。事実、これは広い支持を得ていた考え方の論理的帰結であったといえないこともないのである。市場機構を土地に関して停止し、中央管理によって取って代えようとする努力はすべて、あらゆる開発にたいする完全な権力を当局に与えるような、ある支配体制をもたらさざるをえない。失敗に終わったイギリスの実験はあまり広い注意をひくにいたらなかった。というのは、法が施行されても行政上必要とした機構はけっして十分な作動をはじめなかったからである。法律とそれを管理するために必要な機構が非常に複雑であったため、その網にかかった少数の不運な人たちを除いて、誰もそれがどうなっているかを理解するにいたらなかったのである。

7　建築規制

多くの点で一般的な都市計画の問題に似ているのが建築規制の問題である。建築規制は原則に関する重要な問題ではないが、若干の考察はしなければならない。都市におけるいくつかの建築の許可にある種の規制が疑いもなく望ましいとする理由は二つある。第一は、今日では周知の危害にたいする考慮で、建物の建造によって火災ないし、健康上の障害が他人に加わるかもしれないことである。現状で考慮にいれるべき人びとには、近所の人、居住者ではないが居住者の顧客、または依頼人等の建物利用者全員が含まれる。この人たちには自分たちのはいる建物が安全であることについてなんらかの保証をする（あるいは少なくとも保証をするなんらかの手段を与える）必要がある。第二に、建物にたいするある基準の強制は、建築者の側における不正と詐欺を防止するおそらく唯一の効果的方法である。すなわち、建築規約中に定められている基準は建築契約を解釈する一つの手段として役立つし、契約においてとくに別段の記載がないかぎり、適当な材料と技術と一般に考えられているものが実際にもちいられることを保証する。

このような規制の望ましいことにはほとんど議論の余地はないが、いくつかの分野で政府の規制の濫用にたいしても同様の機会を与えたり、開発にたいして有害かつまったく非合理的な制限を加えることに多く利用されてきたり、そしてしばしば地域生産者の準独占的地位を強化する助けとなることがある。このような規制が最少基準の要件を超えるとき、とくに特定の時と場所における標準的な方法を唯一の許可された方法としようとするときにはつねに、この規制は望ましい経済発展にたいする重大な障害となりうる。この規制は新しい方法の実験を妨げ、事業および労働の地方独占を支えることによってしばしば高い建築費用の責任の一部を負うべきであり、また住宅供給の不足と密集に関する大部分の責任を負うものである。このことがとくにあてはまるのは、規制によって建物が特定の条件ないし検査に合格することを要求されるだけでなく、採用されるべき特定の技術をも定められている場合である。とくに強調すべきことは前者の種類の「成果規約（performance codes）」は「指定規約（specification codes）」よりは自生的な発展に制限を加えることの少ないもので、そのほうがよいということである。後者は当局に自由裁量を与えることがより少ないという理由から、一見われわれの原則によりいっそう合致するように見えるかもしれない。しかしながら「成果規約」が与える自由裁量は非難すべき種類のものではない。ある一定の技術が規則のなかに定められている成果基準を満たすものかどうかは独立した専門家によって確かめることができ、またもしなんらかの紛争が起こるとしても、裁判所によって解決することができる。

もう一つ別のいくぶん重要かつ困難な問題は、建築規制が地方当局か中央当局かどちらによって制定されるべきかという問題である。地方的な規制が地方独占者の影響のもとで比較的に濫用されがちであろうこと、また他の点においても障害となる危険が大きいことはおそらくたしかであろう。慎重に考えつくした全国的な基準または型を定めて、地方当局が採用にあたって適当と思う修正を加えることにするには、強い賛成論があるであろう。しかしながら一般的に見て、規約が地方的に決定される場合には、それが全国または大地域にわたって画一的に制定される場合におけるよりも、地方当局間の競争により妨害的で非合理的な制限は急速に除去されるということもありそうなことである。

8　産業立地の統制

都市計画について生じた種類の問題は、将来において全国的規模での産業立地に関連して非常に重要なものとなりそうである。この問題はしだいに計画者たちの注意を引きつけはじめたし、また自由競争の結果が非合理的かつ有害であるとの主張に、現在もっとも頻繁に出くわすのはこの領域である。

現実の産業立地におけるこの非合理性と、それが中央計画によって改良されると想定される可能性は、いったいどの程度のものであろうか。もちろん開発が正しく予見されていたならば、工場立地に関する多くの決定が異なっていただろうこと、そしてこの意味から振り返って見れば、過去に起こったことがらが不得策であったと見えることはたしかである。しかしながら、このことは当時利用できた知識で異なった決定が期待できたかもしれないとか、あるいはもし開発が国家機関の支配のもとにあったならば、その結果はもっと満足のいくものであったかもしれないということを意味するものではない。この場合、やはり価格機構が不完全にしか働かず、そして考慮にいれたらよいと思われる多くのことを考慮にいれない場合の問題を扱わなくてはならないのであるが、中央の計画者が果たして市場ほどうまく開発を導くことができるかどうかは大変疑わしい。この点について市場が、個人には直接知られなくても、価格に反映されるだけの事実を個々人に考慮させることによって、実に多くのことを成し遂げているのはすばらしいことである。この問題に関するもっともよく知られた批判的検討をおこなったA・レッシュ（A. Lösch）はこう結論する。「本書のもっとも重要な帰結はおそらく、自由な力が驚くほど広い範囲にわたり有益に作用することを証明したことであろう。」さらにかれらは言葉をつづける。市場は「人間のすべての願望、見えざる光景を、それが健全であると否とを問わず尊重する」、そして「自由市場機構は、特定の例外もあるが、一般に想像されているよりもはるかに共同の利益になるように働く[15]」と。

第二三章　農業と天然資源

わたくしの意見は、いきすぎた行政にはどんなものにも反対である。そしてとくに当局の側でのあらゆる干渉のうち、もっとも重要なもの、すなわち人びとの生計にたいする干渉に反対である。

エドマンド・バーク（Edmund Burke）

1　農業と産業の進歩

都市人口および産業人口の増加はつねに富と文明の成長にともなって生じるものであるが、今日の西欧世界においては、農業人口の相対的減少ばかりでなく絶対数の減少をもたらした。技術進歩は食糧生産における人間の生産性を大きく増大させてきたので、以前よりも少ない人数で、より大きな人口の必要物を供給することができる。しかし、人口の増加は食糧にたいする需要を比例的に増加させるけれども、人口増加が低くなり、前進が主として一人あたりの所得の増大の形を取るにつれて、その追加所得のうち食糧消費の増加に支出される割合はしだいに小さくなる。もし、とくに気にいった種類の食糧が提供されるならば、人びとはそういう食糧により多く支出したくなるかもしれないが、一般的には、ある点を超える主要穀類の一人あたりの消費は増加を停止して減少するであろう。生産性の増加と非弾力的な需要とが相ともなうときには、もし農業従事者の平均所得を維持（所得の一般的増加についていかれるかどうかは別として）すべきであるとするならば、その人数は減少しなければならないことを意味する。

もし農業とほかの職業とのあいだにこのような労働力再配分が起こるならば、長期的に見て、農業にとどまる人びとが経済的進歩から他の人びとと同じだけの便益を受けるべきでないとする理由は少しも存在しない。しかし、農業人口が相対的に大きすぎる場合には、その変化が進むあいだはかれらの不利に作用せざるをえない。農業からの自発的移動は、農業所得が都市の職業における所得とくらべて減少する場合にのみ引きおこされるであろう。自作農にせよ、あるいは小作農にせよ、ほかの職業への転換を嫌がれば嫌がるほど、過渡期における所得格差は大きくなるであろう。とくにその変化が数世代にわたってつづく場合、移動が比較的すみやかなときにかぎって、その差は小さいままでいられるであろう。

しかしながら、政策はいたるところでこの調整を引きのばしてきた。その結果、問題は着々と重大さを増してきた。政策の意図的行為によって、農業にとどまっている部分がきわめて大きくなったために、農業人口と工業人口とのあいだの生産性を等しくするには、多くの場合、あるかぎられた期間内ではまったく実行不可能であると思われるくらいの数の移動を必要とするであろう。(1)

この政策はさまざまな理由で追求されてきた。工業化が急速に進んだヨーロッパ諸国では、その政策は最初、工業と農業とのあいだの「適当な均衡（proper balance）」についてのある漠然とした考えから出発した。その場合の「均衡」とは、二つの部門間の伝統的な比率を維持するという程度の意味しかなかった。工業化の結果として輸入食糧に依存するようになった国々では、こういう主張は戦時における自給自足という戦略的考慮によって支持された。また、人口の移動の必然性は二度と元へもどるようなものでなく、その過程をもっと長い期間に引きのばしていくことによって問題を緩和することができるであろうと信じられることもあった。しかし、ほとんどいたるところで、その問題に政府の介入を招いた主要な理由はどんな場合でも、その当時農業に従事していた人びとにたいする「適当な所得(adequate income)」の保障であった。

この政策が一般国民から支持を受けたのは、農業人口のうちの生産の低い部門だけというよりも、農業人口全体が妥当な所得を得ることができないという印象にもとづくものであることが多かった。この信念は、農業生産物の価格が必要な調整が実行されるより前に、恒久的に低下しなければならないと考えられる水準よりも、はるかに低く下落しがちであったという事実に根拠をおいていた。しかしまた、価格のこの圧力こそが農業人口の必要な減少をもたらすばかりでなく、新しい農業技術の採用を招き、それによって費用が低下し、適当な人数だけの残存を可能にするのである。

限界的な土地と農場を排除すれば、平均費用は低下し、供給が減少する。それによって生産物価格の低落をくいとめ、おそらく部分的にはその上昇に転ずることさえあろうが、それは必要な調整の一部分にすぎない。農業の繁栄を取りもどすためには、さまざまな農産物の相対価格の変化によって引きおこされる農業の内部構造の変化も等しく重要である。しかしながら、困難な状態にある農業を援助しようとする政策は、農業を有利にする調整そのものを妨げるのが普通である。

ここでは、一つの重要な事例をあげることしかできない。すでに述べたように、所得の一般的上昇がひとたびある水準を超えると、人びとは選好する種類のものが提供されないかぎり、食糧にたいする支出を増やそうとしない。西欧世界では、これは穀類その他の澱粉質の食糧を肉や酪農産物のような高蛋白質の食物に代替することを意味する。もし農業が低下した相対費用でこれら望まれる生産物をより多く生産するよう導かれるならば、この過程は促進されるであろう。そうなるには穀物の価格の低下が可能になって家畜の飼料としてこれをもちいることが有利になり、それによって消費者の欲する食物を間接的に生産するようにならなければならない。このような発展は、穀物全体の消費をそうでなかった場合ほど減少させず、同時に肉その他の費用を低下させるであろう。しかるに、穀物の価格を高い水準に維持する政策により人間の消費がその供給を吸収するにいたらず、穀物をほかの用途に向けることが有利でないために、このような発展はたいてい不可能になる。

この例は、変化した条件への農業の適応が、採用された政策によって妨げられたことを示す無数のやり方の一つとして十分であるに違いない。適当な適応をともなってこそ、もっと少ない数の生産者（それでもなおそうでない場合存続するよりも多い人数）によって、その生産性を高め、一般的な繁栄増大を分かち合うことができるようになるのである。もちろん、農業の面倒なこととして、ある程度、農業の生産方法の性格と生産者の性格とがともに変化への適応をとくに緩慢にする傾向があるということも事実である。しかし、治療策は適応にたいして農業をさらに抵抗させることでは明らかにありえない。しかるに、政府によって採用された大部分の重要な統制手段、とくにあらゆる価格統制手段はこれを実行しているのである。

2　価格統制と「農産物価格支持政策」

繰り返す必要はほとんどないが、価格統制は長期的には望ましい目的に役立たず、あるかぎられた期間でさえ生産の直接統制と結びつく場合にのみ有効でありうる。もし価格統制が生産者に便益をもたらそうとするものであるとするならば、誰がどのくらいなにを生産すべきかに関する当局の決定によって、なんらかの方法で補足される必要がある。その意図は、現在土地を耕作している人びとがそのままとどまり、満足のいく所得を懐にいれることができるようにすることである。そして、消費者は生産者をある水準に維持するに足るほどに食糧支出をしようとしないので、当局は所得の強制的移転に頼らざるをえない。この移転がどの程度まで実行されることになるかは、イギリスの例がもっともよく示している。イギリスでは、農業にたいする財政的援助の総額がまもなく「農業の純所得総額のおよそ三分の二[2]」に達するであろう。

この発展に関してとくに二つのことに注意しなければならない。一つは、大部分の国において農業を市場機構からとりだし増大する政府支配に従属させる過程は、同じことが工業においてなされる以前にはじまり、それは保守主義者たちの支持、さらにかれらの創意のもとに実行されたということである。この保守主義者たちは自らの賛成する目的に役立つ場合には、社会主義的手段にほとんど反対の意を示さなかったのである。第二に、この傾向がより強くある国というのは、農業人口が全体のうちの比較的小さな部分を構成しているにもかかわらず、ある特殊の政治的立場のために、いかなる同様の集団もいまだ得たことのない特権を、いかなる種類の制度においてもけっして全員には許されない特権を得ている国である。ひとたび原理を捨て去り、特定の集団の地位の保証を約束するやいなや、民主的政府が合理的に行動したり、あるいはある聡明な政策を追求する能力が疑わしくなるのは、農業の発展にもっともよく見られる。今日にいたった農業の現状においてはどこでも、思慮ある専門家も追求すべき合理的政策はなにであるかをもはや問おうとせず、ただ政治的に実行可能と思われる方法のうち、どれがもっとも害が少ないかを問うにすぎない。

しかしながら、この本では、現在の意見が当面の決定に押しつけている政治的必要性に注意を払うことはできない。本書が限定して明らかにしようとすることは、西側諸国では農業政策が自己破壊的であるばかりか、もし一般に適用されれば、あらゆる経済活動の全体主義的支配にまで進むような考えによって支配されてきたことである。しかし、一集団だけの利益のために社会主義の原理を適用することはできない。もしそうするならば、他の集団が自らの所得を同じように想定上の正義の原理にしたがって当局によって決定させようと要求するのにたいして対抗できそうもないのである。

そのような政策の帰結のもっともよい実例は、おそらく二〇年にわたって「農産物価格支持政策（parity）」[3]の概念を適用しようとしたのちにアメリカで起こった情況である。農業生産者に工業生産物の価格とある固定した関係を保つ価格を保証する試みは、農業生産を最小費用で営んでいる生産者と、それでもなお利潤を得ている生産物とに当然製作の制限を与えたであろう諸力を停止させるにいたるに違いない。もしこれらの力を作用させるべきであるとするならば、移行期間における農業所得の成長は、ほかの分野の国民の所得の成長に遅れることは否定しえない。しかし技術と富の進歩を停止しないかぎり、たとえなにをなそうともこれらの適応の必然性を避けることはできないであろう。そして、都市人口から農業人口への所得の強制的移転によってその効果をやわらげようとする試みは、適応の必然性を遅らせることによって、延期された適応の障害をさらに大きくし、問題の困難を増大するに違いない。

アメリカにおけるこの政策の結果――余剰在庫の蓄積の絶えざる増加、その存在によるアメリカおよび世界農業の安定にたいする新しい脅威、まったく恣意的でしかもなお非効果的かつ不合理な耕地の配分、等々――は、説明を要さないほどよく知られている。主要な問題は、政策自体が自ら生みだしてきた情況からいかにして政策自体を救いだすことができるかになった。このことから、もし政府が価格および生産方法に干渉しなかったならば、アメリカ農業はより健全な状態であった、ということを否定する者はほとんどいないであろう。

3　政府の保護

現代の農業政策の不合理と愚かしさは、おそらくアメリカにおいてもっとも容易に見られるものである。ここでは注意をほかの国に向けて、組織的に統制されたこのような政策を実行していくと、農業経営者に制限を課すことになりやすく（かれらの「確固たる独立」は、同時に公費をもってかれらを維持しようという議論としてしばしば言及されている）、さらにかれらをあらゆる生産者のうち、もっともきびしい規律に服従させ監督下におくことになるということに徹底的に注目したい。

この発展はおそらくイギリスにおいてもっとも進んでいる。イギリスでは、大部分の農業活動にたいして、鉄のカーテンのこちら側では匹敵するものがないほどの監督と統制が確立されている。ひとたび農業の大部分を公の費用で運営するならば、やはりある基準を強いられ、さらに当局が劣悪な農業とみなすものにたいして罰が加えられ、反則者は自らの財産から追われるのはおそらく避けられないであろう。しかるに、ここにある奇妙な幻想がある。それは、もし耕作方法を地区委員会の統制に服従させられ、そして多数もしくはなんらかの上部の権威が優秀な農業とみなすものを基準として一様に強制されるならば、農業が変化する条件にいっそう効果的に適応するという期待である。そのような期待は、われわれが現に知っているような農業、そして多くの人びと――その大部分は都市に住んでいると思われる――が感傷的な理由から保存したいと考えるような種類の農業、を保存するには最善の方法であるかもしれない。しかしその結果は、農業従事者をますます従属的にするだけである。

実際イギリスにおいて、大衆が農業の運命にたいして示した異常なほどの憂慮は、おそらく経済的考慮よりもむしろ審美的考慮によるものであろう。同じことは、オーストリアあるいはスイスのような国で、山岳地方の農民にたいして大衆が示したいっそう大きな関心にもあてはまる。これらすべての事例において、ある重い負担が受けいれられている。というのは、既存の農業技術の消滅によって田園の見なれた風景が変えられるだろうし、もし特別な保護を受けなければ、農業経営者あるいは農民がまったくいなくなってしまうだろうという心配があるからである。こうした懸念が人びとに農業人口のどんな減少にも警戒心を起こさせ、一部の農場が放棄されるや否や、かれらの心にまったく荒廃した村や谷間の風景を想像させる。

しかし、まさにこの「保護（conservation）」こそ、生活力のある農業の大敵である。すべての農業経営者あるいは農民が、発展によって等しく脅かされるというのはほとんどない。同じような条件のもとで働いている農業経営者のあいだにも、ほかのどの職業にも存在するような繁栄と貧窮との大きな隔たりがある。[4]すべての分野におけると同様に、もし農業においても変化する情況にたえず適応していかなければならないとするならば、変化にたいする適切な対応を見いだしたゆえに成功している人たちの例に、残りの者が倣うことが本来のありかたである。このことはつねにある種の型が消滅することを意味する。とくに農業においては、もし農業経営者あるいは農民が成功すべきであるとするならば、かれらはますます実業家にならなければならないことを意味する。それは必要な過程ではあるにもかかわらず、多くの人びとはそれを嘆き、阻止したいと考えている。しかし、農業人口にとってほかに代わるべき道は国立公園の付属物の一種、すなわちその風景のなかに住まわせるために保護される奇妙な人たちと化し、自活を可能にする精神的および技術的な調整を意図的に阻止されることになるしかないであろう。

強固な伝統と習慣を変える必要性に対抗してかれらを匿い特定数の農業人口を保存しようとするのは、かれらを政府の永久被後見人、つまり人口の残りの人びとの厄介になる年金受領者とし、そして永続的にかれらの生計を政治的決定に依存させることになる。もし一部の僻遠の農家が消滅し、また場所によってはほかの条件のもとでは耕作地であったものが牧草地か森林にでも代わるとすれば、そのほうがたしかに害悪としては少ないであろう。実際、もしある過去の時代の標本としてある種の生き方を温存する代わりに、それが完全に消滅してしまうのを受けいれるとすれば、そのほうが人間の尊厳により以上の敬意を示すものというべきである。

4　政府と知識の分散

農業における価格や生産の統制あるいはいかなる種類の全面的計画も弁護する余地がなく、この種の手段の多くは経済的に賢明でないばかりか個人的自由をも脅かしてきたとする主張は、農業政策のまことの重要な問題が存在しないことを意味するものではないし、あるいは政府がこの分野で果たすべきいかなる重要な役割をもっていないことを意味するものではない。しかしほかの分野における同様、この分野での政府の任務は、一方において、市場機構をより有効にし、個人をしてその行為の影響をより十分に考慮にいれるようにさせる法律制度の漸進的改善を含み、他方において、人びとの代理としての政府が主として情報の形においてある種の便宜を提供するという真のサービス活動を含む。この種のサービスは、少なくともある発展段階では、ほかの方法では提供されそうもないのである。しかし、この場合でもまた政府は、けっして排他的権利を専有するのでなく、むしろ早晩これらの機能を引きうけることになるかもしれない自発的努力の成長を助長すべきである。

最初の範疇に属するものとしては、都市での問題と同様に農業上の問題においても発生する近隣効果および、ある特定の部分の土地の使用が共同社会のほかの部分に及ぼすかもしれない広範囲の影響から生ずるすべての問題である。[5] これらの問題の一部は、少しあと天然資源の保存の一般的問題との関連で考察しなければならないであろう。そのうえ、法的枠組と所有および借地権にかかわる法律が改善されるかどうかにかかわる農業固有の問題もある。価格機構の作用における重要な欠陥の多くは、単一の統制下にある適当な単位の企業の発展により、適当な集団がある目的のために協調することによってのみ修正が可能になる。適当な組織形態のそのような発展がどこまで進むかは、土地法の性格――そのなかには必要な保護条件つきで強制収用を規定する可能性をも含む――に大きく依存する。中世からヨーロッパで引きつがれてきた分散的な所有地の統合、あるいはイギリスにおける共有地の囲い込みが、個人の努力による改善を可能にするために必要な立法的手段であったことにはほとんど疑問の余地はない。そして、「土地改革」に関する実際の経験はなんら自信のある根拠を与えてはくれないけれども、事情によっては土地所有法の変更が非経済的にはなっていながらも、現行法のある特徴によって維持されている巨大所有地（latifundia）の分散を助けるかもしれないことは、少なくとも考えられることである。法的枠組にはそのような漸進的改善の余地もある一方、現存の取り決めのもとで許される実験の自由が大きければ大きいほど、その変化が正しい方向に向かってなされる可能性はより大きくなるであろう。

また政府活動としては、とくに情報を広めるという形でのサービス活動の余地は大きい。動態的な社会における農業の実際的困難の一つは、農業人口の性格そのものがほかの分野の人びとよりも知識の進歩や変化にふれることの少ない傾向があるということである。このことは、しばしば伝統的耕作方法に固執している小農民についていえるように、利用可能な有用な知識が存在し、それに費用を払う価値があることを大部分の人びとが知らないということを意味する。その場合には、知識を広めるための費用の一部を共同社会が負担することは、たいてい有益な投資であろう。

われわれは共に暮らす市民が賢明な選択をする立場におかれることに関心をもっている。もし一部の市民が技術的発展のもたらす可能性にまだ気づいていない場合、新しい機会を利用するように導き、それによってかれらが自ら創意にもとづいて一段と進歩するには、比較的わずかな支出で足りる。ここでもまた政府は唯一の知識提供者となって、個人がなにを知るべきであり、なにを知るべきでないかを決定する権力をもつようになってはならない。政府の側であまりにも多くの活動をおこなうことは、もっと有効な自発的努力の形態の成長を妨げることによって害をもたらすこともありうる。いずれにしても、このようなサービスが政府によって与えられることにたいして原理的には反対はない。そして、これらのサービスのどれに価値があり、どの程度実行されるべきかに関する問題は、便宜の問題であり、それ以上の基本的問題を生じるものではない。

5　低開発国における農業

ここで「低開発諸国（underdeveloped countries）」[6]の特殊の問題を本格的に考察しようとすることはできないけれども、農業の主題を離れるまえに、つぎの逆説的事実に簡単な論評を加えなければならない。それは、古い国々が農業人口の減少を阻止するためにきわめて愚かな複雑さのなかに自らを巻き込んでいる一方、新しい国々は人為的手段によって工業人口の成長の促進に熱心のように見えるということである。[7]後者の側でのこの努力の多くは、一種の《時間的生起によって因果律を説明しようとする（*post hoc ergo propter hoc*）》、どちらかというと素朴な誤謬に基礎をおいている。すなわち、歴史的に見て富の成長はいつも急速な工業化にともなって生じたので、工業化はいっそう急速な富の成長をもたらすであろうと想定される。しかし、これは中間的な結果を原因と混同しているところがある。道具などの資本により多く投資する結果として、さらに知識と技能への投資の結果として、一人あたりの生産性が増加するにつれて、工業生産物の形でさらにより多くの追加的産出物が要求されるであろう。また、これらの国々における食糧の増産は道具の供給の増加を必要とすることも事実である。しかし、これらを考慮したとしても、もし大規模な工業化が平均所得を増加させるもっとも早い方法であるべきであるとするならば、工業人口を養うために利用のできる農業上の余剰がなければならない、という事実を変えることにはならない[8]。もし無限の資本の量が利用可能であり、そして十分な資本が利用可能であるということが農業人口の知識と態度を急速に変化させるのであるならば、そのような国々にとって、もっとも進歩した資本主義国を手本にして自国の経済を計画的に建設することは意味があるかもしれない。しかしながら、これは明らかに現実的可能性の外にある。もしインドや中国のような低開発諸国が生活水準の急速な上昇をもたらすべきであるとするならば、利用可能となる資本のほんの一部を精巧な工業設備の建設に向けるべきである。そしておそらく労働の価値がきわめて高い国々に特徴的な高度に自動化された「資本集約的」な種類の設備には資本のいかなる部分をも投資すべきでなく、直接食糧の生産を増加させるための利用にできるだけ広く、薄くまき散らすことをめざすべきである。

進歩した技術的知識を資本の極端に乏しい経済に応用することによって生みだされるかもしれない発展は本質的に予測できないものである。けれども、その速度は自由な発展の機会が提供される場合のほうが、将来の新しい経済においてありそうな比率とはまったく相異なる資本と労働の比率をもつ社会から借りてきたある型にあてはめる場合よりも速くなる傾向があるであろう。このような国々において、主導権を取って模範を与え、知識と教育を広めるために自由に支出をすることをいかに強く弁護しようとも、あらゆる経済活動の包括的計画と指令にたいする反対論は、より進歩した国よりもそれらの国々においてさらにいっそう強力であるように思われる。経済的根拠からも文化的根拠からもこのことはいえる。自由な発展によってのみ、このような国々は活力ある文化を発展させることができ、人類の要求に独自の貢献をしそうに思われる。

6　天然資源の保存

西側における思慮のある人びとは、今日の農業政策の問題が自ら巻き込まれてしまった統制の体系から政策を解放し、市場の作用を復活させることにあるということに気づいている。しかし、天然資源の開発と関連した領域においては、この領域に存在する特殊な情況ゆえに、政府による広範囲の統制が必要であるというのがなお一般的な意見である。この見解はアメリカでとくに強い。そこでは「保存運動」がある程度、経済計画を求める煽動の源泉となっており、急進的経済改革家の固有の思想に大きく貢献している。(9)「競争の無駄」と重要な経済活動に関する中央からの指示の望ましさを大衆に説得するために、私企業による天然資源の浪費をあげつらうことほど、広範かつ有効に利用された議論は少ない。

進んだ技術をもつ移民が急速に定住した新しい国においては、資源保存の問題がかつてヨーロッパであった場合よりも急迫したものとなったのにはいくつかの理由がある。ヨーロッパでは発展が漸進的であり、すでに久しい以前からある種の均衡が成立していたのに（それは部分的にはたしかに開発の初期の段階において、アルプスの南側斜面の大部分の伐採とその結果としての侵食のように最悪の事態が生じたためでもあるが）、アメリカでは巨大な処女地の急速な占用がヨーロッパとは重大さの序列を異にする問題を引きおこした。第一に、一世紀が経過するあいだに大陸全体を耕作したことにともなう変化が自然の均衡に破壊をもたらしたことは、かえりみて残念なことのように思われるが、驚くべきことではない。[10] しかしながら、起こってしまったことに不平をいう人びとの大部分はことのあとで賢者ぶっているにすぎない。その当時に利用のできる知識をもって、もっとも聡明な政府の政策によって、今日もっとも悔やまれている結果を防ぐことができるだろうと信じる理由はほとんどない。

　実際に浪費があったことは否定すべきではない。しかしながら、これのもっとも重要な例――森林の荒廃――は、主として、それが私有ではなく公有地として維持され、しかも開発業者に保存のための誘因を与えないような条件で私的開発にまかされていたという事実によるものであった。ある種の天然資源に関しては、一般的に適当とする所有権の取り決めが効率的な利用を保証せず、それについては特殊な法的規定が望ましいかもしれないことはたしかである。天然資源の種類を異にするにつれてこの点で別個の問題が生ずるので順々に考察しよう。

　鉱物の埋蔵のような天然資源の場合には、開発は必然的に資源をしだいに使いつくすことを意味するけれども、実際は無限の期間にわたって絶えざる収益をもたらすようにすることのできるものもある。[11] 保存論者の通例の不平は、「埋蔵資源（stock resources）」があまりにも急速に使いつくされている一方、「流動資源（flow resources）」はそれが与えることのできるはずの恒久的収益を生むように利用されていないということである。これらの主張は、一つには、私的開発家が十分長期の見方をしていないか、あるいは将来の発展について政府ほどの先見の明をもっていないという思いこみにもとづいている。また一つには、あとで説明するとおり、通常の保存論者の議論の大部分を無効にする単純な誤りにもとづいている。

　これと関連して近隣効果の問題もある。この問題は、もし財産の単位とその効果の大きさ――財産の価値に反映された所有者の行為がもたらす重要な効果――と一致しないならば、浪費的な開発方法をときには導くかもしれない。この問題はとくに、狩猟動物、魚類、水、石油あるいは天然ガス（そしておそらく近い将来には雨も）のようなさまざまなタイプの「空になる資源（fugitive resources）」との関連で生じる。これらの資源は消費することによってはじめて自分のものとすることができるもので、自分が取らなければほかの人が取ってしまうであろうから、個々の開発者はいずれもそれらの保存には関心をもたないのである。これらのものは（深海漁業および大部分のほかの形態の野生物資源の場合のように）私有がありえないので、なんらかの代わりの取り決めをしておかなくてはならない。あるいは油田の場合のように、資源の開発の範囲と同じ範囲に及ぶ単一の統制が設定される場合にのみ、私有が合理的利用をもたらすという事態となる。このような技術的理由で、特定の資源を個々の所有者が専断的に支配しえない場合に、それに代わる形の規制に頼らなければならないことは否定しえない。

もちろんある意味で、取りかえすことのできない資源の大部分の消費は信念の行為に依存している。一般に、資源が使いつくされるまでに同じ必要を満たすなにか新しいものが発見されるか、あるいは全体として以前と同じくらいうまくやっていけるように使いつくされたものを少なくとも補償するなにか新しいものが発見されているであろうと確信している。われわれはつねに利用可能な資源についての知識が限りなく増大するであろう、という単なる蓋然性にもとづいて資源を消費している。そしてこの知識は部分的には、利用可能な資源をそのような早い率で消費しているという理由で増加する。事実、もし利用可能な資源を十分に利用すべきであるとするならば、たとえわれわれの特定の期待の一部が裏切られざるをえないとしても、その知識は増加しつづけるであろうという想定にもとづいて行動しなければならない。もし六〇年あるいは八〇年前、石炭の供給の枯渇が迫っているという保存論者の警告に心をとどめていたならば、産業の発展は大幅に遅れていたであろう。もし内燃機関の利用がその当時知られていた石油の供給量に限定されていたならば、輸送機関に大変革をもたらすことは決してなかったであろう（自動車と飛行機時代のはじめの数十年間、その当時の利用率ではそれまでに知られていた石油資源は一〇年で使いつくされていたであろう）。これらすべての問題に関する物理的事実について専門家の意見を聞くことは重要であるけれども、もしかれらが自らの見解を政策に反映させる力をもっていたならば、多くの事例において結果はきわめて有害であったであろう。

7　集団的展望と個人的展望

中央の指令による天然資源の保存の必要性を人びとに説得してきた主要な議論は、共同社会のほうが将来について個人よりも大きな関心を、より大きな先見の明をもっているということ、そして、特定の資源の保存は一般的にいって将来のための備えの問題とは異なった問題を引きおこすというものである。

将来に備えることに共同社会が個人よりも大きな関心をもっているという主張は、天然資源の問題をはるかに超えた内容を含んでいる。その主張は、安全あるいは国防のようなある種の将来の必要は全体としての社会のみが備えることができるということだけにとどまらない。それはまた、共同社会は将来の準備のために個人個人の独立の決定によって生じるよりも、共同社会の資源のいっそう大きな部分を充当すべきであるということに及ぶのである。あるいは、しばしばいわれているように、将来の必要は個人によるよりも共同社会によって高く評価される（あるいは、より低い利子率で割り引かれる）べきであるということである。もしこの主張が正しいとするならば、実際に大部分の経済活動の中央による計画化は是認されるであろう。しかしながら、その主張を支持する人びとの恣意的判断以外、それを支えるものはなにもない。

自由な社会においては、将来にたいする責任を各個人がもたなくとも済むということは承認されない。それと同じように、過去の世代がわれわれのためになしたよりももっと多くの準備をしておくべきであった、と主張することも承認されるものではない。この主張は政府がより低い率で借りることができるので将来の必要を考慮するのにより有利な立場にいるという論拠に立つのであるが、それはしばしば利用される誤りであって、少しも決定的なものではない。なぜなら、政府がこの点でもっている利点とは、単に投資における失敗の危険を負担するのが政府自身ではなく、租税負担者であるという事実にあるのである。実際、特定の投資が価値のあるものであるかどうかの判断に関するかぎり、その危険はまったく少なくはならない。しかし、もし投資が予想した収益を生みださない場合には課税によって埋めあわせることのできる政府は、通常自らがもちいる資本の費用として実際に支払う利子だけを計算するので、その議論としては政府投資は有利になるのではなくむしろ不利になる。

政府がすぐれた知識をもっているという主張はさらに複雑な問題を生む。おそらく将来の発展にともなって起こりうることとして、天然資源の個々の所有者よりも政府のほうが余計に知識をもつだろうと思われる若干の事実があることは否定しえない。科学の近年の発展の多くはこのことを例証している。しかしながら、特定の資源の決定においては特殊な事情に関する知識のさらに大きな蓄積が存在するのであって、それは個々の所有者だけがもっており、けっして単一の当局に集中することのできないものである。したがって、もし政府がほかの人びとにはほとんど知られていない若干の事実を知っている傾向があるといえるならば、同時にあるほかの人びとが知っているさらに多くの事実について政府は必然的に無知であるともいえる。個人のもっている特殊な知識を中央に集めるのではなく、政府にとって利用可能な包括的な知識を下方に分散させることによってはじめて、特定の問題に関連する知識をすべて集合することができる。ある特殊な決定に影響を与えそうなあらゆる事実について当局がすぐれた知識をもちうる例はおそらく存在しないであろう。そして、特定の資源の所有者にたいして必要な一般的考慮を伝えることはできるけれども、当局が個人の知っているさまざまな事実をすべて知ることは不可能である。

このことは、おそらく鉱床のような埋蔵資源がどのような率で採取し尽くさるべきかにかかわる問題のようなときに、もっとも明らかであると思われる。聡明な決定は、当該鉱物の価格の将来の成り行きについての合理的な評価を前提とする。そして、その評価は将来の技術的および経済的発展の予測に依存するが、一般に小さな個々の所有者はこの予測を賢明になしうる立場にはいない。しかしながら、このことは個々の所有者があたかもこれらの評価を明白に考慮にいれるかのように行動するよう市場によって誘導されることがないとか、あるいはある特定の鉱床の現在の有用性を決定する事情の多くを知っている個々の所有者だけに、そのような決定にゆだねられないということを意味するものではない。かれらは将来の発展がどうなりそうかについてほとんど知らないかもしれないが、その意志決定においてはほかの人びとの知識によって影響を受けるであろう。その人びとは発展の蓋然性の評価を自らの関心事とし、これらの評価によって決定される価格をその資源にたいして提供する心構えをしている者たちである。もし所有者が特定の資源を開発するよりも、それを保存したいと考えている人びとに売ることによってより高い収益を得ることができるならば、かれらはそうするであろう。一般には、資源の将来の価値に影響を与えそうな、あらゆる要素に関する意見を反映する潜在的な販売価格が存在するのが普通である。そして現在、開発される場合にその資源が生みだすであろう価値と、販売可能な資産としての価値との比較にもとづく決定はおそらく関連するすべての知識について、中央当局のいかなる決定よりも多くの考慮を払うであろう。

稀少な天然資源の場合には、独占による開発はより長期にわたってその利用を引きのばす傾向があって、このことが自由経済においてそのような独占が形成され、維持される傾向のある唯一の事例であることがしばしば説かれてきた。[12] わたくしは、この種の独占を支持する議論としてこれを利用する人びとに必ずしも同意することはできない。というのは、独占によって実行されるより大きな程度の保存が社会的観点から望ましいということに納得しないからである。しかし、市場はつねに将来の必要を過小評価するという理由でより多くの保存を要求する人びとにたいしては、そのような場合に自生的に発展する傾向のある独占がこの問題に答えを与えている。

8　特定の資源と一般的進歩

しかしながら、保存を支持する議論の多くはもっぱら理由のない偏見にもとづいている。その支持者たちは、ある一定の資源がいつでも提供できるサービスの流れにはとくに望ましいなにかがあって、そしてこの産出率は永久に維持されるべきである、ということを当然のことと考えている。かれらはこれが埋蔵資源に関しては不可能であることに気づいているけれども、もし流動資源の収益率が低下して、その率を維持することが物理的に可能な水準以下になる場合には、それを災厄と考える。この立場は土地一般の肥沃性や狩猟獣類、魚類等の存在量に関してしばしば取られている。

きわめて重要な論点をもっとも強く表明するために、われわれはこの偏見のもっとも顕著な例を考察しよう。それは人びとが保存論者の議論の大部分の誤りを無批判に受けいれる傾向がある例である。すなわち、土壌のもつ自然の肥沃性はどんな事情においても保持されるべきものであり、「土壌濫用（soil mining）」として烙印を押されているものはどんな事情においても避けるべきであるという思いこみである。一般的命題としてはこれを支持することはできないということ、また肥沃性がどの水準に維持されるべきかはある一定単位の土地の初期条件とはほとんど関係がないということは容易に明らかにすることができる。事情によっては、「土壌濫用」は埋蔵資源の使用と同じように共同社会の長期的利益になることがある。

ある面積の地面は多くの場合、有機物質の累積的堆積によってある水準の肥沃性を保っているのであるから、ひとたびこれを耕作すれば、収益を超えて費用をかけなければ維持できないこともある。ある事情のもとでは、土地の肥沃性を維持するのに年々投入されるものが生産物の増加によって報いられる水準まで人為的に養分を高めることが望ましいし、また別の事情のもとでは、投資がやっと引きあう水準までその肥沃度を低下させることが望ましいこともあろう。事情によっては、永久的耕作を目的とすることが非経済的であり、そして蓄積された自然的肥沃性が消耗してしまったあとは一定の地理的もしくは気候的条件のもとで、有利に耕作を永続することができないのであるから、その土地は放棄されるべきであるという意味さえそこにはあるといってよいであろう。

そのような場合に、自然の無償の贈りものを一度かぎり使いつくしてしまうことは、同じような天然資源の採掘と同様浪費でもあれば、非難すべきことでもある。もちろん、それ以外の影響を望むこともあろう。ある広さの土地の性質が継続的に変化して生ずるもので、考慮されなくてはならないものでもあり、それらはすでにわかっているものであることもあれば、たぶん生ずるであろうというものであるかもしれない。たとえば、一時的な耕作の結果、その土地は以前もっていた特性と潜在的性質とを失ってしまうが、ほかのある目的に利用できたかもしれないのである。しかし、これは別の問題であり、われわれの関心はそこにはない。ただし、可能な場合にはどこでもどんな天然資源からのサービスの流れも、達成しうる最高の水準に維持すべきであるとする考え方の検討に関心をもっているにすぎない。これはある特定の事例においては偶然的にあてはまるかもしれないが、ある一定の土地、もしくはほかの資源の属性に関する考慮のゆえに妥当するのではない。

そのような資源は大部分の社会資本と同様に枯渇するという性質をもっている。そしてもしその所得を維持または増加させたいと思うならば、枯渇しつつある各々の資源を新しい資源におきかえ、それが将来の所得にたいして少なくとも等しい貢献をすることができるようにしなければならない。しかしながらこのことは、各々の資源がそのまま実物的に保存されるか、同種のほかの資源によっておきかえられるか、あるいはさらに天然資源の全埋蔵量が完全に維持されるべきであるということを意味しない。個人的観点からと同様に社会的観点から見ても、天然資源はいずれも、枯渇する資源の全賦存量のうちの一つの項目をあらわしているにとどまる。そして、問題はある特定の形態においてこの埋蔵量を保存することではなく、全所得にたいしてもっとも望ましい貢献をする形態でつねにそれを維持することである。ある特定の天然資源の存在はそれが存続しているあいだにわれわれの所得にたいして一時的な貢献をすることによって、将来同じように役立つであろう新しい資源を創造するのに好都合であるということを意味するにすぎない。このことは通常、ある一つの資源を同じ種類の資源でおきかえるべきであるということを意味しないであろう。われわれが心にとどめて考慮しなければならぬことの一つは、もしある種の資源が一段と欠乏してきた場合には、それに依存する生産物も将来一段と欠乏するであろうということである。天然資源の稀少性が高まることにともなう生産物価格の予想しうる上昇は、実にこの種の資源を保存するために向けられる投資の量を決定する要素の一つである。[13]

おそらく主要な論点を簡潔に述べる最善の方法は、自然保護はいずれも投資を構成し、すべてのほかの投資とまったく同じ基準で判断されなければならないといいなおすことであろう。[14] 天然資源の保存それ自体としては、人工の設備あるいは人間の能力が投資対象としてもっとも望ましく、それに優るものはない。そして、社会が特定の資源の枯渇を予想し、投資のために利用しうる資金によって、できるかぎり大きい社会的総所得を生みだすことができるようなやり方でその投資を向けているかぎり、どんな種類の資源保存についてもそれ以上の経済的主張は存在しない。ある特定の天然資源の保存のための投資を拡張して、そのために使われる資本がほかに使われた場合にもたらしたであろう収益よりも低い点までもっていくのは、そうでない場合にありうる水準以下に将来の所得を減少させるであろう。適切にいわれているように、「『将来のためにより大きな準備をする』ようわれわれに説く保存論者は、実際には繁栄のためにより少ない準備を説いているのにほかならない。[15]」

9　快適さと自然生活の保存

このように、天然資源の保存のために私的活動の政府統制を歓迎する議論の多くは根拠がなく、それらにはより多くの情報と知識の提供を支持する主張以上のものはほとんど含まれていない。けれども、その目的が休養の楽しみやそのための機会の提供、あるいは、自然の美しさ、歴史的遺跡、科学的に興味のある場所などの保護にある場合には事態は異なる。そのような楽しみが国民全般に与えるサービスは、多くの場合、個々の受益者をして価格を課されない便益を引きだすことを可能にしているが、またそうしたサービスと通常必要とされる土地の大きさとが、国民共同の努力の適当な分野とするのである。

自然公園、自然保存などを支持する議論は、ちょうど自治体がより小さな規模で提供する類似の楽しみを支持する議論とまったく同じ種類のものである。政府の強制力をとおしてよりもむしろイギリスにおけるナショナル・トラスト（National Trust）のような自由意志にもとづく組織によって、できるかぎりそれらを供給するほうがよいとする説は一部で有力である。しかし、たまたま問題の土地の所有者が政府であるか、あるいは実際、政府が課税によって徴収した資金、もしくはおそらく強制的購入によって獲得したものである場合には、社会がそれを認めたのであれば、費用を十分に考慮したうえで、ほかの目的と競合する一つの目的であり、あらゆるほかの目的を無効にする唯一の目的ではないことをわきまえているかぎり、そのような楽しみを政府が提供することにたいして反対はない。もし納税者が支払わなくてはならない勘定書の範囲を完全に理解し、その決定に最終の権利をもっているならば、これらの問題について一般的な形でこれ以上いうべきことはなにもない。

第二四章　教育と研究

一律的な国家教育は、人びとをたがいに正確に類似した型に形成するための工夫にすぎない。しかも人びとを形成するその鋳型は、政府のなかの支配的権力を喜ばせるものである。その権力が国王であれ、僧侶であれ、貴族であれ、あるいは現世代の多数者であれ違いはない。この教育が効果をあげ、成功するものであるにつれて、それは精神にたいする専制主義を打ちたて、その当然の傾向として身体にたいする専制主義をともなってくる。

J・S・ミル（J. S. Mill）

1　児童の権利

知識というのは、ある代価を支払って手にいれることのできるものでありながら、それをまだもっていない人たちはその有難さをしばしば認めることのできない財として、おそらく最高のものである。さらにもっと重要なことであるが、現代社会の機能上、必要な知識の源に近づくにはある種の技術――なかでも読む技術――の支配を予定しているが、この技術は人びとが自分たちにとってのその有難さをよく判断することのできる以前に自分のものとしなければならないのである。われわれが自由を擁護する理由は、競争が知識の伝播のために最有力の手段の一つであり、また競争が知識をもたない人びとにたいして知識の価値を通例明らかにするであろうという主張に主としてもとづいている。とはいうものの、知識の利用が人びとの自発的な努力によっておおいに増大されることもたしかである。無知こそは人びとの努力をしばしば流通させず、それがその同胞にとって大層有用なものであることを知らせないようにしている主要な理由の一つである。知識を求める、あるいはそのためにある程度の犠牲を払う自発的誘因をほとんどもっていない人たちに、知識を提供することが社会全体の利益になるであろうといういろいろな理由がある。これらの理由は、とくに子供の場合には、有無をいわさずあてはまる。しかしそうした議論のなかには、大人にも同じく妥当するものがある。

子供については、重要な事実はもちろん、自由にまかせるという議論が十分に適用される責任ある個人ではないことである。子供たちの最善の利益としては、一般的にいって、かれらの肉体的ならびに精神的厚生をその両親または保護者たちにまかせるべきであるが、そのことは両親がその子供を好き勝手に取りあつかう無制限の自由をもっていことを意味するものではない。両親または保護者の庇護のもとにおかれる子供たちに、ある最小限度の教育を与えるよう強いる理由は、明らかに大層強いものがある(1)。

現代社会において、ある最低水準までの義務教育制度を主張する理由には二つある。ともに暮らす人々がある基礎的な知識と信念を共有するならば、全員が危険にさらされることが少なく、かれらからも利益を受けることが多いであろうというのが、その一般論である。そして民主主義的制度を備えた国では、さらに考慮すべき重要なことがある。

すなわち、民主主義は一部に読み書きができない国民がいては、極小の地方的規模のものを除き、よく作用しないであろうということである。(2)

この際に認識しておく大切な点は、一般教育が単に知識の交流の問題にとどまるものでないこと、おそらくそれが主要なものですらないことである。価値観については、ある共通の基準の必要がある。ただし、この必要をあまり強調すると、はなはだ反自由主義的結果を招来する恐れがあるが、平和な共存はこの種の基準なくしては明らかに不可能である。大部分が土着の人民からなる定住して久しい社会ではこのことはたいした問題にはならないであろうが、たとえば移住が盛んにおこなわれていた時代のアメリカのような場合には、たしかに重大な問題となりうるであろう。もし公立学校の制度による「アメリカ化」の意図的な政策が取られていなかったならば、アメリカは今日のような有効な「るつぼ」とはならず、おそらくきわめて困難な問題に直面していたであろうということは、たしかにそのとおりだと思われる。

しかしながら、すべての教育が一定の価値観によって指導されざるをえないし、またそうあるべきだという事実は、どんな公立学校教育の制度においても危険の源でもある。この点において、一九世紀の自由主義者の大部分は、知識の交流だけで成就できることに素朴な過信をもって導かれていたことを認めなければならない。かれらはしばしば合理主義的な自由主義にもとづいて一般教育を弁護して、あたかも知識の分散だけであらゆる主要な問題を解決するであろうとか、教育を受けた人たちがすでにもっているわずかな余分の知識を大衆に伝えさえすれば、この「無知の征服」によってある新しい世紀が創造されるだろうと説いたのである。どんな時代にでも一部の人のもっている最善の知識が全員に利用されるようになれば、その結果として大変すぐれた社会になる、とはほとんど信ずる根拠がない。知識と無知とははなはだ相対的な概念であって、ある一時代におけるある社会で、教育を多く受けた者と少ない者とのあいだの相違がその社会の性格にそのような決定的な影響をもつ証拠はない。

2　教育と国家

もしも義務教育制に賛成する一般論を受けいれるとすれば、つぎのような重要問題が生じてくる。この教育をどういうふうに提供すべきか、どれだけの教育を全員に提供すべきか、それ以上の教育を与えられるべき者はどうやって選ばれるべきか、そして誰の費用負担においてか。義務教育制を採用する以上、その費用が苦しい負担となる家族のためには公共資金でこれを支弁することになるのはおそらくやむを得ない結果である。けれども、公共の費用で提供される教育はどの程度にすべきか、そしてどういう方法でこれを提供すべきかという問題がなお残っている。歴史的に見ると、義務教育制は通例政府が国立の学校を提供して機会を増やすことからはじまった。教育を義務制にするもっとも初期の実験は一八世紀の初頭のプロシアの実験であるが、事実、政府が学校を提供した地域にかぎられていた。このようにして教育を一般的なものとする過程がおおいに促進されたことはほとんど疑いない。一般的教育の制度と利益をよく知らない国民にこれを課すことは事実困難であろう。けれども、それだからといって、義務教育制あるいは政府負担の一般教育でさえも政府経営の教育施設を今日必要とするとはかぎらない。

義務教育制を大部分政府経営による教育施設の提供と結びつけた最初の有効な制度の一つは、偉大なる個人的自由の擁護者、ヴィルヘルム・フォン・フンボルト（Wilhelm von Humboldt）によって創設された。奇妙な事実であるが、かれはそのわずか一五年前に公立教育は有害かつ不必要であると論じていたのである。その理由は、公立教育が才能の多様性を妨げるので有害であり、自由な国にあっては教育施設に不足はないからであるとした。かれはこういった。

「教育は政治機関がその影響力を行使すべき範囲をまったく超えたところにあると思われる」(3)と。かれをしてその当初の立場を放棄させたものは、ナポレオン戦争中のプロシアの情勢と国防の必要とであった。「個人の固有の人格のもっとも多様な発展」を求める願望はかれの初期の仕事を燃えたたせていたのであるが、強力な組織国家を求める願望がかれを導いて、その後半生を国家教育制度の建設に捧げさせるにいたって二次的なものとなってしまったのである。この制度は世界の他の国にとっての一つの模型となった。プロシアがこのようにして達成した教育の一般的水準はその急速な経済的興隆と、その後のドイツの隆盛の主要な原因の一つであった。しかし、この成功は果たして高すぎた代価であがなわれたものではなかったかと疑うこともできよう。その後の世代においてプロシアの演じた役割は、おおいに称賛されたプロシアの校長先生なるものが、世界にとって、否、プロシアにとってさえ純粋に祝福されるものであったかどうかを疑わせるのである。

ある非常に集中化した、政府支配の教育制度は人間の心を摑むまことに大きな力をもっているが、これを当局の手中におくとなると、あまり簡単にこの制度を承認するわけにいかず、躊躇わざるをえない。ある点までは、義務教育制を是認する議論は、政府がこの教育内容の一部分を規制することを要求することである。さきに述べたように、当局が全市民にある共通の文化的背景を提供することをよしとする議論がきわめて強い場合がある。けれども、アメリカにおける黒人の差別のような問題を生みだすのが、政府による教育の提供のためであることもわれわれは忘れてはいけない。つまり、人種上あるいは宗教上の少数者のむずかしい問題が発生するのは、文化伝達の主要な手段を政府が掌握する場合である。多民族国家では、誰が学校制度を支配すべきであるかの問題が民族間の摩擦の主要な源となりがちである。旧オーストリア・ハンガリーのような国で起こったことを知っている者にとっては、一部分の児童が形式的な教育を受けずにすますほうが、その教育を誰が支配すべきかの闘争で殺されるよりは、よいかもしれないと

いう議論には有力な根拠がある。(4)

しかしながら、人種的に同質の国家においても、もし国家が大衆の近づきやすい大多数の学校を直接に管理するならば教育の内容をおおいに支配するにいたるので、それを政府に委託することについては強い反対論がある。もしも教育がある種の目的を達成する最善の方法を提供する科学であったとしても、われわれは最近の方法が普遍的に、しかも他の方法を全面的に排除して適用されることを望むことはまずできない。ましてその目標を一律にすることを望むことはできない。しかしながら、教育の問題はある客観的な審査によって決定することができるという意味での科学的問題であることはほとんどない。それは多くの場合、徹底的に価値の問題であるか、あるいは少なくとも一部の人間の判断をその他の人の判断よりも信頼する唯一の根拠が前者の判断が、他の面でより分別があるという種類の問題である。事実、政府による教育制度のもとで、いっさいの初等教育がある特定の集団の理論によって支配されるようになり、その集団がそれらの問題にたいして科学的な解答をもっていると信じこんでいる（ちょうどアメリカにおいて最近三〇年間にわたり広範囲にそうであったように）、という可能性があることを思えば、教育制度全体を中央の指揮にまかせることにともなう危険は十分に警戒するに足るものであろう。

3　政府の管理と財政

事実、人間の心に及ぼす教育の力を高く評価すればするほど、この力をある単一の当局の手中におく危険をますます強く感ぜざるをえない。しかし一九世紀の合理主義的自由主義者の一部の者が評価したほどに、教育がよいことをするという力を評価しないとしても、この力を単に認めるだけで、かの自由主義者たちとはほとんど反対の結論が生じてくる。そして、今日もし教育の機会を最大限に多様化すべき理由の一つが、各種の教育技術によってなにが達成されるかについてわれわれは実際にほとんどなにも知らないという点にあるとすれば、ある種の型の結果をもたらす方法について、もしもっとわかってくるとすれば――おそらくやがてそうなるであろう――多様化を支持する議論はさらに強くすらなるであろう。

教育の分野においてはおそらく他のいずれの分野におけるよりも、自由にとっての最大の危険は心理学的技術の発展から生まれてくるように思われる。この技術は人間の心を目的意識的に形成するのに、われわれがこれまでもっていた力をはるかに超える力をやがて与えてくれるかもしれないのである。しかしながら、もし人間の発展の基本的条件を支配することができ、人間をどのようにできるかを知ったとしても、それはおそろしい誘惑を与えるものではあるにせよ、自由な発展を許されてきた人間をこの方法の利用によって改良すべきことを必ずしも意味しない。必要だと一般的に考えられる型の人間をつくりだすことができるとした場合に、果たしてそれが利益であるかどうかは明らかではない。われわれが保有する、管理された結果を管理されない結果よりもつねにすぐれているとみなす人たちにとって強い誘惑となるかもしれない力の利用を妨げるという問題が、やがて大きな問題となるであろうというのはけっして非現実的なことではない。問題の解決は、政府がもはや教育の主たる世話役ではなく、このような新しく発見された力のあらゆる利用にたいする個人の公平な保護者になることでなければならぬところにあるのが、やがて明らかになるであろう。

今日では、政府による学校管理にたいする反対論はこれまでよりも強いばかりでなく、過去においてこれに賛成してきた理由の大多数は消滅してしまった。なにが正しかろうと、とにかく普遍的教育の伝統と制度が固く確立し、近代的輸送によって距離の障害の大部分を克服したので、政府が教育の経費を支弁したりあるいは提供したりする必要はもはやなくなっていることはたしかである。

ミルトン・フリードマン（Milton Friedman）[5]が説いたように、公立学校を経営しないで、国庫から一般教育の費用を支弁することがたしかに実行しうるであろう。それはひとりひとりの子供の教育費に相当するクーポン券を両親に与え、両親は自分の選ぶ学校にそれを渡すことにするのである。それでもなお少数の疎隔地社会では児童の数が少なくて（したがって教育の平均費用が高価すぎ）私営に適さないところでは、政府が直接に学校を設けることが望ましいかもしれない。しかし住民の大多数については、教育の組織と管理を全面的に私人の努力にまかせ、政府は基礎的な資金を提供するだけにし、クーポン券を使うことのできる学校にはすべて最低の水準を確保することにすれば十分であろう。この案のもう一つの大きな利益は、どんな教育にせよ政府が提供するものを受けいれるか、あるいはいくぶんか経費が余計にかかる異った教育の全費用を自分で支払うか、どちらかを選ぶ事態に直面しなくてすむということである。そしてもし両親が変則型の学校からその一つを選ぶとすれば、両親は追加費用だけを支払えばすむことになろう。

4　教育と平等

さらにむずかしい問題は、どれほどの教育を公費で提供すべきか、そして全員に保障される最低限を超えた教育が、誰に提供されるべきであるかである。ある段階以上の教育によって、共通のニーズへの貢献をその費用が是認されるほどに増加させることのできる人数は、それを受けた全体の一小部分にすぎないことは、ほとんど疑う余地はない。また若い人たちのうちで高等教育から最大の利益を引きだす者をあらかじめ確認する正確な方法がないことも否定できないであろう。そのうえ、われわれがなにをしようと、高等教育を受ける人たちの多数は、あとになってその仲間の人たち以上に物質的利益を享受するが、それは誰かほかの人がかれらの教育により多くの投資を価値ありと感じたからであって、大きな天賦の才能とか努力によるものではない。それはほかにどうしようもないことと思われる。

教育をどれだけ全部の者に与えるべきであるか、あるいは児童たちは何年間通学を必要とすべきかの考察を中断してはいけない。その答えは、一部分はそれぞれ特定の事情に依存せざるをえない。たとえば、その社会の一般的富裕、その経済の性格、それからおそらく青年期の年齢に影響する気候的条件さえも。比較的に富裕な社会においては、どんな学校教育が経済的効率を高めるであろうかはもはや問題ではなくて、子供たちが生計を立てることを許されるまでいかにしてその専攻をつづけさせ、あとになってかれらの余暇を有意義に使うのを助けるようにすることができるかが問題である。

実際に主要な論点は、一般的最低限度を超えて教育を延長される人たちを選びだす方法に関するものである。教育の延長の費用は、物的資源から見ても、さらにそれ以上に人的資源から見ても、富裕な国にとっても非常に大きいものであるため、国民のある部分に高等教育を与えようとする願望は、国民全部に教育を延長しようという願望と、ある程度衝突する。教育にたいするあるかぎられた経費から最大の経済的収益をあげようと望む社会は、比較的少数のエリートの高等教育に集中する傾きがある。(6) それは今日では多数にたいする教育の延長よりも、国民のなかの選ばれた部分に、もっとも進歩した型の教育を与えることを意味する。しかし政府による教育の場合には、民主主義のもとでこれを実行することはできないであろうし、また誰がこういう教育を受けるかを当局が決定するのも望ましくないであろう。

すべての他の分野における場合と同じく、高等教育（および研究）の補助賛成論は、その受領者の受ける利益にもとづくものでなく、全体としての社会が受ける利益にもとづくものでなければならない。それゆえに、職業訓練の補助はどんな種類のものでも、賛成する理由はほとんどない。職業訓練によって増大する技能向上は、所得を得る力の増大に反映するであろうし、それはこの種の訓練への投資の望ましさを計るまさに適切な尺度となるであろう。このような訓練を要する職業における所得の増大の多くは、それに投じた資本の収益にとどまるであろう。最善の解決策は、こういう投資が最大の収益を生むと約束されそうな人たちが資本を借り入れることができ、そしてあとにかれらの増大した所得のうちから返済できるようにすることである。ただし、かかる取り決めには、いちじるしく実行上の障害がともなうものである。(7)

けれども、高等教育の費用に対応して、よりよい訓練を受けた人のサービスが他人に売られる際の代価が騰貴するということになりそうもない場合（医学、法学、技術などの職業にはそれ相応の代価騰貴があるが）、また高等教育のねらいが共同社会の全体を通じて知識をなお広く拡散し、なお多く増やそうということである場合には、事態はいくぶん異なってくる。これらの人たちが特定のサービスを売ることのできる場合の価格ではそういう科学者その他の学者から共同社会が受ける恩恵をはかることはできない。したがって、この種の研究の追求について将来が見込まれ、それに愛情を示す人たちの少なくとも若干を援助するのは強く擁護されてよいことである。

しかしながら、高等教育を知的に受けることのできる者にすべてその請求権があると想定するのは、別問題である。特別に知能のある者をひとり残らず学識の高い人物にすることが一般の利益に合うかどうかはけっして明らかではない。あるいはまたそれらの人たちがすべてこのような高等教育で物質的に利益を得るかどうか、あるいはまた、このような教育を疑う余地のないほどの才能をもつ者だけに限定して、高い地位への正常あるいはおそらく唯一の経路とすべきものかどうか、けっして明らかではない。最近指摘されているように、階級間にはもっと鋭い区分が存在することになるかもしれない。そしてもし知能のすぐれた者が意図的にもまた結果的にも成功して富裕な集団に育っていくとすれば、恵まれない者はひどく無視されることになる。そして比較的貧しいものは比較的知能の劣るものであるということが一般的な推定にとどまらず、普遍的な事実となる。なお、もう一つの問題が一部のヨーロッパの国々で重大な比重を占めるようになっており、気をつけなければならない。それは知識人といわれるものが多くなって、かれらを有利に雇用しえないという問題である。その学識に相応するはけ口を見いだせない知的プロレタリアートの存在ほど政治的安定にとって大きな危険はない。

そこで、すべての高等教育においてわれわれが直面している問題はこうである。ある方法により、ある若い人たちを選ばなくてはならぬ。しかもその年齢では誰がもっとも利益をあげるかを少しも確実に知りえないが、他の人たちよりは高い所得を稼ぐことのできるような教育を与えるために選ぶのである。そして投資を是認するには、全体としてかれらが高い所得を稼ぐ資格があるように選定されなければならないのである。最終的に、承認せざるをえないことは、誰かが教育の費用を支払わなくてはならぬのであるから、教育によって利益を得る者は、「不労」利益を享受することになるという点である。

5　高等教育の問題

近年にいたってこの問題の障害はいちじるしく増大し、合理的な解決は政府による教育を平等主義の目的の道具としてもちいる勢いが増えているために、ほとんど不可能になってしまった。高等教育からおおいに利益を受けそうな人たちにたいして、できるかぎりその機会を保障するのをよしとする議論を説くことはできるが、教育にたいする政府の支配は主として全員の将来の見込みを平等化することに使用されている。これはまったく別のことである。平等主義者はかれらの目標が一種の機械的平等であって、全員に与えることのできない利益を一部の者から奪い去るものであるとする非難にたいしてつねに抗議するが、教育にはこうした傾向のあることを示す明白な兆候がある。この平等主義の立場をきわめて明瞭に論じたのは、トーニー（R.H.Tawney）の『平等論（*Equality*）』である。影響力のあったこの論文において、著者はこう主張する。「賢い者の教育より遅鈍な者の教育に少なく支出するのは不公正である」[8]と。しかし、ある程度まで機会を平等にするのと、能力に応じて機会を調整する（これはわかっていることと思うが、道徳的な意味でのメリットと関係はない）のとの二つの矛盾する願望がいたるところで混同されている。

公費による教育に関するかぎり、全員の取りあつかいの平等を求める議論が強いことは認めざるをえない。けれども、より幸運なものにたいするどんな特殊の利益を許すことにも反対する議論とこれが結びつくとなれば、それは結局ある任意の子供が得るものはすべての子供に与えられなくてはならず、そしてだれひとりとして全員に与えられないものを得てはならないということを意味する。これを徹底すれば、どんな子供にも全員の教育に費やされる以上のものを費やしてはならぬということになる。もしこれが公費教育の必然的帰結であるとすれば、全員に与えられるべき基礎水準以上の教育に政府が関係するのには強く反対し、いっさいの高等教育は私人の手にまかせるべきだという議論が生じてくるであろう。

いずれにしても、ある種の利益が一部の者にかぎられなくてはならないという事実は、ある単一の当局が誰にこれを与えるべきかを定める排他的な力をもつべきだということを意味するものではない。当局の掌中にあるこのような権力は長期的に見て教育を前進させそうもないし、そうでなかった場合よりも、もっと満足や公正を感じられる社会的環境をつくりだしそうもない。第一の点についていえば、特定の種類の教育がどれほど価値があるかを判断することやさらなる教育にどれほど投資すべきか、あるいはさまざまな教育のうちのいずれに投資すべきかについて、単一の当局が独占すべきでないことは明らかであろう。各種の目的の相対的重要性なり、各種の方法の相対的望ましさについて決定のできる単一の基準は存在しない。それは自由社会ではありえない。若い人たちをたえず変化する世界に向かって用意させるのを任務とする場合に、いろいろな代替方法がいつも利用することができるということは、他のどんな分野よりも、おそらく教育の分野においてこそ重要であろう。

正義に関していえば、一般的な利益において高等教育にもっとも「値する」ものが、努力と犠牲によって最大の主観的メリットを勝ちえたものとはかぎらないことを、われわれはよく知っていなくてはならない。天賦の能力と生得の素質とは、環境の偶然と同様に「不公正な利益」である。そして高等教育よりもっとも利益を引きだすと確信をもって予想のできる人たちだけに高等教育の利益を限定するのは、経済的地位と主観的メリットとの食い違いを縮めるよりは必ず拡げるであろう。

偶然の影響を排除したいという願望は、「社会的正義」の要求の根底に潜むものであるが、他の分野におけると同じく、教育の分野においては意図的な支配に服さない機会をすべて残らず排除してのみ満たされることである。しかしながら、文明の成長は個人が遭遇するあらゆる偶然をもっともよく利用することに主として依存するものである。そういう偶然は本質的に予想しがたい利益であって、それはある一つの知識が新しい情況のもとで、多くの人のうちのある個人に与えるものである。

正義のためには、すべての者がその出発点において同じ機会を与えられるべきだと熱心に望む人たちの動機がどんなに推奨に値しようとも、それは文字通り実現することの不可能な理想である。しかも、この理想が達成されたとか、ほとんど実現されたとかいい張るのは、成功しなかった者にとってかえって事態を悪くするだけである。現存の制度がある特殊の障害を一部の人たちの前に立ちはだからせるならば、それを排除することになんの異論もないけれども、全員に同じ機会を与えて足並みを揃えることはできもしないし、望ましくもない。というのは、全員には与えることのできない可能性を一部の人たちから奪いとるしかないからである。あらゆる人の機会をできるだけ大きくすることを望みながら実は、もしもっとも幸運な人たちがもっとも不運な人たちと機会を等しくしなくてはならないとすれば、前者の機会を減らさざるをえないことになる。ある国において同じ時代に生活する人はすべて同じ場所で出発すべきだと説くのは、発展していく文明と矛盾する点では、別々の時代、場所で生活する人たちにこの種の平等を保障すべきだと説くのと同じである。

学者向きの仕事、あるいは科学的な仕事に異常の才能を示す一部の者に、その家族の資力と無関係にそういう仕事にたずさわる機会を与えるのは社会の利益となるかもしれない。しかしそのことは誰にでもそのような機会を権利として与えることにはならない。また、異常な才能の確認されうる者だけがその機会を与えられるべしということを意味するものでもない。あるいは、同一の客観的試験に合格する者全員にその機会が保証されないかぎり、誰にもそれを与えるべきではないという意味でもない。

ある人を特別に役に立つようにさせるその素質が、すべてみな試験や検査で確認できるものではない。そして同じ資格試験に合格する者全員に機会を与えるよりは、少なくともそういう素質を備えている一部の者にその機会を与えるほうがいっそう重要である。知識にたいする激しい願望とか、あるいはいろいろな関心のなみなみならぬ結合というものが、よりはっきり眼に見える才能やある検査にあらわれる能力よりも、一段と重要だということもありうる。そして、一般的な知識と関心を背景にもっているとか、家庭環境によって生みだされる高い知識尊重の心は、時に天賦の能力よりは成功にいっそう貢献するものである。恵まれた家庭環境の利益を享受する一部の人びとがいるということは、社会にとっての一つの資産であり、平等主義の政策はこれを破壊することができるが、不当な不平等が表面にあらわれていなくては、この資産は利用されえないのである。知識にたいする願望は家庭を通じて伝達されがちな傾向をもっているので、教育にたいして非常に気をつける親が自分の子供たちのためにある物質的犠牲を払っても教育を与えようとするのはおおいに勧めてよいことであって、こういう子供たちがたとえ別の根拠からいって教育を得られない他の子供たちにくらべて値打ちが少ないように見えても、それは反論にはならない。(9)

6 新しい位階制

教育は能力証明のある者だけに与えらるべきであるという主張は、国民全体をある種の客観的検定によって等級づけるという事態を生みだし、しかもどういう種類の人物が高等教育の利益にあずかる資格をもつかについて、ある一組の見解だけがまかりとおることになるのである。このことは国民をある公定の階層に等級化することを意味し、保証書つきの天才を頂上に、保証書つきの魯鈍を底とするもので、こういう階層はなお一段とよくないことには、「メリット」をあらわすと想定され、価値が実現できる機会への通路を決めることになるであろう。国営の教育制度にもっぱら依存するのが「社会的正義」に役立つと思っている場合には、高等教育の内容を構成するものはなにかについて――そしてそれを受ける資格を決める能力についても――ある一つの見解が貫徹することになるであろう。そして誰かが高等教育を受けたという事実はその人物が高等教育に「値した」ことを示すことになるであろう。

教育の世界においては、他の世界におけると等しく、社会がある一部の者の援助に関心をもつからといって、ある統一見解によって公的基金からの援助に値すると判断される者だけが高等教育を受けるのを許されるべきだということにはならないし、またほかの人が別の根拠にもとづいて特殊の人物を援助してはならないということにもならない。国民のうちのいろいろな集団のそれぞれそのうちの一部の者にある機会が与えられるということには、たとえある一部の集団出身の最善の者が、その機会を与えられない別の集団の者たちとくらべて資格が劣るように見えるとしても、おおいに認めてよいところがある。ゆえに、いろいろな地方的、宗教的、職業的あるいは人種的団体は、その青年たちの一部を援助できるようにすべきであり、それによって高等教育を受ける人たちは、それぞれの団体が教育にたいして認める評価にだいたい比例してその団体を代表することになるようにするのがよい。

少なくとも疑わしいと思わざるをえないのは、全面的に教育の機会が想定上の能力にしたがって与えられる社会が、出生の偶然がはっきりと大きな役割を演じる社会よりも、そうした機会を得られなかった者にとってまだましだろうか、ということである。イギリスでは、戦後の教育改革によって想定上の能力をもとにした制度をどんどん押しすめてしまったので、その結果がおおいに心配の種になっている。社会的移動に関する最近の研究の示すところによれば、「新しいエリートを供給する学校はいまではグラマー・スクール（grammar schools）であり、そのエリートは『知性の尺度』で選ばれた者であるため明らかに非難が少ないということである。この選別の仕方は、すでに社会的地位の高い職業の威信をさらに高め、多くの人が羊と山羊のようにはっきり異なったものとみなすであろう――実際すでにみなそうしている――集団へ人びとを分けるようになる傾向がある。グラマー・スクール出身でないということはその昔、教育制度における社会的不平等の存在が知られていたときよりも、はるかに重大な失格となるであろう。そして、当の本人が実感として、自分をグラマー・スクールからはずれさせた選別の仕方にはある妥当性があると信じるからといって、恨みの感情は深まることはあっても鎮まることはないであろう。この点において、明白な公正は不公正よりも耐えることがむずかしいであろう」[10]。あるいは、ある別のイギリスの評論家がもっと一般的に指摘したように、「社会的な型をよりゆるやかにしないで、より固いものにしたのは、福祉国家の思わざる結果の一つである」[11]と。

あらゆる手段をもちいてすべての人びとにたいする機会を増やすように努力しようではないか。ただしそうするにあたって十分わきまえておかなくてはならないことは、全員のために機会を増やすことは、その機会を利用しやすい立場にある人にとって有利になる傾向があり、したがってはじめのうちは不平等を増大するかもしれないということである。「機会の平等」にたいする要求がこの種の「不公正な利益」を排除するにいたる場合には、それはただ害をもたらすだけである。あらゆる人間の相違というものは、天賦の才能の相違であろうと、機会の相違であろうと、不公正な利益を生む。しかしながら、一個人の重要な貢献というのは、その人の遭遇するできごとをうまく利用することにあるのであるから、成功とは大部分は偶然の問題に相違ない。

7　大学と研究

最高の段階においては、教育による知識の伝播は、調査による知識の進歩と分離しがたくなる。知識の境界にある問題への手引きというものは、調査を主たる職業とする人たちによってのみ得ることができる。一九世紀には、大学、とくにヨーロッパ大陸の大学はせいぜい調査の副産物として教育を与え、学生は創造的な科学者または研究者の徒弟として働いて知識を得るという研究機関へと発展していったのである。その後、知識の境界にいたる以前に習熟しておかなくてはならない知識の量が増加したのと、そういう段階に登ろうという意図をまったくもたず大学教育を受ける学生の数が増加したことで、大学の性格はいちじるしく変化したのである。「大学での研究」となお呼ばれているものの大部分は、今日ではその性質においても内容においても学校教育の一つの継続にすぎない。「大学院研究科」——事実そのうちでも優良なものだけ——が前世紀の大陸の大学を特色づけていた種類の研究にいまなお専念しているのである。

しかしながら、さらにいっそう進んだ型の研究をそれほど必要としていないと考える理由はない。一国の知的生活の一般的水準を左右するものは、主としてこの種の研究である。そして実験の学問では、若い科学者たちがその徒弟期間に奉仕している調査研究機関がある程度この必要を満たしているが、一部の学問領域では、教育を民主的に拡大することが知識に活力を与える独創的な仕事の追求にとって妨げとなっているかもしれない。

当面、西欧において生みだされている関心の種は大学出の専門家の数がおそらく不十分であろうということ[12]よりも、本当に最優秀の質の人物の供給が不十分だということであろう。少なくともアメリカでは、またさまざまな範囲においても、この責任は学校側の用意の不十分さと、職業上の資格を与えることに研究機関がもっぱらかかわるという功利的な偏りとにあるにもかかわらず、知識の前進に関して多数の者によりよい物質的機会を与えようという民主的選好をも見のがしてはならない。知識の前進はつねに比較的にわずかなものの研究であり、必ず公の支持をもっとも強く要求するものなのである。

昔の大学のような研究機関が知識の境界において調査研究と教育に専念して、新しい知識の主要な源泉でありつづけるであろうとなお思われる理由は、こういう機関だけが問題の選択の自由と各種の学科の代表者たちのあいだの接触を許すことができ、それによって新しい考えの着想と追求にとって最善の条件が得られるからである。ある想定可能な目標をめざす研究の任意の組織によって、その方向への進歩をどんなに大きく増進させることができようとも、一般的な進歩における決定的で予想しがたい一歩一歩は、通例特殊の目的の追求のなかで生じるのでなく、特定の知識の偶然的結合や才能、特殊の情況、そして他人との接触がある個人の生活においてもたらした機会の利用のなかで生じるものである。専門化された調査研究機関は「応用」の性質をもつあらゆる研究についてはきわめて有効であるが、この種の調査はつねにある程度まで指示された調査であり、その目的は専門化された設備、集まった特定の研究員、およびその機関の本来の使命とする具体的な目的によって定められる。しかるに知識の辺境における「基本的」研究においては、固定した領域や分野はないことがある。そして学科の系統的な区分の無視にもとづいて決定的な前進がしばしば生じるのである。

8 学問の自由

それゆえに、知識の進歩をもっとも有効に支持する問題は、「学問の自由（academic freedom）」の問題と密接な関係がある。この用語があらわしている概念は、ヨーロッパ大陸の国々において発達したものである。大陸において大学は一般に国家機関であった。したがって、この概念はほとんどこれらの機関の研究への政治的干渉に反対して向けられた。[13] しかし、実際の問題はもっと広範なものであった。もっとも名声の高い科学者や研究者で構成される評議員会（senate）によってあらゆる調査研究の計画と監督が統一的になされることにたいしても、もっと外部の権威者たちによるそのような監督にたいするのと同様に強い反対論があった。個々の科学者が自分にとって無関係な事由と思われることから干渉が生じてくる場合には、問題の選択と追求にたいする干渉をおおいに恨むのは当然であるとはいえ、もしこういう研究機関が多数存在していれば、それぞれがいろいろな外部の圧迫に服していても、ある一定時に最善の科学的関心とされたものについてのただ一つの解釈しか認めない統一的支配下にすべての研究機関がおかれるよりはなお害が少ないであろう。

学問の自由とは、あらゆる科学者が各自にとってもっとも望ましいと思うことをなすべきだという意味ではもちろんありえない。その意味はむしろこうである。できるだけ多数の独立した研究機関が存在すべきこと、少なくともその機関において知識を前進させる能力を証明し、自分の研究への献身を明らかにした人たちは、自らの精力を費やすことになっている問題を自分で決定することができ、そしてかれらの到達した結論を説明することができる。その結論が使用者や社会一般にとって快いものであってもなくても、それにかかわらずに。[14]

実際にこのことは、同僚の眼から見て実証され、そしてその理由から自分たちの研究も若い者の研究をも両方とも決定することのできる上級の地位を認められた人たちが、在職の保障を与えらるべきことを意味する。これは裁判官の地位を保障することを望ましいとした特権に類似した理由で与えられる特権である。しかもそれは個人の利益のために与えられるのでなく、かかる地位にある人たちは、もし外部の意見からの圧迫にたいして保護されるならば、全体として公共の利益にもっともよく奉仕するであろうと正当に信じられるから与えられるのである。それはもちろん無制限の特権ではない。それはひとたび承認される以上は、当初の任命にあたってとくに定めた理由以外では取りあげられるものではないことを意味するだけである。

これらの条件はわれわれが新しい経験を積むにつれて、あるいは新しい任命をするにあたって変更してはならぬという理由はない。ただし、こういう新しい条件は、アメリカにおいて「在職保障（tenure）」といわれるものをすでにもっている人たちに適用することはできない。たとえば最近の経験の示すところによれば、任命の条件としてかかる地位の占有者は、この特権の根拠となっている原則そのものに背く運動に事情を知って参加したり、それを支持したりするならばその特権を失うという限定がつくということのようである。寛容は不寛容の弁護を含むものではない。

この理由により、わたくしは共産主義者には「在職保障」を与えるべきではないと感じている。ただし共産主義者がこのような明白な制限を加えられずに在職保障を与えられているとすれば、それは他の同様のいかなる任命と同じように尊重されなくてはならないであろう。

しかしながら、このことはすべて「在職保障」という特殊の特権にかかわるだけである。在職保障に関するこうした考慮から離れて、いかなる者も自らの好むことをしたり教えたりする自由を権利として主張しながら、他方において、ある特定の意見をもつ者をすべて普遍的に排除すべきだとする頑固な規則を主張するのはまったく承認できない。高い水準をねらう研究機関が第一流の才能を吸引することができるためには、その若い研究員たちにたいして研究と意見について広い選択を許す場合のみであるということがわかるであろうが、誰にしても自分のもっている関心や見解と無関係な一つの研究機関に雇われる権利をもっているわけではない。

9　財政と研究組織

政治的または経済的な利益によって干渉するという粗野な干渉にたいして研究機関を守る必要は、今日では相当に認識されているので、名声の高い研究機関ではこの種の干渉が進められる危険はほとんどない。しかし、とくに社会科学においてはまだ警戒を要する。そこでは、はなはだ理想主義的で広範に承認された目的の名において圧力が加えられることがある。人気のない見解にたいする圧迫は、人気のある意見にたいする反対よりも有害である。トーマス・ジェファーソン（Thomas Jefferson）でさえ、政治の分野においてヴァージニア大学で採用される教育原理と教科書は当局によって定めらるべきであると論じた。というのは、つぎの教授が「昔の連邦主義の学派のひとり(15)」となるかもしれないからである。

けれども今日の危険は、あからさまな外部からの干渉よりも、財布の紐を握っている人たちが研究調査の資金的必要の増大から手にいれる支配の強化にある。これは科学の進歩のためには現実的な脅威となるものである。というのは、あらゆる科学的努力を統一して集中的に指揮して、資金をそれに役立たせようとする考え方は一部の科学者自身も賛成しているからである。科学の計画という名称のもとに、しかもマルクス主義者の強い影響のもとに最初の大襲撃が一九三〇年代におこなわれたが、これは無事に撃退することができた。[16] そしてその際に生じた議論はこの分野における自由の重要性に一般と注意を払うようになったのであるが、科学的努力を組織し、それを特定の目標に向ける試みは、新しい形で再出現するであろう。

ロシア人がある種の分野で顕著な成功を成し遂げ、そのために科学的努力の目的意識的な組織化に改めて注意を払わせるようになったが、これについては驚くはあたらないし、自由の重要性に関するわれわれの意見を改める理由となるものでもない。ある一つの目標ないしいくつかの限定された目的は、達成できることがすでにわかっているものであれば、全資源の中央集権的な割り当てにおいて優先権を与えられるならばより早期に達成できるのはありそうなことである。これこそ、ある全体主義の組織が短期戦争において比較的に効率が高い傾向にある。そしてまたそういう政府が戦争のためにもっとも有利な時機を選ぶことができる場合に、他の政府にとってははなはだ危険となる理由である。しかしこのことは知識一般の進歩が、今日もっとも重要な目標と思われるものにいっさいの努力が向けられる場合により速くなるに違いないとか、あるいは長期的に見て、努力を目的意識的に組織化した国はより強い国であろうということを意味しない。[17]

調査研究が指揮されることの優越性の信仰に貢献したもう一つの要素はいくぶんか誇張されてはいるが、現代の産業が巨大な産業実験所の組織的集団作業にその進歩を負っているという考えである。事実は、最近やや詳細に明らかにされているように、[18] 近年の主要な技術的進歩のうち一般に信じられているよりもはるかに大きな部分は、個人的な努力から生じており、素人で興味を追求するもの、あるいは偶然によってその問題にひかれていったものから生じている。そして応用の領域において一段とあてはまることは、基礎研究についてさえもさらにそれ以上にあてはまるのである。基礎研究では重要な進歩はその性質上、予想がなお一段と困難である。この領域においては、今日強調されている集団作業と共同研究にはたしかに危険がありそうである。そしてヨーロッパ人の個人主義（それは豊かな物資的援助にあまり慣れず、したがってまた依存することも少ないことに一部分もとづいている）が比較的に強いことが、基本的研究のもっとも独創的な領域において、アメリカ人の科学者よりも若干有利さを与えているようにも思われる。

われわれの主要な命題からの適用としてもっとも重要なことはつぎのことである。すなわち、知識がもっとも速く進む傾向をもつのは、科学的探求が一部の統一的な社会的効用概念によって決定されず、それぞれの実力を認められた人たちが最善の機会と思う研究に自分を捧げることのできる場合である。実験的なあらゆる分野においてますますそうなっているごとく、今日、この機会は資格を認められたすべての研究者に自分自身の時間をどう使うかを決める可能性を保証することによって与えられるものではもはやなく、巨額の物的手段が大部分の種類の研究にとって必要とされる情況にあるので、進歩の見込みをおおいに高めるのは、ある統一的な計画によって進められる単一の当局の手中に資金の監督をまかせるよりは、独立の資金源がいくつかあって、正統的でない思想家でさえも好意的な耳を見つける機会をもつようにすることである。

調査研究の援助にあてられる独立資金を管理する最善の方法については、なお学ぶべき多くのことがある。また非常に巨大な財団も（それは多数意見に頼らざるをえないもので、したがって科学上の流行の動きにつれてゆれを強める傾向がある）当然それなりに有益であったとはいいながらも、かぎられた分野に関心を払う私的財団の多様性こそがアメリカ的事情のもっともたのもしい特長の一つである。しかし、現在の税制はこの種の基金の流れを一時的に増やしたとはいいながら、その同じ法律が新しい財産の蓄積をいよいよ困難にし、それだけこの種の資源は将来において尽きてしまう傾向がある。ほかの場合と同じく、知性と精神の領域における自由の保持は、長い眼で見れば、物的手段の支配を分散することと、巨額の資金を自分たちが重要と思う目的に投ずる立場にいる人たちがたえずいることに依存するであろう。

10　人間の個性が豊かな多様性において発展すること

われわれの無知が最大のところ、すなわち知識の境界ほど自由が重要なところはない。換言すれば、そこでは一歩さきになにがあるのかを誰も告げることはできない。そういうところでも自由は脅かされてきたのであるが、それでもそこは、脅威を認める場合に自由の擁護のために勇気をふるう多くの人たちに頼ることができる領域である。本書においてわれわれが関心を払ったのは主として他の分野における自由についてであったが、それというのも、知的自由が自由のもっとはるかに広い基礎に依存し、それなくしては存在することができないことを、しばしば忘れるからである。しかしながら、自由の究極の目的は人間がその祖先に優越する能力の拡大であり、各世代はそれぞれ相応の貢献――知識の成長と道徳的ならびに美的信念における漸進的進歩に見あった貢献――に努めなくてはならない。その場合、なにが正しく、なにが善いかについて、どんな優越者といえどもある一組の見解を強制することは許されない。ただよりいっそう進んだ経験だけが、なにが広く認められるかを決めるのである。

人間が現在の自分を超えるところに到達し、新しいものがあらわれ、そして評価を将来に待つというところにおいて、自由は究極的にその真価をあらわすのである。したがって教育と研究調査の問題は本書の主要な題目にもどってくる。すなわち自由と制限の結果が比較的に遠いさきにあって眼に見えないところから、その結果が終極的な価値にきわめて直接的に影響するところまで。結論として、ヴィルヘルム・フォン・フンボルトの言葉ほど適切なものを知らない。この言葉はジョン・スチュアート・ミルがいまから一〇〇年前に、その著作『自由論（*On Liberty*）』の冒頭にかかげたものである。「本書に展開されているいかなる議論も直接的に合致する偉大にして主要な原則は、人間がもっとも豊かな多様性において発展することが絶対的かつ本質的に重要だということである。[19]」

追論　なぜわたくしは保守主義者ではないのか

いつの時代でも、自由のための誠実な友人はまれであった。そして自由の勝利は少数者によるものであって、かれらは自分自身の目的とはしばしば違う目的をもった援軍と連合して勝つのである。しかしこの連合はつねに危険なものであり、反対者にたいして反対の正当な根拠を与えることによって、ときには悲惨なことになった。

アクトン卿（Lord Acton）

1　保守主義者は代替の目標を提示しない

進歩的であると考えられる大部分の運動が個人的自由にたいする侵害をさらに進めようと説いている時代に[1]、自由を大切にする人たちはこれに反対するために精力を費やす傾向がある。この点で、かれらは変化にたいして多くの場合、習慣的に抵抗する人たちと同じ立場に立っていることを見いだす。当面の政治問題において、かれらには保守政党を支持する以外に通常、選択の余地がない。しかしわたくしが明らかにしようとしてきた立場は、しばしば「保守的（conservative）」と説明されることがあるとしても、その立場は伝統的にこの名称をつけられてきたものとはまったく異なるものである。自由の擁護者と真の保守主義者とを、それぞれの異なった理想を等しく脅かす動きにたいして、共同で反対させている状態から生じる混同は危険である。したがって、本書で取っている立場を、長いあいだ――おそらく、より適切に――保守主義として知られてきたものからはっきりと区別することが大切である。

真の保守主義は激しい変化に反対する、正当で、おそらく必然的な、またたしかに広範に見られる態度である。フランス革命以来、一世紀半のあいだ保守主義はヨーロッパの政治において重要な役割を演じてきた。社会主義が起こるまで、その反対者は自由主義であった。アメリカの歴史のなかではこの闘争に相応するものはない。というのはヨーロッパで「自由主義」と呼ばれたものは、アメリカでは普通の伝統であり、そのうえにアメリカの政治が築きあげられてきたからである。したがって、アメリカの伝統の擁護者はヨーロッパ的意味において自由主義者であった[2]。こうして存在してきた混同はヨーロッパ型の保守主義をアメリカへ移植しようとする最近の試みのためにいっそう具合の悪いものとなった。この保守主義はアメリカの伝統とは異質であるため、いくぶん奇妙な性質をおびることになったのである。さらにこうなる少し以前に、アメリカの急進派と社会主義者は自らを「自由主義者 (liberals)」と呼びはじめた。しかしながら、わたくしの取る立場、そして社会主義とも真の保守主義とも等しく相異なると信じている立場を、しばらくのあいだは自由主義と表現しつづけることにする。しかしながら、直ちにいわせてもらいたいのは、ますます不安の念を強く感じながらそう表現するのであり、自由の党にたいする適切な名称はなにであるかをあとに考察しなければならない、ということである。なぜなら、アメリカにおける「自由主義者」の用語が今日の絶えざる誤解の原因であるばかりでなく、ヨーロッパにおいては合理的自由主義の有力な型が長いあいだにわたり、社会主義を進めていく一翼をなすものであったからである。

どんな保守主義にせよ、そう呼ばれるに値するものにたいする決定的な欠点と思われるものをまず述べておきたい。それは保守主義がまさにその本質から、われわれの向かっている方向に代わる別の道を与えることができないことである。保守主義は時代の傾向にたいする抵抗により、望ましからざる発展を減速させることには成功するであろうが、別の方向を指し示さないために、その傾向の持続を妨害することはできない。このため、保守主義はそれ自体の選択によらない道へ引きずられていくことをつねにその宿命とせざるをえない。保守主義者と進歩主義者とのあいだの決戦は、その時々の発展の速度にたいして影響を与えることができるだけであって、その方向にたいしてはできない。しかしたとえ「進歩の車にブレーキをかける (a brake on the vehicle of progress)」[3]必要があるとしても、わたくし個人としてはブレーキをかけるのを単に援助するだけでは満足できない。われわれ自由主義者が第一に問わねばならないことは、どこまで遠くあるいはどのくらい早く動かねばならないかではなく、どこへ向わなくてはならないかである。事実、自由主義者は今日の急進的集産主義者にたいして、保守主義者よりもはるかに相違が大きい。保守主義者は一般にその時代の偏見を単に穏やかにかつ温和にした立場を取るにすぎないが、今日の自由主義者は大部分の保守主義者が社会主義者と分かち合う基本的な概念の一部にたいして、いっそう積極的に反対しなければならない。

2　政党間の三角関係

この三つの主義の相対的な位置について一般的に示される姿は、三者の真の関係をはっきりさせるよりも、むしろ曖昧にする。たいてい一直線上における異なる位置であらわされ、社会主義者は左、保守主義者は右、自由主義者は中間のどこかに位置する。これほど誤解を招くものはない。もし図式を望むならば、それらを三角形に配置し、保守主義者が一角を占め、社会主義者が第二番目の角に向い、自由主義者が第三番目の角に向うように組立てるのがいっそう適切である。しかし社会主義者は長いあいだより強く引っぱることができたので、保守主義者は自由主義的方向よりも社会主義的方向に従う傾向があったし、また急進派の宣伝によって尊敬すべきものとされた考え方を適時取りいれてきた。社会主義と妥協し、その考え方を横取りしてきたのは一様に保守主義者であった。自分自身の目的をもたない中道（the Middle Way）(4)の主唱者である保守主義者は両極端のあいだのどこかに真理があるはずであるとの信念に従ってきた。その結果、保守主義者はいつのときもいずれの方向にせよ、極端な動きを示したほうへ自分たちの位置を移してきたのである。

したがって保守主義として正しく示すことのできる位置は、いかなる時にも現在の趨勢の示す方向に依存する。過去数十年間の発展傾向は一般的に社会主義的方向にあったので、保守主義者も自由主義者もともにその動きを阻止することをおもに意図していたように思われるかもしれない。しかし自由主義の主要な点は、それが静止しようとしているのでなく、別の方向へ行こうとしていることである。かつてそれがいっそう広く受けいれられ、その目的の一部分が達成されそうになった時代があったことから、今日では時として逆の印象を受けるかもしれないが、自由主義はけっしてうしろ向きの主義ではない。その理想が完全に実現された時代は決してなかったし、また制度のいっそうの改良を期待しなかった時代も決してなかった。自由主義は進化による変化を嫌ってはいない。政府の統制によって自然発生的な変化が窒息させられている場合には、おおいに政策変更を望むのである。現下の政府活動の大部分に関するかぎり、自由主義者にとっては現在の世界で、あるがままの状態に保っておくことを望む理由は少しもない。実際、世界の大部分の地域においてもっとも緊急に必要なことは、自由な成長に対する障害を徹底的に一掃することである、と自由主義者は思っている。

自由主義者と保守主義者とのこの違いは、長いあいだ確立してきた制度を守ることによって個人の自由を守ることがアメリカにおいては依然として可能であるという事実によって曖昧にされてはならない。自由主義者にとってその制度が貴重なのは、長いあいだ確立してきたからとか、アメリカのものであるというのが主たる理由ではなく、自由主義者が大切にする理想にそれが合致するからである。

3　保守主義と自由主義との基本的な相違

自由主義的態度が保守主義的態度と鋭く対立する主要な点を考察するに先立ち、自由主義者が一部の保守主義思想家の業績から教えられることが多かったと思われることを強調しなければならない。成長してきた制度の価値に関する保守主義者の情愛のこもった尊敬すべき研究のおかげで、われわれは（少なくとも経済学の分野以外で）高い見識を与えられ、自由社会を理解するうえで実際の貢献を受けているのである。コールリッジ（Coleridge）、ボナール（Bonald）、ド・メーストル（De Maistre）、ユストゥス・メーザー（Justus Möser）、ドノソ・コルテス（Donoso Cortès）のような人物は政治においていかに反動的であったとしても、かれらは近代の科学的研究に先鞭をつけた言語、法律、道徳、慣習等の自生的に成長した制度の意味に理解を示したのであって、自由主義者はそこから利益を得たといってよい。しかし自由な成長にたいする保守主義者の讃美は一般に過去についてのみである。かれらに典型的に欠けているのは、人間の努力による新しい手段を生みだすのと同じ、設計されざる変化を歓迎する勇気である。

このことから保守主義的性質と自由主義的性質の根本的に異なる第一の点が引きだされる。保守主義的な著述家がしばしば認識していたように、保守主義的態度の基本的特性の一つは変化を恐れること、新しいものそれ自体にたいする臆病なほどの不信である(5)。一方、自由主義の立場は勇気と確信にもとづき、どのような結果が生じるかを予想できなくても、変化の方向をその進むにまかせる態度に基礎をおいている。もし保守主義者が単に制度および公共政策における過度に急速な変化を好まないだけならば、反対することは多くない。その場合には慎重かつゆっくりとした処置に賛成する議論が事実強いのである。しかし保守主義者は変化を妨げ、自分たちのやや臆病な心に訴えるものにたいしては、その速度を限定するために政府の権力を使用する傾向がある。将来を見るにあたって、保守主義者には自生的な調整力にたいする信頼が欠けている。自由主義者にはこの信頼があって、適応がどのように成し遂げられるのかを知らなくとも、不安なしに変化を受けいれるのである。とくに経済の分野において市場の自己調整力が特定の事例において、どのように働くかを誰も予言できないとしても、それが新しい状態にたいして必要な調節をどうにかしてもたらすであろう、と想定するのは自由主義的態度の一面をなすものである。人びとがしばしば市場を機能させることを好まない要因としては、需要と供給、輸出と輸入などのあいだに意図的な統制なしに、ある必要な均衡がどのようにもたらされているのだろうかを考えることができないということが、おそらくもっとも強いものであろう。

保守主義者が安心して満足を感じるのは、ある高い英知が見張りをして変化を監督するという保証がある場合のみであり、またある権威機関が変化を「秩序正しく」維持する責任を負うことを知っている場合のみである。

統制されない社会の力を信頼することにたいするこの恐れは、保守主義の他の二つの性格に密接に結びついている。すなわち、保守主義の権威にたいする愛着および経済的な力にたいする理解の欠如である。保守主義は抽象的理論も一般的原則もともに信用しないため、(6) 自由の政策の根拠となる自生的な力を理解しないし、政策の原則を定式化する基盤をもっていない。命令は保守主義者にとって権威の絶えざる配慮の結果と受けとられ、権威はこの目的のために特定の事情から必要とされるどんなことでもなしうることを認められねばならず、厳格な規則にしばられてはならない。規則に従うということは一般的な力が社会のいろいろな努力を調整するということを理解してはじめて成り立つものであるが、保守主義者にはっきり欠けているのが、このような社会理論、とくに経済機構の理論である。保守主義は社会秩序がいかに維持されるかに関する一般的概念をつくりだすことについて非常に無能であったため、つねに近代の保守主義の支持者たちは理論的基礎をつくりあげようとして、自ら自由主義者をもって任じた著述家にほとんど例外なく援助を求めていることに気づく。マコーレー、トクヴィル、アクトン卿、レッキー（Lecky）はたしかに自分たちを自由主義者と考えたし、それは正当であった。またエドマンド・バークでさえ、最後まで旧ホイッグ党員（an Old Whig）としてとどまった人物であり、トーリー党員（a Tory）とみなされることを考えただけでぞっとしたことであろう。

それはともかくとして、主要な点にもどろう。それは既成権威の行為にたいする保守主義者特有の自己満足と、この権威の力をある限度内に押えることよりもむしろ権威を弱められないようにしておくことに保守主義者のおもな関心があることである。これは自由の保持とは相容れがたい。一般に保守主義者は自分たちが正しい目的とみなすもののためにもちいられるのなら、強制または恣意的権力におそらく反対をしないといってよいであろう。もし政府が立派な人間の手にゆだねられるならば、厳格な規則によって抑制しすぎてはいけないとかれらは信じている。本質的に日和見主義者であり、原則を欠いているため、かれらの第一の望みは賢人と善人が支配することである。それもわれわれとして望まなければならないのは模範を示してくれることであるが、そればかりでなく、これらの人びとに権威を与え、実施されることをも望む(7)。社会主義者と同じように、保守主義者は誰が政府の権力を握るかという問題により多くの関心をもち、政府の権力がどのように制限されるべきかという問題にはあまり関心をもっていない。そして社会主義者と同じように、保守主義者は自分の抱く価値を他の人びとに強いる資格があるとみなしている。

保守主義者は原則を欠く、とわたくしがいうとき、かれらに道徳上の信念が欠けていると暗にいおうとしているのではない。事実、典型的な保守主義者はたいてい非常に強い道徳的信念をもつ人物である。わたくしのいわんとするところは、政治的信念を共にする者も異にする者も、等しく自分の信念にもとづいて行動できる政治秩序のために、一緒に働くことのできる政治的原則が承認されていてこそ、異なる価値の党派の共存を許しながら最小の強制で平和な社会を築くことを可能とするのである。このような原則を受けいれることによって、好まない者の多くを許すことに同意するのである。わたくしに訴える価値は、社会主義者の価値よりも保守主幾者の価値のほうに多い。しかし自由主義者にとっては、ある個人的な目的を重要と思っても、他の人びとにそれに従うよう強いることを十分に正当化することにはならない。保守的な友人のなかには、本書の第三部でわたくしの書いたことを、現代的見解にたいする「譲歩」とみなして衝撃を受ける者がいることは疑いない。しかしそこで取りあげた手段については、かれらと同様にわたくしは好まないし、それに反対の投票をするかもしれない。にもかかわらず、異なる見解の人びとを説得し、共存することを望む種類の社会においては、そういう手段が許されないと主張しうる一般的な原則など存在しないことを知っている。他の人間とともにうまく生活し、働くためには、自分の具体的目的にたいする誠実さ以上のものが必要である。そのためには、ある人にとって根本的なことがらについてさえ、ほかの人は異なる目的を追求することが許される、というある種の秩序にたいして知性をもって参画することが必要である。

この理由から、道徳的理念にしても宗教的理念にしても、自由主義者にとっては強制の適切な対象とはならない。しかるに保守主義者と社会主義者はともにそのような限度を認めない。ときどき感じることであるが、社会主義とも保守主義とも違う自由主義のもっとも顕著な特質は、他人の保護領城を直接侵害しない行為の問題にかかわる道徳的信念は強制を正当化するものではないという見解である。このことはまた、悔い改めた社会主義者が新しい精神的な棲家を自由主義の囲いよりも保守主義の囲いのなかに求めやすいように見える理由を説明するものかもしれない。

結局のところ、保守主義的立場の拠り所は、いかなる社会でも明らかに優秀な人物がおり、その人が受けついできた基準と価値と地位とは保護されるべきであり、そしてその人たちは公共の問題についてほかの人よりも大きな影響力をもつべきであるという信念にある。自由主義者はすぐれた人びとが何人かいることをもちろん否定しないが——自由主義者は平等主義者ではないから——そういうすぐれた人が誰であるかを決定する権威を誰かがもっていることを否定する。しかるに、保守主義者はある特定の確立した階層秩序を擁護する傾向があり、かれらが尊重する人びとの地位を当局に守らせようと望む。これにたいして、自由主義者はどんな確立された価値にたいする尊敬といえども、経済的な変化の力に対抗してそのような人物を守るために、特権、独占あるいは国家のいかなる強制力にも訴えることを是認しないと信じている。自由主義者は文化的・知的エリートが文明の発展において演じた重要な役割を十分に知っているが、エリートといえども他のすべての人と同様の規則のもとで、自らの能力によってその地位を維持することを証明しなければならないと信じている。

このことと密接に関連するのは、民主主義にたいする保守主義者の通常の態度である。わたくしは以前に、多数者支配を目的ではなく手段にすぎないとみなすこと、あるいはおそらくわれわれが選択しなければならない政府の形態のうちでもっとも災いの少ないものとさえみなすことを明らかにした。しかし保守主義者が現代の災いを民主主義のせいにするとき、かれらは自分自身を欺いているとわたくしは信じる。現代の第一の災いは無制限の政府であり、誰も無制限の権力をふるう資格を与えられていないのである。(8) 現代の民主主義の保持する権力はある少数のエリートの手中にはいれば、さらにいっそう耐えがたいものとなる。

たしかに、政府権力をさらに制限することが不必要であると考えられるようになったのは、権力が多数者の手中にはいるようになってからである。この意味で民主主義と無制限の政府とは結びついている。しかし非難されるべきは民主主義ではなく、無制限の政府である。そして人びとが多数者支配の及ぶ範囲に関して、他の政府形態の範囲と同じく制限を加えることを学ぼうとしない理由がわたくしにはわからない。ともかく平和的な変化、および政治教育の方法として、民主主義の利益は他のいかなる体制の利益とくらべても偉大であると思われるから、わたくしは保守主義者の反民主主義的な素質にはなんの共感も覚えない。本質的問題と思われるものは、誰が統治するかではなく、政府がなにをなす資格を与えられているかである。

政府の統制が多すぎることにたいする保守主義者の反対が原則の問題でなく、政府の特定の目的に関係していることは経済の領域においてはっきりとわかる。かれらは産業の分野における集産主義的および指令主義的方法に通常反対する。そしてそこでは自由主義者は保守主義者のなかに友人を見いだすことがある。しかし同時に保守主義者はたいてい保護主義者であり、しばしば農業における社会主義的方法を支持してきた。実際、工業および商業において存在する制限はおもに社会主義的見解の結果ではあるが、農業における同じく重要な制限は保守主義者によってずっと以前に導入された。そして多くの保守主義の指導者たちは、自由企業の信用を落とす努力において社会主義者と競い合ってきたのである。(9)

4　保守主義の弱点

純粋に知的な分野における保守主義と自由主義との違いはすでに言及したが、ふたたびそこにもどらなくてはならないのは、その場合の典型的な保守主義的態度がその重大な弱点であるばかりでなく、保守主義と同盟するいかなる主義をも害するからである。保守主義者は新しい考えこそが他のいかなるものにもまして変化を引きおこすことを本能的に感じている。しかしその立場からすれば、当然に新しい考えを恐れる。というのは、保守主義は新しい考えに反対する自らの明白な原則をもたないからである。理論を信用せず、経験によって証明されたもの以外については想像力を欠いているために、保守主義は思想の闘争に必要な武器を放棄している。思想のもつ長期にわたる力に根本的な信頼をおく自由主義と異なり、保守主義はある一定の時期に受けついだ思想の貯えによって拘束されている。そして議論の力を実際には信じていないため、一般に保守主義の最終的手段はあるすぐれた特質を自分勝手に潜称し、それをもとにして優秀な英知を主張するのである。

この相違がもっとも明白にあらわれるのは、知識の前進にたいして示す二つの伝統の異なった態度である。自由主義者はすべての変化を進歩とみなすことはたしかにないが、知識の前進を人間努力のおもな目的の一つとみなし、解決が望めるような問題と困難にたいして、その前進からしだいに解決が得られることを期待する。自由主義者は新しいものを単に新しいという理由で好むことはないが、なにか新しいものを生みだすことが人間の業績の本質的なものであると思っている。そして新知識の即時的な効果を好むと好まざるとにかかわらず、新知識と折り合う用意がある。

保守主義的態度のもっとも非難さるべき性質は、十分に実証された新しい知識を拒否する傾向があることであって、その理由はそれにともなって生じると思われる帰結の一部が気にいらないということなのである。すなわち率直に表現すれば、保守主義の非啓蒙主義に問題があるとわたくしは個人的に思っている。科学者が他の人間と同じく気紛れや時流に溺れることを否定する気はないし、またその最新の理論から引きだす結論を受けいれるに際して注意を要する十分の理由があることを否定しようとは思わない。しかし敬遠する場合の理由はそれ自体合理的なものでなければならず、いままで培われてきた信念を新理論がくつがえす失望とは区別されなければならない。たとえば、進化論、あるいは生命現象の「機械的」(mechanistic) 説明と呼ばれるものにたいして、単にこれらの理論から一見して生じると思われるある道徳的帰結を理由として反対する者にはとても我慢ができないし、ある特定の質問をすること自体を不適切で敬虔さに欠けているとみなす者にはさらにいっそう我慢ができない。事実の直視を拒否することによって、保守主義者は自分自身の立場を弱めるだけである。合理主義的仮定が新しい科学的洞察から引きだす結論は、その洞察から生まれるものでないことがしばしばある。しかし新しい発見から生じる帰結の精密な検討に積極的に参加することによってのみ、新しい発見がいままでの世界観に適合するかどうか、そしてもし適合するというならば、どのようにして適合させるかを学ぶのである。既存の道徳的信念が誤りであるとわかった事実の仮定に依存していることが実際に証明された場合に、その信念を守って事実の承認を拒否するのは道徳的とはいえないであろう。

新しいものと変わったものにたいする保守主義者の不信に結びついているのは、国際主義にたいする保守主義者の敵意と耳ざわりな国家主義《ナショナリズム》の傾向である。ここにかれらの思想の闘争における弱さのもう一つの原因がある。われわれの文明を変化させている思想はいかなる国境をも顧慮しないという事実を、保守主義者は変更することはできない。

しかし新しい思想に精通することを拒絶することは、必要なときその思想にたいして効果的に対抗する力を失うだけである。思想の成長は国際的過程であり、その討論に十分参加するもののみが有意義な影響を与えることができる。ある思想が非アメリカ的であるとか非イギリス的、非ドイツ的というのは実質的な議論ではないし、またわれわれの同胞のひとりによって考えだされたものであるなら、間違ったあるいは有害な理想のほうがよいということにもならない。

保守主義と国家主義との密接な関係については論ずべきことがたくさんあるが、わたくしはこの点を論じないことにする。というのは、わたくしの個人的な立場からは、どんな形の国家主義にも賛成できないように思われるからである。ただいっておきたいことは、この国家主義の偏向こそ、しばしば保守主義を集産主義へ橋渡しすることになるということである。すなわち「われわれの」産業や資源という用語で考えることは、これらの国民的資産が国益に向けられるべきだとする要求からほんの少し隔っているにすぎない。しかしこの点に関してフランス革命に由来する大陸の自由主義（the Continental liberalism）は保守主義とほとんど変わらない。この種の国家主義が愛国主義《パトリオティズム》と非常に異なるものであること、そして国家主義を嫌うことが国民的伝統にたいする深い愛着と十分に両立できることは、あえていうまでもないことであろう。しかし自分の社会の伝統の一部を好みまた尊敬するという事実は、目新しく異なったものにたいして敵意を抱く原因となるとはかぎらない。

ほんの最初だけのことであるが、保守主義者の反国際主義はきわめて多くの場合に帝国主義と結びつくというのは逆説的と思われる。しかし、人が目新しいものを嫌い、自分自身のやり方をすぐれていると思えば思うほど、人は他人を「教化」することを自分の使命と考える傾向がある。(10) しかも自由主義者の好む自発的かつ束縛されない交流によってではなく、有能な政府の恩恵をかれらにもたらすことによって。この場合にもまた、保守主義者が社会主義者と手を取りあって自由主義者に反対するのをしばしば見るのは意義深いものがある。たとえば、イギリスではウェッブ夫妻とフェビアン主義者たち（the Webbs and their Fabians）がむき出しの帝国主義者であった。あるいは、ドイツでは国家社会主義および植民地的拡張主義が相ともない、「講壇社会主義者」といわれる同じ集団の支持を得た。なおアメリカにおいても、すでにセオドア・ローズヴェルト（the first Roosevelt）の時代においてさえも、つぎのようなことが指摘された。「侵略主義者と社会改革派は相結びついていった。そして一つの政党を組織し、政府を掌握して、かれらのシーザー的家父長主義の綱領のために政府をもちいようと脅迫した。現在ではこの危険が避けられたように思えるが、その理由はほかの政党がかれらの綱領をいくぶん温健な程度と形態で採用しているからにすぎない。(11)」

5　合理主義、反合理主義および非合理主義

しかしながら、自由主義者が社会主義者と保守主義者との中間に位置を占めているということには、一面ではもっともなところがある。すなわち、自由主義者は社会主義者の生硬な合理主義とは異なる。社会主義者はその個人的理性の定める型にしたがってすべての社会制度を改造しようと望むのである。同様に、保守主義者が頻繁に依拠する必要に迫られる神秘主義とも遠くはなれている。わたくしが自由主義の立場として述べてきたものは理性の不信に関してある程度まで保守主義と共通する。すなわち、自由主義者はどんな問いにも答えを知り尽しているものではないことによく気づいており、また自分のもっている解答が確実に正しいものであることも、あるいは解答をなんでも見つけることができることにさえ確信をもっていない。また自由主義者は非合理的な制度や習慣でも価値があるとわかれば、そういうものに援助を求めることを恥じるものではない。われわれが保守主義者と異なるのは、この無知に直面

して、いかに知らないかを承認するその意識的態度にある。自由主義者は自分の理性に欠けている超自然的な知識の源の権威を主張しないのである。ゆえに、ある面では根本的に懐疑主義者であることを認めなければならない(12)。しかし他人にその人自身の流儀で幸福を追求させ、自由主義者の本質的な性格であるあの寛容に終始一貫して固守するためには、ある程度の遠慮の気持ちがなければならないと思う。

この遠慮の気持ちは自由主義者に信仰心が欠けていることを意味するに違いないと見る理由はなにもない。フランス革命における合理主義と異なり、真の自由主義は宗教と争わない。そして一九世紀の大陸の自由主義におおいに生気を吹きこんだ好戦的で本質的には非自由主義的な反宗教主義をわたくしはただ残念に思うばかりである。これが自由主義にとって本質的でないことはイギリスにおける自由主義の先駆者である旧ホイッグ党員（the Old Whigs）がはっきりと示している。かれらはどちらかといえば、ある宗教的信仰と密接に結びついていた。この場合、保守主義者と違うところは、自分自身の神聖な信念がいかに深遠なものであろうと、他人にその信念を強制する資格をもつとは決して考えないことであり、そして自由主義者にとって聖なるものと俗なるものは異なる領分であり、混同されてはならないと考えたことである。

6　自由の党の名称

これまでに述べてきたことは、わたくしがなぜ自分自身を保守主義者とみなさないかを説明するのに十分であろう。しかし多くの人は、そこに浮かぶ姿が「自由主義者」といわれてきたものとはまったく似つかないと感じるだろう。したがってこの名称が自由の党にとって今日、適当な名称かどうかの問題にいま直面しなければならない。すでに示したように、わたくしは自らを一自由主義者（a liberal）だと終生いってきたが、ごく最近はますます心もとなく感じるようになった。その理由は単に合衆国においてこの用語がたえず誤解を引きおこしているからばかりではなく、わたくしの立場と合理主義的な大陸の自由主義とのあいだに、あるいはイギリスにおける功利主義者の自由主義とのあいだにさえ、非常に大きな溝があることにますます気がつくようになってきているからでもある。

もし自由主義が一六八八年の革命を「いまの言葉では自由主義的ないし立憲主義的と称された原理の勝利[13]」と一八二七年にいうことのできたイギリス人の歴史家の意味したことと同じ意味をいまなおもつならば、あるいはいまでもアクトン卿とともにバークやマコーレー、グラッドストーンを三大自由主義者と呼ぶことができるならば、さらにいまなおハロルド・ラスキ（Harold Laski）のいうように、トクヴィルとアクトン卿を「一九世紀における本質的な自由主義者[14]」と呼ぶことができるならば、わたくしはその名で自分自身を表現することを本当に誇りと思うであろう。しかしかれらの自由主義を真の自由主義と呼ぼうと思うのと同じくらいに、これらの人たちの強く反対した思想を大部分の大陸の自由主義者が支持していたのである。かれらは自由な成長のための機会を提供するのではなく、あらかじめ構想された合理的な型を世界に強要しようとする願望にいっそう強く導かれていた。そのことは、少なくともロイド・ジョージ（Lloyd George）の時代以降のイギリスにおいて、自らを自由主義と名乗ってきた者についても大部分あてはまるのである。

したがってわたくしが「自由主義」と称してきたものは、今日その名称のもとにおこなわれるいかなる政治運動ともまったく無関係であることを知っておく必要がある。その名称によって今日まで伝えられてきた歴史的な連想がなんらかの運動の成功に寄与するかどうかもまた疑問である。これらの事情のもとで、この用語の誤用と感じられるものから、救いだす努力をすべきかどうかは見解が分かれる問題である。長い説明をせずに、この用語を使うと大きな混乱を引きおこすため、この用語は標識としての強さの源であるよりも、むしろ負担となってきているという感を深くする。

アメリカにおいては、わたくしの使った意味で“liberal”をもちいることがほとんど不可能となり、その代わりに“libertarian”という用語が使われるようになった。それが回答かもしれない。しかしわたくしとしてはとくに魅力を感じない。わたくしの好みからすると、それはつくられた用語で代用語だという匂いが強すぎる。われわれが望みたいのは生命の党（the party of life）、自由な成長と自生的な発展を好む党をあらわす言葉である。しかし頭をしぼってみたが推薦できる記述的な用語を見つけだすことに失敗した。

7 旧ホイッグ党への新しい訴え

しかしながら記憶すべきことは、わたくしが現に再説を試みている理想が、最初に西欧世界を通じて広まりはじめたときには、その理想を代表した党は一般に認められた名称をもっていたことである。イギリスのホイッグ党の理想こそヨーロッパ中においてあとに自由主義運動として知られることになった運動[15]を鼓舞したものであり、その考え方をもって、アメリカの移住者たちは海をわたり、独立のための闘いと憲法の制定に際して導かれた。[16]事実、フランス革命に起因してその全体主義的な民主主義と社会主義的傾向が付着し、この伝統の性格が変質されるまでは、「ホイッグ」が自由の党の名称であったことは一般に知られていた。

その名称がそれを生んだ故国において死んでしまった理由は、一部には当時その名称によって代表される原則がもはや特定の政党に特有のものではなくなったことであり、また一部にはこの名称を生んだ人びとがこれらの原則に忠実ではなくなったからである。一九世紀のホイッグ党はイギリスにおいてもアメリカにおいても急進派のあいだでこの名称を傷つけられることになった。しかしながら自由を求める運動がフランス革命の生硬で好戦的な合理主義を吸収した直後に自由主義の名称がホイッグ主義（Whiggism）の名称に代わったため、そして自由主義のなかに押しいってきた過度の合理主義的、国家主義的、社会主義的影響からその伝統を解き放つことが、われわれの主要な任務でなければならないため、ホイッグ主義の名称は歴史的にはわたくしの信奉する思想にとって正しい名称であるというのは依然として正しい。思想の発展について学べば学ぶほど、わたくしは後悔を要しない旧ホイッグ党員――「旧」を強調して――のひとりであることにますます気づきはじめた。

自分自身を旧ホイッグ党員として告白することは、もちろん一七世紀末にいた場所にもどろうと願っていることを意味するのではない。本書の一つの目的は当時はじめて打ちたてられた主義が、約七、八〇年前までは成長、発展しつづけてきたことを明らかにすることにあった。ただしそれはあるはっきりした党派の主たる目的ではなくなっていた。それ以来、なおいっそう満足のいくかつ効果的な形でこの主義を再説することができるようになった。しかしたとえその主義の再説がわれわれのもつ現在の知識に照らしたものでなければならないとしても、基本的な原則はいまでも旧ホイッグ党員の原則である。たしかに、その名を称した党派のあとの歴史は、一部の歴史家をして、そこにまぎれもないホイッグ党の原則にもとづく集団があるのかどうかを疑わせるものがあった。しかしわたくしはつぎの点でアクトン卿に賛成せざるをえない。「この主義の創始者たちのうちにはもっとも不名誉な人びとがいたけれども、ホイッグ主義の創始した、国内法（municipal codes）を超えるより高位の法の概念は、イギリス人の比類なき業績であり、国民にたいする遺産である。[17]」なおそこに世界にたいする遺産とつけ加えてもよいであろう。それはアングロサクソン諸国に共通の伝統の基礎である。大陸の自由主義はそのうちから価値あるものをとりだしたのであり、アメリカの政治制度の基礎はその学説によっているのである。その主義はアメリカにおいて純粋な形で表現されているが、それはジェファーソンの急進主義によらず、またハミルトン（Hamilton）の保守主義にもよらず、ジョン・アダムズ（John Adams）の保守主義によるものでさえもなく、「米国憲法の父[18]」ジェームズ・マディソン（James Madison）の思想によって表現されている。

この古い名称を復活させることが政治上、実際的であるかどうかわたくしにはわからない。アングロサクソンの世界およびその他の地域のどちらにいる人びとの大部分にとっても、特定の連想をともなわない用語がおそらく障害であるより有利であろう。思想史に精通している者にとっては、おそらく伝統の意味するものをはっきり表現するものこそ唯一の名称であろう。真の保守主義者にとって、また保守主義者に転向した多くの社会主義者にとっては、なおさらにホイッグ主義という名称がなによりもいやなものであることは、かれらの側の健全な直観を示すものである。それはすべての恣意的権力に一貫して反対してきたすぐれた一群の理想にたいする名称であった。

8　原則と実践的可能性

その名称が実際、それほど問題となるのかと問われるのももっともである。全体としては依然として自由な制度をもち、したがって現存するものを守ることがしばしば自由を守ることであるアメリカのような国においては、自由の擁護者が自ら保守主義者となってもそれほど大きな違いはないと思われる。ただしその場合でも、任意に保守主義者と結びつけることはしばしば困難を生むことがあろう。同じ取り決めに賛成するときでさえも、それが現存するゆえに賛成するのか、あるいはそれ自体望ましいものであるために賛成するのかが問われねばならない。集産主義的潮流にたいする共同の抵抗があるとしても、不可欠な自由にたいする信念が本質的に前向きな態度にもとづいていて、過去にたいする郷愁的思慕とか、あるいはかつてあったものにたいするロマンティックな憧憬にもとづいているのでもないという事実を曖昧にするものであってはならない。

しかしながら、明白な区別をする必要は絶対に認められなくてはならない。というのはヨーロッパの多くの地域において事実であるように、保守主義者は集産主義的信条の大部分をすでに受けいれてきたのであって、その信条は非常に長いあいだ政策を左右してきたために、当然のこととしてそういう制度の多くが受けいれられるようになり、その制度をつくりだした「保守主義的」政党にとってそれが自慢の種になってきているのである[19]。ここでは自由の信奉者は保守主義者と争わざるをえないし、そして本質的に急進的な立場を取り、通俗的偏見、堅固に守られた地位、強固に確立された特権に反対して立ちむかわなければならない。愚行および濫用は、長いあいだに打ちたてられてきた政策の原則にとってはなんのためにもならない。

《静かなるものを動かすなかれ（*quieta non movere*）》は政治家にとって時には賢明な格言であるかもしれないが、それは政治哲学者を満足させることはできない。政治哲学者も政策を慎重に進めることを願い、しかも世論が政策を支持する状態になってはじめて開始されることを望む。しかし政治哲学者は現在の世論が認めているという理由だけでは取り決めを受けいれることができない。人間の愚行がもたらした障害と危険物から自生的な成長過程を解き放つことが、一九世紀初頭のころと同じくふたたび主要な必要事となっている世界において、その希望は性質上「進歩的」である人びとを説得し支持を得ることにもとづかなければならない。これらの人たちは現在でこそ間違った方向への変化を求めているかもしれないが、少なくとも現行のものを批判的に検討し、必要であれば変化を望むのである。

わたくしはところにより、党（party）という言葉を使って、読者を迷わせなかったかと思う。その意味はある一組の知的および道徳的原則を擁護する人びとの集団を考えていたのである。いかなる一国の政党政治も本書のかかわるところではなかった。一つの伝統の断片をつなぎあわせて再建しようとわたくしが試みてきた諸原則をどのようにすれば大衆に訴える綱領に直すことができるかという問題を、政治哲学者は「俗に政治家または政治屋と呼ばれる陰険で狡猾な動物——かれらの会議は事態のそのときどきの動揺に左右される[20]——」にゆだねなくてはならない。政治哲学者の任務は世論に影響を与えることでしかありえず、人びとを行動へと組織することではない。現在、政治的に可能であることに関心をもつのではなく、一貫して「つねに同一の一般的原則[21]」を擁護することによってのみ政治哲学者は効果的に世論に影響を与えることができるであろう。この意味においてわたくしは保守的な政治哲学なるものがありうるかどうかを疑問に思う。保守主義はしばしば役に立つ実用的準則であるかもしれないが、長期にわたる発展に影響を与えうるいかなる指導原理をもわれわれに提供することはない。

原注

〔繰り返し出てくる書名のうち長いものについては省略した形で記してある。そのしかたについては『自由の条件Ｉ』の注の冒頭を参照のこと。〕

第三部

副題の下の引用文は、トクヴィルの *Democracy*〔井伊玄太郎訳『アメリカの民主政治』講談社文庫〕II, p.318 から採った。それ以下の三節、あるいは引用文が採られている実に第四部第四章全体が、本書以下の議論にとってのプロローグとして、引用に値する。

第一七章　社会主義の衰退と福祉国家の興隆

本章冒頭の引用文は、ブランディーズ判事の反対意見から採った（オルムステッド対ユナイテッド・ステイツ事件 *Olmstead v. United States*, XXX, 277, U.S. 479 [1927]）。

（1）これらの諸問題に関するもっとも活発な議論は、イギリスにおいてなされている。とくに以下参照。*New Fabian Essays*, ed. R.H.S. Crossman (London,1952)〔社会思想研究会訳『社会改革の新構想』同会出版〕；*Socialism: A New Statement of Principles*, presented by the Socialist Union (London,1952)；W.A. Lewis, *The Principles of Economic Planning* (London, 1949)；G.D.H. Cole, *Is This Socialism?* (*New Statesman* pamphlet) (London, 1954)〔山川菊栄訳『これが社会主義か』河出書房〕；H.T.N. Gaitskell, *Recent Developments in British Socialism* (London, 発行年不明)；*Twentieth Century Socialism*, by the Socialist Union (London, 1956)；C.A.R. Crosland, *The Future of Socialism* (London, 1956)〔関嘉彦監訳『福祉国家の将来』論争社〕；R.H.S. Crossman, *Socialism and the New Despotism* ("Fabian Tracts," No.298 [London,1956]). また、雑誌 *Socialist Commentary* や *New Statesman* においてなされている討論。これらの論争についての有益なサーベイは、T.Wilson, "Changing Tendencies in Socialist Thought," *Lloyds B.R.*, July, 1956 を見よ。外国の観察者によるイギリスの経験についての啓発的なコメントは、以下参照。B. de Jouvenel, *Problèmes de l' Angleterre socialiste* (Paris, 1947)；C.E. Griffin, *Britain: A Case Study for*

Americans（Ann Arbor: University of Michigan Press, 1950）; D.M. Wright, *Post-War West German and United Kingdom Recovery*（Washington: American Enterprise Association, 1957）; J. Messner, *Das englische Experiment des Sozialismus*（Innsbruck, 1954）.

（２）大陸における展開は以下を参照。J. Buttinger, *In the Twilight of Socialism: An Epilogue to Austro-Marxism*, trans. F.B. Ashton（Cambridge: Harvard University Press, 1956）; K. Bednarik, *The Young Worker of Today — a New Type*（London, 1955）; F. Klenner, *Das Unbehagen in der Demokratie*（Vienna, 1956）. アメリカの社会主義者の間に見られる同様な態度の変化については、Norman Thomas, *Democratic Socialism: A New Appraisal*（New York: League for Industrial Democracy, 1953）に示されている。

（３）一九五五年にオックスフォードで開かれたフェビアン夏季教室における議論の記述を参照。それは、Crossman, *op.cit*., p.4 に出ている。

（４）Crosland, *op.cit*., また、Bednarik, *op.cit*.

（５）とくに Klenner, *op.cit*., pp.66ff を参照。

（６）拙著 *The Road to Serfdom*（London and Chicago, 1944）〔西山千明訳『隷属への道』春秋社〕の「計画化と法の支配」の章の冒頭においたカール・マンハイムからの引用文——また、それは本書一六章〔第六巻〕注64でも繰り返されているが——によって明らかにされたように。

（７）とりわけ George Orwell, *Nineteen Eighty-four*（London, 1949）〔新庄哲夫訳『一九八四年』ハヤカワＮＶ文庫〕。また *Observer*（London）, April 9, 1944 に載った拙著『隷属への道』に対する彼の書評〔小野二郎他訳「書評」オーウェル著作集三巻 平凡社〕をも参照。

（８）Crossman, *op.cit*., p.1.

（９）*Ibid*.

（10）*Ibid*., p.6.

(11) *Ibid.*, p.13. こうした考えがこれらの問題に関して、イギリス労働党のもっとも新しい公式の立場に明らかに影響を与えた（*Personal Freedom: Labour's Policy for the Individual and Society* [London: Labour Party, 1956] 参照）。このパンフレットは重要な問題をほとんど扱い、また議論してきた多くの問題が、自由の伝統をもつ国においてさえ、社会主義体制下では前面に出てこざるをえないかを示してはいる。それは奇妙に矛盾した文書である。それは、「不平等の大きな自由はもつに値しないし」（七頁）といった文句を繰り返しているばかりでなく、「大臣は正確に同じ場合でも異なった決定をしてもよい自由が残されていなければならない」（二六頁）といった行政専制主義の基本命題さえ、明白に繰り返し主張しているのである。

(12) 「福祉国家（welfare state）」という用語が英語として使われるようになったのは比較的新しく、おそらく二五年前にはまだ知られていなかったであろう。ドイツでは福祉国家（*Wohlfahrtsstaat*）という言葉が長い間使われ、それが描く諸制度が最初に発達したので、英語の福祉国家という用語はたぶんドイツ語からきたものであろう。次のことは注目に値する。すなわち、ドイツ語の福祉国家という用語ははじめから、治政国家（*Polizeistaat*）の概念の一変種を記述するために用いられていた――一九世紀の歴史家たちによってはじめて、一八世紀の政府のより好都合な側面を記述するために――ということである。福祉国家の現代的概念をはじめて完全に展開したのは、ドイツの大学の社会政策家、あるいは「講壇社会主義者たち」で、それは一八七〇年以降であり、最初に実践したのがビスマルクであった。

イギリスにおける同様な展開は、フェビアン主義者たちやA・C・ピグー、L・T・ホブハウス（L.T. Hobhouse）などの理論家たちによって構想され、ロイド・ジョージ（Lloyd George）やベヴァリッジによって実行に移されたが、しかし、少なくともその初期においては、ドイツの先例に影響を受けた。「福祉国家」という用語が受け入れられたのは、ピグーや彼の学派が提供した理論的基礎が、「厚生経済学（welfare economics）」として知られていた、という事実によっても助けられた。

F・D・ローズヴェルトが、ビスマルクやロイド・ジョージの跡を継いだ時までに、アメリカでも、同様な基盤がほとんど用意されていた。一九三七年以来、最高裁判所が、合衆国憲法の「一般的福祉」条項を用いてきたことが、当然、他の国ですでに使われている福祉国家という用語の採用を導いたのである。

(13) たとえば、Henry Sidgwick, *The Elements of Politics* (London, 1891). chap. iv.

(14) これについては、とくにLionel Robbins, *The Theory of Economic Policy* (London, 1952)〔市川泰治郎訳『古典経済学の経済政策理論』東洋経済新報社〕参照。

(15) 以上の文章はほんの少し変更を加えて、拙著 *The Road to Serfdom*〔前掲邦訳『隷属への道』〕の第九章から意図的に再録した。同著同章にこの問題がかなり長く扱われている。

(16) A.H.Hansen, "The Task of Promoting Economic Growth and Stability," National Planning Association, February 26, 1956（謄写版）への挨拶。

(17) J.S. Mill, *On Liberty*, ed. R.B. McCallum (Oxford,1946)〔塩尻公明他訳『自由論』岩波文庫〕pp.99-100 参照。「道路、鉄道、銀行、保険会社、巨大な株式会社、大学、そして公共の慈善事業のすべてが政府の一部門となるならば、市政機関や地方官吏がいまは彼らに移管されているすべての職務と一緒に中央官庁の一部局となるならば、また、これらの異なった事業のすべての被雇用者が政府によって任命され給料を支払われ出世のすべてを政府に頼らなければならなくなるとすれば、出版の自由や立法府の民主的制度がどんなに整っていたとしても、わが国あるいは他の国も、名前だけが自由であるだけでもはや自由な国とはいえないであろう。そうして、行政機構が効率的にまた科学的に組織化されればされるほど――その機構を運営するためにもっとも有能な手腕と頭脳を獲得するための仕組みが巧妙になればなるほど――害悪はいよいよ大になるのである。」

(18) T.H. Marshall, *Citizenship and Social Class* (Cambridge: Cambridge University Press, 1958)〔岡田藤太郎・森定玲子訳『社会学・社会福祉学論集 ――「市民資格と社会階級」他』相川書房〕,p.59.「したがって、立法は政策が後に実効をあげるように、ますます政策宣言の性格を要求するようになってきている。」

(19) Roscoe Pound, "The Rise of the Service State and Its Consequences," in *The Welfare State and the National Welfare*, ed. S.Glueck (Cambridge, Mass., 1952), p.220.

(20) P.Wiles, "Property and Equality," in *The Unservile State*, ed. G. Watson (London, 1957), p.107、また保守党綱領 *Rule of Law* (London, 1955), p.20 の文章を参照せよ。これは、"Franks Committee" (*Report of the Committee on Administrative Tribunals and Enquiries* [Cmd. 218; London, 1957]) によって支持されている。その六〇頁には次のようにある。「この議論の理論的妥当性がなんであれ、議会の構成委員たるわれわれはそれが現実と何のかかわりももたないということに、何の躊躇いももたない。議会は大臣を指揮し、そして彼に行政決定を説明することを求める時間もないし、知識ももたない。」

(21) L. von Mises, *Human Action* (New Haven: Yale University Press, 1949)〔村田稔雄訳『ヒューマン・アクション』春秋社〕, pp. 196ff. 参照。

(22) Lionel Robbins, *Economic Planning and International Order* (London, 1937) 参照。

(23) W.F. Berns, "The Case against World Government," in *World Politics*, ed. American Foundation for Political Education (3d ed.; Chicago, 1955) 参照。

(24) George Stigler, "The Tenable Range of Functions of Local Government" (未公表講義録 一九五七年 謄写版) 参照。

(25) これらの問題についての百科全書的な論述は、わたくしの友人フリッツ・マハラップ (Fritz Machlup) の *The Political Economy of Monopoly* (Baltimore: Johns Hopkins Press, 1952) 参照。

(26) とりわけ J. Schumpeter, *Capitalism, Socialism, and Democracy* (New York, 1942)〔中山伊知郎他訳『資本主義・社会主義・民主主義』東洋経済新報社〕Chap. vii 参照。

(27) 拙著 *The Road to Serfdom*〔前掲邦訳『隷属への道』〕第四章。

(28) F.H. Knight, "Conflict of Values: Freedom and Justice," in *Goals of Economic Life*, ed. A Dudley Ward (New York, 1953), p.224 参照。「一般の人びとは、実際に害悪だがまた矯正できる独占の範囲について、非常におおげさな考えをもっている。また独占の「廃止」について語ることは、単に無知かあるいは無責任かである。合法的で必要な利潤と、行動を起こす問題を生ぜしめる独占利潤との間に明確な境界線はない。すべての医者あるいは高名な芸術家は独占者であり、また独占者には発明や他の創造的な活動を喚起させることが法律によって意図的に認められている。そして最後になるが、ほとんどの独占者は『特許』と同じように機能するので一時的であり、また損失によって大部分均衡が保たれる。さらに、最悪の独占的規制は政府と共謀しあるいは政府の直接の支援によって、また一般の国民に承認されて、賃金労働者や農民たちによって組織されるものである。」また、ナイトのより早い時期の言明（“The Meaning of Freedom,” *Ethics*, LII [1941-42], 103）参照。「実際の経済生活の中で『独占』が演ずる役割は、一般の人びとの考えにおいてはきわめて誇張されているということ、また現実に存在する大部分の独占そしてもっとも悪い部分は政府の活動によってもされたものだということ、これらについて述べることは必要である。一般に（とりわけアメリカではニュー・ディールの下で）、政府の活動は市場競争の条件を創出あるいは強化するというよりむしろ、独占を直接創出するというわけではないが、促進させるように大部分向けられてきた。実際競争が意味しているのは、個人がいかなる人また他のすべての個々人と『取り引き』してよいという自由であり、また提供されたものの中で自分で判断した最上の条件を選択できる自由のことである。」

第一八章　労働組合と雇用

本章冒頭の引用文は、H.C. Simons, “Hansen on Fiscal Policy.” *J.P.E.*, Vol. L（1942）より採った。同論文は同著者の *Economic Policy for a Free Society*（Chicago: University of Chicago Press, 1948）に再録、一九三頁参照。

（1）常に結社の自由を支持したほとんどの「正統派」経済学者を含む。とりわけ、自発的結社を強調した次の文献参照。J.R. McCulloch, *Treatise on the Circumstances Which Determine the Rate of Wages and the Condition of the Labouring Classes*（London, 1851）,pp.79-89. それに関連した法律問題に対する古典的自由主義の態度についての包括的な議論は、Ludwig Bamberger, *Die Arbeiterfrage unter dem Gesichtspunkte des Vereinsrechtes*（Stuttgart,1873）参照。

（2）労働組合に対する「自由主義的」態度の記述として特徴的なことは、C.W. Mills, *The New Men of Power*（New

York, 1948)〔河村望他訳『新しい権力者』青木書店〕二一一頁に見られる。「多くの自由主義者の心の底では次のような考えがささやいている。『わたしは労働組合やその指導者たちを批判することはない。そこにわたしは境界線を引く』と。このことによって彼らは自分たちを大多数の共和党員や右派民主党員と区別している、と感じているにちがいない。また彼らはそうすることによって、自分たちを左派的また社会的に無党派的に保っているのだ。」

(3) A.V. Dicey, *Law and Opinion*〔清水金二郎訳『法律と世論』法律文化社〕第二版への序文、pp.xlv-xlvi. 彼は続けて次のように述べる。その法律は「労働組合を通常の国法から免除された特権的団体としている。このような特権的団体がイギリス議会で意識的に作られたことはかつてなかった。そのため、労働者は平等でなく特権の獲得をめざすべきだ、という致命的な妄想を労働者たちの間に助長することになる。」また三〇年代、同法律に対し、J・A・シュンペーターは次のような解説をしている（*Capitalism, Socialism, and Democracy* [New York, 1942]〔前掲邦訳『資本主義・社会主義・民主主義』〕p.321)。「この法律が私有財産制度を中心とする国家体制や法律制度をまだ信じている人びとに、どれほど衝撃を与えたかを理解することは現在では難しい。というのは、平和的におこなわれるピケに関して共同謀議の法律の適用を緩和すること——それは実際には暴力の脅威を暗に含むような労働組合活動を法律によって認めることに等しい——、また不法行為に基づく損害賠償の訴訟において労働組合基金を免責すること——これは実際には労働組合はまったく誤りを犯さないということを法制化することに等しい——などにおいて、この施策は国家の権威の一部を労働組合に譲り渡し、また使用者の労働組合に対する免責条項を形式的に拡大するだけではとうてい対抗することのできないほどの特権を労働組合に許容するものだった。」またごく最近、北アイルランドの首席裁判官は同法律について次のように述べている（Lord MacDermott, *Protection from Power under English Law* [London, 1957], p.174)。「要するに同法律は、十年前まで君主が自分の利益にかかわる不正な法律に関して享受していたものと同じ特権的地位に、労働組合主義をおいたのである。」

(4) Roscoe Pound, *Legal Immunities of Labor Unions* (Washington: American Enterprise Association, 1957), p.23. 同著は E.H. Chamberlin 他著の *Labor Unions and Public Policy* (Washington: American Enterprise Association,

1958）に再録されている。

（5）ハント対クランボック事件（*Hunt v. Crumboch,* 325 U.S. 831（1946）における反対意見を述べたジャクソン判事。

（6）L. von Mises, *Die Gemeinwirtschaft*（2d ed.; Jena, 1932）, p.447.

（7）労働組合に同情的な自由主義者である勇気ある婦人が、イギリスの労働運動の中から率直に述べた次のような明白な真実をあえていおうとするものはほとんどいないであろう。すなわち、その婦人は「実際、労働組合の仕事は反社会的になることであり、組合員たちはもし彼らの職場や委員会が局部的な利益を最初に考えることを止めるならば、正当な不平をもつであろう」と述べたのである（Barbara Wootton, *Freedom under Planning* [London, 1945], p.97）。ここではこれ以上考察しないが、アメリカにおける組合権力の目にあまる濫用については次の文献参照。Sylvester Petro, *Power Unlimited: The Corruption of Union Leadership*（New York, 1959）.

（8）本章では、他のほとんどの章以上に、これらの問題の思慮深い研究者の多くの人びと――背景や利害からして、過去において労働組合の特権を擁護した人びとと同じように、少なくとも労働者の真の関心に同情的な人びと――の間に徐徐に形成されつつある一群の意見を引き合いに出すことができるとわたくしは思う。とくに以下の文献参照。W.H.Hutt, *The Theory of Collective Bargaining*（London, 1930）と *Economists and the Public*（London, 1936）；H.C. Simons, "Some Reflections on Syndicalism," *J.P.E.*, Vol. LII（1944）（なお同論文は *Economic Policy for a Free Society* に再収録されている）；J.T. Dunlop, *Wage Determination under Trade Unions*（New York, 1944）；同編著 *Economic Institute on Wage Determination and the Economics of Liberalism*（Washington: Chamber of Commerce of the United States, 1947）（とりわけジェイコブ・ヴァイナーとフリッツ・マハラップの寄稿論文）；Leo Wolman, *Industry-wide Bargaining*（Irvington-on-Hudson, N.Y.: Foundation for Economic Education, 1948）；C.E. Lindblom, *Unions and Capitalism*（New Haven: Yale University Press, 1949）（同著に関する以下の書評参照。A. Director, *University of Chicago Law Review*, Vol. XVIII [1950]; J.T. Dunlop, *A.E.R.*, Vol. XL [1950]; Albert Rees, *J.P.E.*, Vol. LVIII [1950]）；*The Impact of the Union*, ed. David McCord Wright（New York, 1951）（とくに、M・フリードマン

とG・ハーバラーの寄稿論文）〔内田忠寿編訳『労働組合と現代経済学』巌松堂出版〕：Fritz Machlup, *The Political Economy of Monopoly*（Baltimore: Johns Hopkins Press, 1952）；D.R. Richberg, *Labor Union Monopoly*（Chicago, 1957）；Sylvester Petro, *The Labor Policy of the Free Society*（New York, 1957）；E.H. Chamberlin, *The Economic Analysis of Labor Power*（1958）およびP.D. Bradley, *Involuntary Participation in Unionism*（1956）また、G.D. Reilley, *State Rights and the Law of Labor Relations*（1955）（以上の三冊はすべてAmerican Enterprise Associationから出版され、上の注4に出ているロスコー・パウンドの小冊子と一緒に、同注に出ている書物の中に再録されている）；B.C. Roberts, *Trade Unions in a Free Society*（London, Institute of Economic Affairs, 1959）；John Davenport, "Labor Unions in the Free Society," *Fortune*, April, 1959, "Labor and the Law," *ibid*, May, 1959. また、賃金論一般と労働組合権力の限界については、以下参照。J.R. Hicks, *The Theory of Wages*（London, 1932）〔内田忠寿訳『賃金の理論』東洋経済新報社〕;R. Strigl, *Angewandte Lohntheorie*（Leipzig and Vienna, 1926）；*The Theory of Wage Determination*, ed. J.T. Dunlop（London, 1957）.

（9）　とくに注8に引用されているH・C・サイモンズとW・H・ハットの文献参照。労働組合の形成によって、「交渉力の平等化」の必要性についての古い議論がかつてかぎられた範囲での妥当性はもっていたとしても、それは次のような現代社会の発展によって明らかに崩壊した。すなわち、一方においては雇用者の投資の規模がますます拡大してきたこと、他方では労働者の移動性（それは自動車によって可能になった）がますます増大したということ、そうした現代社会の発展によってである。

（10）　このことは、とりわけ、上の注8に引用されているリンドブロムの議論に反論するものとして強調されねばならない。

（11）　Chamberlin, *op. cit.*, pp.4-5. E・H・チェンバリンはまさしく次のように強調している。「次のことは疑いえない。すなわち、労働組合の政策がもたらす一つの効果は、実際に低所得者集団の実質所得を一層減少させるということである。その低所得者集団には低所得賃金生活者ばかりでなく、「自営業者」や小企業者のような社会の他の構成員も含まれる。」

（12）上の注８に引用されているＦ・マハラップの著書と論文参照。

（13）最近におけるこの顕著な例はよく知られた非組織的な家事使用人たちの場合である。彼らの一九四七年の年平均の賃金は、一九三九年の二・七二倍であった（Ｄ・ライト編著の *The Impact of the Union*〔前掲邦訳『労働組合と現代経済学』〕二二四頁でＭ・フリードマンが指摘しているように）。他方、同時期の終りには、すべて組織化されている鉄鋼労働者の賃金は、はじめの水準よりわずか一・九八倍であった。

（14）Bradley, *op. cit.* 参照。

（15）S.P. Sobotka, "Union Influence on Wages: The Construction Industry," *J.P.E.*, Vol. LXI (1953) 参照。

（16）労働組合が、雇用者と被雇用者の双方に利益になるような新しい取り決めの実験や段階的導入をいかに妨げたかについては、どれだけいっても言い過ぎにはならない。たとえば、次のようなことはまったくなかったわけではなかった。すなわち、いくつかの産業において、もし労働組合がより大きな安全のための見返りに賃金の犠牲を各組合員に許すならば、「保証年賃金」に同意することが双方の利益になるであろう、ということである。

（17）アメリカにおける多くの現代の賃金交渉の性質を説明するために注８に引用された書物の中（四一頁）で、チェンバリンがわたくしがこれ以上付け加えることができないほど、適切に次のように類推している。「労働市場の技術が他のある分野に適用されることを想像することによって起こるものに基づけば、ある見通しがつくのかもしれない。もしＡが自分の家を売ることについてＢと交渉していて、Ａに現代の労働組合がもっているような特権が与えられるとするならば以下の五つが考えられる。①Ａは他のすべての家の所有者と共謀して、Ｂにたいして代替的オファーをさせないようにするだろう。もしそのようなオファーを妨げるために必要とあれば、暴力あるいは暴力という脅迫を用いるであろう。②Ｂ自身がいかなる代替的なオファーにも近づかないようするだろうし、③Ｂの家を包囲し、食物のすべての提供を遮断（小包郵便によるものを除いて）するかもしれないし、④Ｂの家からのすべての移動を止めさせるであろう。そうすればもし彼がたとえば医者であれば診療ができず、生活することができなくなるであろう。また、⑤Ｂの仕事のボイコットを始めるであろう。これらの特権のすべては、もし彼がそれらを遂行できるならば、疑いもなくＡの立場を強化することになるであろう。しかしこうした特権は、もしAが労働組合員でなければ、『交渉』とは誰からも認められることはないであろう。」

(18) Petro, *op. cit.*, p.51 参照。「労働組合は有益な目的に役立ちうるし、また役立っている。労働組合はわずかにその潜在的効用の表面だけしか被雇用者に影響を与えてきたにすぎない。もし労働組合が被雇用者を強要したり酷使したりすることによって汚名を受けるようなことを止め、被雇用者のためになる仕事を実際におこなうようになれば、新組合員を獲得したり維持したりすることに使う苦労より、はるかに少ない苦労ですむであろう。現状のように、労働組合がクローズド・ショップを主張することは結局、実際に組合が十分自分たちの機能を果たしていないことを認めることになる。」

(19) C.I. Barnard, "Functions and Pathology of Status Systems in Formal Organizations," in *Industry and Society*, ed. W.F. Whyte (New York, 1946) を参照せよ。これは同著者の *Organization and Management* (Cambridge: Harvard University Press, 1949)〔飯野春樹監訳『組織と管理』文眞堂〕に再録されている。

(20) Sumner Slichter, *Trade Unions in a Free Society* (Cambridge, Mass. 1947), p.12 参照。そこでは以下のような議論がなされている。こうした規則は、「産業に市民権と同じものを導入し、そして、気まぐれやむら気によってではなく法の支配によって統治される人間活動の領域を大いに拡大させる。」また、A.W. Gouldner, *Patterns of Industrial Bureaucracy* (Glencoe, Ill., 1954), とりわけ、「規則による支配」の議論参照。

(21) とくに以下参照。Frans Böhm, "Das wirtschaftliche Mitbestimmungsrecht der Arbeiter im Betrieb," *Ordo*, Vol. IV (1951), それに Goetz Briefs, *Zwischen Kapitalismus und Syndikalismus* (Bern, 1952).

(22) 上の注8に引用されている、J・ヴァイナー、G・ハーバラー、M・フリードマンの諸論とS・ペトロの著作参照。

(23) 第三者を拘束させるようなそうした契約は等しくこの領域においても「公正取引」法によって、価格維持協定に署名していないものに強制することと同じように疑問である。

(24) われわれの原理と整合的であるためには、そうした立法は一定の契約が無効だと宣言することを超えてはならない。

それは契約を強要しようとするすべての努力を無効にするだけで十分である。「労働権法」のタイトルが示しているように、個々人に特定の職業に対する権利を与えるべきではないし、あるいは（アメリカの諸州で施行されているいくつかの法律に見られるように）個人に一定の職業を与えることが拒否され、そして拒否された理由が他の理由で違法でない時には、損害補償に対する権利さえ与えるべきではない。そうした規定に対する反論は、「公正雇用慣行」法に妥当するのと同じものである。

(25)　A. Lenhoff, "The Problem of Compulsory Unionism in Europe," *American Journal of Comparative Law*, Vol. V (1956) 参照。

(26)　Petro., *op. cit.*, とくに二三五頁以下と二八二頁参照。

(27)　*Problems of United States Economic Development*, ed. by the Committee for Economic Development, Vol. I (New York, 1958) 所収のG・ハーバラーとわたくしの論文参照。

(28)　Arthur J. Brown, *The Great Inflation, 1939-1951* (London, 1955) 参照。

(29)　J.R. Hicks, "Economic Foundations of Wage Policy," *E.J.*, LXV (1955)、とくに三九一頁参照。「現在われわれが生きている世界は通貨制度が比較的弾力的になって、賃金の変化に調節できる、その逆ではないような世界である。現実の賃金をある均衡水準に調節すべき代わりに、貨幣政策が貨幣賃金の均衡水準を、それが現実の水準に一致するように調節するのである。われわれは、金本位制の代わりに、労働本位制の世界にいるといっても、誇張ではないであろう。」しかしまた、ヒックスの後の論文 "The Instability of Wages," *Three Banks Review*,No. 31 (September, 1956) も参照。

(30)　W. Beveridge, *Full Employment in a Free Society* (London, 1944)〔井手生訳『自由社会における完全雇用』日本大学経済科学研究会〕; M. Joseph and N. Kaldor, *Economic Reconstruction after the War* (市民教育協会のために出版されたハンドブック [London, 出版年不明]) ; Barbara Wootton, *The Social Foundations of Wage Policy* (London, 1955). この問題に関する現在の議論についてはD.T.Jack, "Is a Wage Policy Desirable and Practicable?" *E.J.*,Vol. LXVII (1957). この展開の支持者たちの一部は、この賃金政策がすべての労働組合の共同行為を意味する「労働者」

によって指導されるだろうと想像しているように思える。しかし、これは確実な協定でもまた実現可能な協定でもないように思える。多くの労働者集団は当然ながら、自分たちの相対的賃金がすべての労働者の多数決によって決定されることに反対するだろう。また、そうした協定を認めるような政府はしたがって、経済政策の管理を労働組合に委ねることになるであろう。

(31)　たとえば、Barbara Wootton, *Freedom under Planning*,p.101.「しかしながら、『公正』のような用語を今後も使用することはまったく主観的である。すなわち、一般的に採用される倫理的パターンは使用できない。『公平にかつ中立的に』ふるまう義務が課せられている不幸な仲裁者は、したがって意味をもっていない環境の下にあるこうした性質を示すことが要請される。というのは、受け入れられているコードという言い方を除いて、公正あるいは中立性といったものは存在しえないからである。何人も真空の中で中立的たりえない。クリケットで審判できるのはただルールがあるからである。また、ボクシングの試合もベルト下のブローのようにあるブローが禁止されているかぎり、できるのである。それゆえ賃金の決定のように、ルールやコードがないところで唯一考えられる中立性の解釈は、保守主義である。」また、Kenneth F. Walker. *Industrial Relations in Australia* (Cambridge: Harvard University Press, 1956), p.362 参照。「通常裁判所と反対に、産業法廷は定まった法律が存在しないばかりでなく、共通に受け入れられている公正あるいは正義の基準がない問題について判断を下すことが求められている。」また、Gertrud Williams [Lady Williams], "The Myth of 'Fair' Wages," *E.J.*,Vol. LXVI (1956) 参照。

(32)　Petro, *op. cit.*, 二六二頁以下、とくに二六四頁参照。「この章でわたくしは次のことを示すであろう。すなわち、法の支配ということが、労働関係には存在しない、ということである。そこでは、ある人が、いかに不法に危害を受けてきていても、裁判を受ける権利さえ、まったく例外とされているのである。」また、二七二頁には次のようにある。「議会は、ＮＬＲＢ（全国労働争議調停局）とその一般協議会に、危害を受けた人間に聴取を拒否する専断的権限を与えてきた。議会は、連邦法の下で禁止されている行為によって危害を受けた人間に対し、連邦裁判所を閉鎖してきた。しかし議会は、負傷者が、州裁判所に救済を求めることを妨げはしなかった。すべての人間は、裁判を受ける権利をもつ、という理念に対するこのような攻撃は、最高裁判所によって打破された。」

(33)　イギリスのＴＵＣ（労働組合会議）議長のチャールズ・ゲッデス氏は、一九五五年に、次のようにいったといわれている。「イギリスの労働組合運動は、強制に基づくことによってこれからもずっと存続できる、とはわたしは信じていない。国民がわれわれの政策を好むと好まざるとにかかわらず、国民はわれわれに帰属しなければならないか、しからずんば、餓死せねばならないのか。いやそうではない。労働組合員証は授けられるべき名誉であって、好むと好まないにかかわらず、何かをしなければならないこと示すバッジではない。われわれは、もし必要であれば、国民をわれわれの組合から排除する権利を望んでいる。だからわれわれは、『帰属かしからずんば餓死か』に基づいてそれをおこなうことはできないのである。」

第一九章　社会保障

本章冒頭の引用文は、*Economist* (London) の一九五八年三月一五日号、九一八頁から採った。

(1)　王立老齢貧困者委員会（一八九三年）における年金の一般的計画についてのアルフレッド・マーシャルの賢明な供述 (*Official Papers by Alfred Marshall*, ed. J.M. Keynes [London, 1926], p.244) 参照。「年金にわたくしが反対するのは、次のような理由からです。年金のもつ効果は真実あるにしても間接的であるということ、年金は高くつくということ、そしてそれ自身の中にその消滅の種子をもっていないということ、そうした理由からであります。わたくしが恐れるのは、ひとたび年金制度がスタートすれば、それが永久的な制度になる傾向があるということであります。この貧困の問題すべてを、人間の向上発達における単なる一時的な災難だと思っております。だから、貧困の原因自体が縮小すれば、縮小するような原因を自らの中にもたないようなどんな制度もスタートしてほしくないのであります。」

(2)　Eveline M. Burns, "Private and Social Insurance and the Problem of Social Security," *Canadian Welfare*,Feb. 1 and Mar. 15, 1953 から再録。また、*Analysis of the Social Security System: Hearings before a Subcommittee of the Committee on Ways and Means, House of Representatives* (83d Cong., 1st sess.), No.38458 [Washington:

Government Printing Office, 1954〕 p.1475 所収。「問題はもはや、保険統計数理士の計算によって与えられる保険料の幅で、個人がいかに多くの安全を買うかについての選択を各人に与えることではない。民間の保険会社と違って競争の恐怖によって制約されていないので、均一の保険料にたいして異なった年金を安心して給付できる、あるいは一定の被保険者集団を差別できる。私保険においては、その目的は国民が欲するものを売ることによって利潤をえることにある。保険料や条件などのすべての決定を支配する基本的基準は、それが保険会社の存続に与える効果である。明らかなことだが、もし保険会社が競争的世界で営業を続けていくべきであれば、国民が保険料を支払うに値すると考えるサービスを提供しなければならないし、また給付される保証が満期になった時に支払われるように業務をおこなわなければならない。……社会保険の場合には、その目的は異なる。」また同著者の "Social Insurance in Evolution," *A.E.R.*, Vol. XLV, Suppl. (1944) と、*Social Security and Public Policy* (New York, 1956) 参照。また、W. Hagenbuch, *Social Economics* (Cambridge: Cambridge University Press, 1958) 〔永友育雄訳『社会経済学』紀伊国屋書店〕 p.198 参照。

(3) L. Meriam and K. Schlotterbeck, *The Cost and Financing of Social Security* (1950) p.8 参照。「社会保障を支持する人びとが『保険』という用語を採用したことは、昇りゆく天才の手腕であった。こうして社会保障は私保険の善意を利用し、そして積立金の確立を通して財政的に健全だという印象を与えてきた。しかしながら実際は、老齢保険や遺族保険の財政的健全さは社会保障積立基金にではなく、連邦政府の課税および借入れをする権力に依存しているのである。」

(4) 上の注2に引用されている公文書の中の、A・J・アルトメイヤー (Altmeyer) 博士 (アメリカ社会保障審議委員で、社会保障委員会の元議長) の供述 (p.1407) 参照。「社会保障は主として、所得再分配の方法として使用されねばならないとは全然思いません。その問題は累進課税によって正面からまた率直に対処すべきであります。……しかしまたわたくしは、社会保障給付費用の大部分を累進課税によってカバーするという考えに非常に好意をもっております。」同じく、M.P. Laroque, "From Social Insurance to Social Security: Evolution in France," *International Labour Review*,

LVII (June, 1948), 588.「フランスの社会保障計画は基本的に、国民所得の分配をもう少し公正にするという目的以外をめざすものではなかった。」また、G. Weisser, “Soziale Sicherheit,” *Handwörterbuch der Sozialwissenschaften*, IX (1956), 401.「保険制度のより一層の特徴は、文化的観点から注意すべきである。この制度は国民所得の一部を、客観的に所与と見なされる一定の需要を充足させることに強制的に転用する。」また、A. Müller-Armack, “Soziale Markwirtschaft,” ibid., p.391.「市場経済的所得経過は、扶助料給付、年金、また負担均等支払、住宅補助金、助成金などといった形で、所得分配を矯正する国家による所得再配分の有力な基礎を社会政策に提供する。」

(5)　このかぎられたスペースの中で、政府による社会保障の野心的な目的が、当局にたいしていかに大幅な裁量的また強制的権力を与えることを不可避にしたかを、詳しく述べることは不可能である。これらの諸問題の一部は同じ目的の達成をめざす私保険計画を構築するため、A・D・ワトソンによってなされた興味深い試みの中に明瞭に示されている。(A.D. Watson, *The Principles Which Should Govern the Structure and Provisions of a Scheme of Unemployment Insurance* [Ottawa: Unemployment Insurance Commission, 1948])。これに関しては、上の注2に引用されている公文書(p.1474)の中で、E・M・バーンズが次のようにコメントしている。「こうして、社会保険と私保険の関係をもっとも確証をもってかつ整合的に取り組んだ書物を著わしたA・D・ワトソンは次のように述べている。『健全な保険原則が破られれば規律がなくなる。したがって、ひとたび破られれば後戻りできないかもしれない。』しかし、特別規則として失業保険法を案出する試みの中では、ワトソンでさえ、『道理にかなっている』、『行政的に実行可能である』、『実際的に公正である』といったものを認める原則に頼ることを余儀なくされている。しかしそうした言葉は、ある基本的目的、ある特定の社会環境、そして社会に普及している価値群との関係でのみ解釈できる。まさに何が『道理にかなっているか』についての決定は、かくして利害と目的の均衡にかかわるのである。」この困難は、もし私的保険制度が政府の保険制度のできるすべてのものを提供しなければならないと仮定される場合のみ生じる。目的がもっと制限されていてさえ、私的競争制度の方がまだより望ましいかもしれない。

(6)　この誤った信条がアメリカにおいていかに政策を導いてきたかについての豊富な説明は、Dillard Stokes, *Social*

Security-Fact and Fancy (Chicago, 1956) の中に見られる。同様の説明はイギリスにも妥当しうる。

(7) Meriam and Schlotterbeck, *op. cit.*, pp.9-10 参照。そこに、最近のアメリカの社会保障法案について次のように報じている。同法案は、「一九四九年十月五日議会を通過した。ただし、議員席からと歳入委員会の少数派の委員による修正提案を認めないという規則を付帯した。そこで採られている立場は実質的利点がない訳でなく、下院六〇〇〇（H. R. 6000）は、そのきわめて複雑なものに通じていない人びとによる漸次修正にとっては、あまりにも入り組んでおりまた技術的であるということだ。」

(8) L. von Mises, *Human Action* (New Haven: Yale University Press, 1949)〔前掲邦訳『ヒューマン・アクション』〕, p.613 参照。「賃金生活者は自発的に自分自身の将来に備えうるほどの洞察力と道徳的強さを持ち合わせていない、と主張することによって、［このような社会保障制度を］正当化しようと試みるかもしれない。だがしかし、法律自体が自分自身のことを管理できないと認める投票者の決定に、国民の福祉を委ねることは逆説ではないかどうか、また自分自身の所得を愚かなことに使わないようにするには、明らかに保護者を必要とする人びとを、政府活動において最重視することは理に適わないのではないかどうか、などを問題にする人びとの声を沈黙させることは難しい。自分たちの保護者を選び、権利を被保護者に与えることは合理的か。」

(9) 関連分野でこのことをもっともよく説明するものは、二、三年前、現代のもっとも傑出した経済学者の何人かが参加した *The Impact of the Union* に関するシンポジウムを容認したことで明らかである。それは、現代の差し迫った経済問題の一つをきわめて鋭く議論はしているが、「労働関係の専門家」によって恩きせがましくまたわざとへりくだった素振りで扱われた。

(10) 専門家の支配がもたらすもっと大きな影響については、少々考察に値する。同じ組織内で働いている一連の専門家の連続的決定によって支配されているいかなる発展も、ますます独占的に運営される傾向をもつ。というのは、そうした発展が競争的世界よりも現実の制御に出くわすのが少ないからである。医療専門家がこれあるいはあれは必要である、だからなされねば「ならない」という時、これは行政専門官が自らの決定を下す時のデータである。だからしたがって、彼が行政的に必要だと決定するものが同じように、法律を起草する法律家にとってのデータとなる、という具合である。これらの異なった専門家は自分が問題の全体を見る立場にあり、したがって他の専門家が「すべきだ」というものを無視できる立場にある、と感じうる者は一人もいない。昔は物事が単純で、「専門家は口火を切る者たるべきで、トップに立つべきではない」という考えが支配していたので、この仕事は政府の関係省庁の担当大臣がやっていた。現代の政策の複雑さが彼を専門家の軍勢に対し無力にしている。したがってそこから出てくる政策は実際に調整また相互に調節された諸決定の結果ではなくなり、一つの決定が次の決定――それは最初の決定をした人びとによって予見されたものではないが――を不可避とするような加法の産物である。すなわちそれは、誰でもが「止め」という権力をもたないような過程である。それがもたらす政策は各段階において、ある特定の他の機関が与えたものを、自分の決定の基礎として自由に受け入れたり受け入れなかったりできる、そうした種類の分業に依存してはいない。そこから出てくる代替案のない単一の計画は、一人の人間による全体の総合理解とは何らの関係をもたない。

事実、次のことはほとんど疑いえない。たとえば、大量の医療サービスを国民全部に提供するという仕事をするためには、単一の包括的組織はすでに入手可能なすべての知識を利用することのためでさえ、もっとも効率的な方法とはいえない。したがって、いわんや新しい知識の急速な開発と普及にもっとも寄与する方法ではない。他の多くの分野と同じく、この仕事がまさに複雑であるということが、管理当局による各部分の目的意識的支配と統制に依存するのでなく、非人格的メカニズムによって導かれる調整技術を要請するのである。

(11)　J. Schreiegg, *Die Versicherung als geistige Schöpfung des Wirtschaftslebens* (Leipzig and Berlin, 1934), pp.59-60.

(12)　イギリスの私的年金制の発達については、とくに、*Report of the Committee on the Economic and Financial Problems of the Provisions for Old Age* (London: H.M. Stationery Office, 1954; Cmd. 9333)、また、A. Seldon, *Pensions in a Free Society* (London: Institute of Economic Affairs, 1957) に示されている調査結果の要約参照。後者の四頁には次のように述べられている。「一九三六年には、工業、商業部門で、約一八〇万人が加入していた。一九五一年までには、約六三〇万人が加入、その内訳は民間部分が三九〇万人、公的部門が二四〇万人であった。一九五三―

四年までに、その総加入者は七一〇万人に膨れた。現在（一九五七年六月）、八五〇万人に近づいている。これには、民間産業の五五〇万人を含む。」この分野におけるアメリカの発達はもっと際立っている。しかしここでのもっとも重要な事実は、医療保険とかあるいは健康保険といった新しい型のものの急激な発達である（C.C. Nash, “The Contribution of Life Insurance to Social Security in the United States,” *International Labour Review,* Vol. LXXII [July, 1955] 参照。

(13) 不幸にしてこれらの段階を表わす、たとえば、*Fürsorge, Versicherung* それに *Versorgung* といったドイツ語の言葉に当たるものが英語にはない。H. Achinger, *Soziale Sicherheit*（Stuttgart, 1953）, p.35 を参照せよ。また同著者が論文集 *Neuordnung der sozialen Leistungen*（Cologne, 1955）に寄せた論稿、さらには K.H. Hansmeyer, *Der Weg zum Wohlfahrtsstaat*（Frankfurt a. M., 1957）参照。

(14) これに関する多くの事例については、Stokes, *op. cit.* 参照。

(15) 上の注4に引用されている文章参照。また、この目的が実際どの程度、さまざまな国において達成されているかについては A.T. Peacock（ed.）, *Income Redistribution and Social Policy*（London, 1954）〔高橋長太郎訳『所得再分配と社会政策』東洋経済新報社〕参照。

(16) ＩＬＯ（国際労働機構）の多くの出版物を別とすれば、*Freedom and Welfare: Social Patterns in the Northern Countries of Europe*（ed. G.R. Nelson. デンマーク、フィンランド、アイスランド、ノルウェー、それにスウェーデン各国の社会問題省後援、出版地は書かれていない）（1953）というお金を無駄に使って作られた書物は、国際的規模でのこの宣伝活動の際立った例である。その資金の出方を調査すると面白いだろう。

(17) Bank for International Settlements, *24th Annual Report*（Basel. 1954）, p.46.

(18) Laroque, *op. cit.* 参照。また、Peacock, *op. cit.* に引用されている著作所収の G. Rottier の論文（p.98）参照。

(19) Weisser, *op.cit.*, p.407. 一九五〇年前後、英語圏の主要五ヵ国における国民所得に占める割合は、E.M. Burns, *Social Security and Public Policy*, p.5 に述べられている。すなわち、オーストラリア七・三％、カナダ七・九％、イギリス一一・八七%、ニュージーランド一三・一八%、そしてアメリカが五・五三%。ヨーロッパ諸国の最近の数値は、"Free Trade and Social Security," *Planning*, No.412（1957）に見られる。すなわち、ドイツ二〇・〇%、フランス一六・五%、オーストリア一五・八%、イタリア一一・三%、イギリス一一%、そしてスイス一〇・〇〇%となっている。

（20）ベルギーでは一二年間の間に賦課金が賃金の二五～四一%に上昇した後、労働者、被雇用者自身が、最終的にこの上昇を止めた、と理解している（W.Roepke. *Jenseits von Angebot und Nachfrage* [Erlenbach and Zurich, 1958], p.295 参照）。

（21）A.T. Peacock, *The Economics of National Insurance*（London, 1952）参照。

（22）Stokes, *op. cit.*, pp.89ff.

（23）Henry D. Allen, "The Proper Federal Function in Security for the Aged," *American Social Security*, X（1953）, p.50 参照。

（24）たとえば、Wall Street *Journal*, Jan. 2, 1958 の「社会保障。選挙が近づき、給付増大の機会が新たに増す。議会、月額支給を五%か一〇%引き上げか」といった表題をつけているコラム参照。この予測はその後実証された。

（25）*National Superannuation: Labour's Policy for Security in Old Age*（London: Labour Party [1957]）, p.30.

（26）*Ibid.*, pp. 104 and 106.

（27）この見解のもっとも特徴的な表現は"Beveridge Report"（*Social Insurance and Allied Services: Report by Sir William Beveridge* [London: H. M. Stationery Office, 1942; Cmd. 6404], secs. 426-39）〔山田雄三監訳『社会保険および関連サービス』至誠堂〕に見られる。同報告は次のような提案をおこなっている。国民健康サービスは、「すべての市民に対し、彼が必要とする医療がどんなものであれ、また彼が必要とする医療の形態がどんなものであれ、すなわち、在宅治療であろうと、入院治療であろうと、一般医、専門医、あるいは顧問医であろうと、利用できることを確保す」べきである。また国民健康サービスは、「あらゆる種類の完全な予防と治療とをすべての市民に、例外なく、また所得に制限をつけず、さらに、いかなる点でも、それを受けることを遅れさせる経済的障害なしに提供するような健康サービス」とならねばならない、と。ここで次のことに触れておいた方がよいかもしれない。ベヴァリッジ報告に提案されているサービスの推計年費用は、一億七〇〇〇万ポンドであるが、いまでは四億五〇〇〇万ポンドをはるかに超える。以下を参照せよ。B. Abel-Smith and R.M. Titmuss, *The Cost of the National Health Service in England and Wales* (Cambridge: Cambridge University Press, 1956), また、*Report of the Committee of Enquiry into the Cost of the National Health Service* (“Guillebaud Report”) (London: H.M. Stationery Office, 1956; Cmd. 9663). また、C.A.R. Crosland, *The Future of Socialism* (London, 1956)〔前掲邦訳『福祉国家の将来』〕pp.120 and 135 参照。

(28) 以下参照。Ffrangcon Roberts, *The Cost of Health* (London, 1952): W. Bosch, *Patient, Arzt, Kasse* (Heidelberg, 1954). また、L. von Mises, *Socialism* (new ed.; New Haven: Yale University Press, 1951), pp.476ff., さらにそこに引用されているより早い時期のドイツ語の文献参照。

(29) Roberts, *op. cit.*, p.129 参照。また、J. Jewkes, “The Economist and Economic Change,” in *Economics and Public Policy* (Washington, D.C., 1955), p.96 参照。「〔イギリスの国民健康サービスに関する〕重要な経済的問題は以下のようなものがあった。ただでほとんど無限に需要が大きいようなサービスがあるかどうか、サービスの供給を増やすためにどんな手段もとられなくてもよいか、費用曲線は急激に上らないか、すべての市民は法律によって最善の可能なサービスが保証されるか、そして、もし明白な配給方法がなければ何が起こるか、といった問題である。事前にこうした単純な問題を提出したイギリスの経済学者をわたくしは思い出さない。そして、事後これらの問題を提出したのは、医者自身であって主として経済学者ではない。」

(30) Roberts, *op. cit.*, p.116 参照。「われわれの調査は次のことを示した。医療は科学と結合したので、加速度を伴う永久的拡大という特性を獲得した。医療は専門家の野心と商売上の利害をあおると同時にそれらによってあおられる。この過程はさらに医療が治療よりむしろ治療による生存状態での生命の延長を促進するといったそれ自身の成功によって強められる。そして、医療の拡大を助長する別の要因は平均寿命の上昇であり、病気の予期と不可分の感動、感情である。」

(31) *Ibid.*, p.136.「腰の骨を折った八〇歳の人間は直ぐ入院することを要求し、そして入院すると長い間そこに留まる。他方、少し入院すれば治るちょっと肉体に障害のある、しかし働く能力を損なっている人間は、長い間待たねばならないかもしれない。」ロバーツ博士はさらに付け加える。「この治療方法の経済的観点は無情かもしれない。もし目的が超人間的実体としての国家の福祉にあるとすれば、事実、この責めは正当化されるかもしれない。だから、医者は患者の経済的価値に関心をもたないという必要はないかもしれない。しかしながら、目的は国家の構成員の福祉にある。われわれの手段は、幸運な情況の下では科学の進歩が与えうるであろうような効率をもってすべての病気を扱うことを可能にするには不十分であるので、個人に対する短期的で直接的な利益と個人に対し長期的に見返りのある利益との間に、公正な均衡を求めることを余儀なくされるのである。」

(32) Mark G. Field, *Doctor and Patient in Soviet Russia*（Cambridge: Harvard University Press, 1957）参照。

(33) E.M. Burns, "Social Insurance in Evolution" 参照。

(34) これらの問題に関するイギリスにおけるもっとも綿密な研究家の一人として、J・R・ヒックスは何年か前に次のように指摘したことがある（"The Pursuit of Economic Freedom" in *What We Defend*, ed. E.F. Jacob [Oxford: Oxford University Press, 1942], p.105）。「失業者数が高い理由の一つは、……社会政策を推し進めたことによる直接的な結果である。わが失業統計は失業給付の管理と密接な関係をもたせて作成されている。だから、失業給付に対する権利が非常に寛大に与えられる。」

(35) Colin Clark, *Welfare and Taxation*（Oxford, 1954）〔加藤清訳『社会保障と租税』日本評論新社〕p.25.

(36) Barbara Wootton, "The Labour Party and the Social Services," *Political Quarterly*, XXIV（1953）, p.65 参照。「社会サービスの将来の設計はこのサービスが何の目的のために義務づけられているかについてのあるもっと明白な決定に従う。とくに、社会サービスは社会的平等政策に貢献することが意図されているのか。あるいは、ウェッブ夫妻の初期の著作に詳述されているようなナショナル・ミニマム計画——誰もが飢えない、貧しくても医者に見せることができる、誰でも初等教育を受けられる、ことを保障する諸政策――の正当な部分であるか。これらの問題に対する解答が実に、わが社会サービスの全体の将来を支配しなければならない。」

(37)　ここで、これらの問題に関する古典的な学説を思い出すのは有益かもしれない。たとえば、エドマンド・バークは次のように述べている（*Thoughts and Details on Scarcity, Works*, VII, 390-91）〔永井義雄訳『穀物不足にかんする思索と詳論』『世界大思想全集』二期十一巻、河出書房〕。「ある人が、商業の規則や正義の原理に従っては、いかなるものも要求しえないようなことが起これば、いつでも彼は、その部分から出て、そして慈悲の管轄に入る。」

わたくしが知っているこの領域における現在の傾向をもっとも根本的に分析した多くは、W. Hagenbuch, "The Rationale of the Social Services," *Lloyds B.R.*, July, 1953（その一部は、同著者の *Social Economics* [Cambridge: Cambridge University Press, 1958]〔前掲邦訳『社会経済学』〕のエピローグに再録されている）に含まれている。彼はそこで（九一―一二頁）次のように主張している。「それを理解しなくては、すべての人が一定の基本的需要を永久に国家に依存することになり、そして、不可避的にますます依存することになるであろうような制度へと吹き流されるかもしれない。社会サービスはもはや自己清算的でないばかりでなく、自己増殖的なのである。……わずかの不運な人びとがその不幸を乗り切るための臨時の一時的な給付を受けるような世界と、すべての人の所得の大部分が国家を仲介して、絶えず再分配されるような世界の間には、明らかに大きな違いが存在する。個人が入れるものと取り出すものとの間に直接的な連鎖が欠如していること、いかなる種類の分配の不平等であれ、それについての議論がなされる時生じるにちがいない政治的情況、そしてその純然たる温情主義が社会サービス・プールを通さないあの小さな流れの急激な消滅と、すべての所得を国家が管理する方向への動きを指示するのである。……それゆえ、政策の長期的対立を次のように要約してよいかもしれない。すなわち、一方において、すべての人を貧しくすることによって（あるいは、それをいかに見るかにしたがってすべての人を豊かにすることによって）、一般的でなければいかなる恩恵も施さないことによって、そして国民所得を社会化することによって、貧困を排除するようなそうした社会サービス制度をめざすかもしれない。他方においては、貧困線以下の人びとをそれより上に引き上げることによって、貧しい人びとの集団に選択的給付を与えることによって——資産調査あるいは保証分類方法を採用することによって——、そして最低所得者層の生活水準でさえ貧困線を超えたので社会サービスがもはや必要でなくなる日を期待することによって、貧困を排除するようなそうした社会サービスシステムをめざすかもしれない。」また同著者の“The Welfare State and Its Finances,” *Lloyds B.R.*, July, 1958 を参照。また以下も参照せよ。H. Wilgerodt, “Die Krisis der sozialen Sicherheit und das Lohnproblem,” *Ordo*, Vol. VII（1955）；H. Achinger, *Soziale Sicherheit; Roepke, op. cit.*, chap. iv.

(38)　注2に引用されているE・M・バーンズの最初の論文参照、とくに p.1478.

(39)　P. Wiles, “Property and Equality,” in *The Unservile State*, ed. G. Watson（London, 1957）, p.100. また、E. Dodds, “Liberty and Welfare,” in *The Unservile State* とくに p.20 参照。「福祉の国家独占がはっきり反自由主義的結果をもたらすことが明白となった。したがって、単に福祉ではなく、多種で競争的な福祉を提供すべき時がきた、というのがわれわれの確信である。」

(40)　Stokes, *op. cit.* に示されている改革への諸提案——それは結局、すでに蒙っている債務の支払い拒否ということになるが——に対して、次のようにいわねばならない。すなわち、「義務の履行をぬぐう」誘惑がどんなに大きくとも、またすでに負っている負債がいかに大きくとも、このことはより道理に適った制度を作る試みの宿命的な始まりのように思われる。

(41)　この文句は、ジョセフ・ウッド・クラッチ（Joseph Wood Krutch）氏が非公式談話の中で使ったものである。

第二十章　課税と再分配

本書冒頭の引用文は、F. Guicciardini, “La decima scalata,” *Opere inedite*, ed. P. and L. Guicciardini（Florence, 1867）, X, 377 から採った。ここで課税について考察することでもあり、この引用文における累進課税に関する注意すべき一六世紀の議論は一考に値する。

二世紀もの間、古代アテネ、ローマ以来、知られなかったような法の下における個人的自由の体制を享受してきていたフィレンツェ共和国は一五世紀になると、メディチ家の支配するところとなった。メディチ家は大衆に訴えることによってますます専制的権力を獲得した。この目的のためにメディチ家が使った手段の一つは累進課税であった。それについては、グィチャルディーニが別のところで以下のように述べている（"Del reggimento di Firenze," *Opere inedite*, II. 40)。「貴族階級と富裕階級がコジモによって、そしてその次に課税によって、いかに虐待されたかについてはよく知られている。この理由は、メディチ家は認めなかったが、課税が一見合法的なやり方で、確かな破壊手段を提供したからであった。というのは、メディチ家は彼らが欲する者は誰でも専断的に打ちのめす権力を保持していたからである。」一六世紀のある時期累進課税が再び主張された時、グィチャルディーニは二つの累進課税に関する素晴らしい論文を書いた。その一つは累進課税を支持するものだが、第二の論文は明らかに彼の見解を表明したもので、それに反対している（一五三八年と推測される。それは、K. T von Eheberg, "Finanzwissenschaft," *Handwörterbuch der Staatswissenschaften* [3d ed., Jena, 1909], Vol. IV に暗に示されている)。この二つの論文はずっと写本のままであったが、一九世紀になってはじめて刊行された。彼の基本的な累進課税反対論は次のとおりであった (X, 368)。「われわれが目的とすべき平等は、いかなる市民も他の市民を抑圧できない、またすべての市民は法とその権威に従う、そして評議会の票数に認められる各人の投票権は、他の者のそれとまったく同じである、といったことからなる。これが、自由における平等の意味であって、すべての者があらゆる点で平等である、ということではない。」彼はさらに次のように続ける（三七二頁)。「共同社会の一部が他の人びとによって抑圧され不当に扱われる時には、自由はないし、われわれが求めてきた自由の目的でもない。それは、各人が完全に自分の正当な状態を維持することができる、ということであった。」累進課税の主張者たちは彼にとって、「国民の扇動者であり、自由とこの共和国が管理している債権の浪費家であった」(同前)。累進課税の危険性について、彼は本章冒頭の文章の中で述べているが、ここではさらに、それを原文で示しておこう。"Ma è la natura delle cose, che i principii comminciano piccoli, ma se l'uomo non avvertisce, moltiplicano presto e scorrono in luogo che poi nessuno è a tempo a provvedervi." また、これに関して以下参照。G.

Ricca-Salerno, *Storia delle dottrine finanziarie in Italia*（Palermo, 1896), pp.73-76, また M. Grabein, "Beiträge zur Geschichte der Lehre von der Steuerprogression," *Finanz-archiv*, XII（1895), 481-96.

（1）一〇年前に、累進課税に原理的に反対していたのは若干の経済学者に過ぎなかった。それらの中でもとくに名前をあげておかなくてはならないのは、L・フォン・ミーゼス（たとえば *Human Action* [New Haven: Yale University Press, 1949], pp.803ff. 参照）〔前掲邦訳『ヒューマン・アクション』〕とH・L・ルッツ（*Guideposts to a Free Economy* [New York, 1948], chap. xi）である。累進制度の危険性を指摘したより若い世代の第一の人物は、D・M・ライトであったように思われる。彼の著書 *Democracy and Progress*（New York, 1948)、九四―一〇三頁参照。このことに関する議論が一般に再開されることになったのは、W・J・ブルームとハリー・カルヴェン・ジュニアの著作 *The Uneasy Case for Progressive Taxation* の緻密な研究によるところが大きい。同著は最初、*University of Chicago Law Review*, Vol. XIX（1952）に発表されたが、一九五二年、別にシカゴ大学出版部から刊行された。また、わたくし自身がこの問題を以前に論じた二つの論文である "Die Ungerechtigkeit der Steuerprogression," *Schweizer Monatshefte*, Vol. XXXII（1952）および "Progressive Taxation Reconsidered," in *On Freedom and Free Enterprise: Essays in Honor of Ludwig von Mises*, ed. M. Sennholz（Princeton, 1956）参照。後者の論文の大部分は、本章の中に組み入れられている。最近出版された精確ではないが、きわめて有益なイギリスにおける累進課税の歴史を扱ったものが、F・シェハブの *Progressive Taxation*（Oxford, 1953）〔杉田昌久訳『累進課税』（抄訳）『税法学』84-93巻、三晃社〕である。

（2）テュルゴーの傍注 "Il faut exècuter l'auteur, et non le projet" は、F・ゲンツの "Ueber die Hülfsquellen der französischen Regierung," *Historisches Journal*, III（1799）一三八頁に記録されている。ゲンツ自身は累進課税について、次のように解説している。「そうであるから、所得あるいは財産の純粋な（幾何学的な）課税とは違ったものに基づく、すなわち、累進に基づくすべての課税は、辻強盗以上のものではない」（もちろんここでは、ゲンツは「累進」という言葉を税の絶対的高さに関連づけて使っているのであり、比例的高さに関連づけているのでない）。

(3) [J.R. McCulloch], "On the Complaints and Proposals Regarding Taxation," *Edinburgh Review*, LVII (1833), 164. この初期の論文の大部分はよく知られた拡大された形になって、同じ著者の *Treatise on the Principles and Practical Influence of Taxation and the Funding System* (London, 1845, p. 142) の中に組み入れられている。

(4) K. Marx, *Selected Works*, ed. V. Adoratsky (London, 出版年不明), I, 227 参照。L・フォン・ミーゼスが指摘しているように (*Planning for Freedom* [South Holland, Ill., 1952], p.96)「古い社会秩序への一層の侵入を不可欠とする」という文章は、『共産党宣言 (*Communist Manifesto*)』〔大内兵衛他訳 岩波文庫〕の最初の版にはなかったが、フリードリッヒ・エンゲルスによって、一八八八年の英語版に挿入された。

(5) M.A. Thiers, *De la propriété* (Paris, 1848), p.319.「比例が原則であり、累進は恣意的な醜悪にすぎない。」

(6) J.S. Mill, *Principles* (1st ed., 1848)〔末永茂喜訳『経済学原理』岩波文庫〕II, 353.

(7) 累進課税に好意的な議論に関する最近のサーベイは以下の文献参照。E.D. Fagan, "Recent and Contemporary Theories of Progressive Taxation," *J.P.E.*, Vol. XLVI (1938) そして E. Allix, "Die Theorie der Progressiv Steuer," *Die Wirtschaftstheorie der Gegenwart*, Vol. IV (Vienna, 1928).

(8) わたくしは次のことを思い出す。わたくしの恩師で、現代の限界効用分析の創始者の一人で、また「限界効用 (marginal utility, *Grenznutzen*)」という用語を作ったF・フォン・ヴィーザーは、正当な課税のための科学的基礎づけをおこなったことが、自分の主要な業績の一つだと見なしていた、ということである。これとの関連で、英語圏にもっとも大きな影響を与えた学者は、F・Y・エッジワースであった。彼の *Papers Relating to Political Economy* (London, 1925), II とくに、二三四—二七〇頁参照。

(9) 一九二一年末には、サー・ジョサイア・スタンプ（後、スタンプ卿）は次のように述べることができた（*The Fundamental Principles of Taxation* [London, 1921], p.40)。「累進課税が原則的に、しっかりした実際の基礎を獲得したのは、限界理論がその心理的側面で完全にでき上がった時であった。」ずっと最近になるが、T・バーナはまだ次のように論ずることができた（*Redistribution of Incomes through Public Finance*［Oxford: Oxford University Press, 1945］, p.5）。「総国民所得が一定であれば、所得が平等に分配されるとき満足度が極大化する。この議論は、一方では、所得の限界効用逓減の法則に基づいており、他方では、（経済学よりむしろ、政治的民主主義の公準に基づく）次のような仮定、すなわち、所得の同じ人は同じ享楽能力をもっているという仮定、に基づいている。さらに現在受け入れられている経済学説は、失業が存続するかぎり、節約は（それは、高所得者層の存在によってはるかに容易になる）美徳であるという考えを否定する、したがって、不平等を正当化する伝統的な主要な考えは瓦解する。」

(10)　この結論は、ある人間の所与のニーズが他人のそれより大きいか小さいかどうかについて明白な考えをもっていると繰り返し反論されるにもかかわらず、個人的には、堅固に確立されたものと見なしうる。これについて、われわれが一つの見解をもっているという事実は、決して次のことを示すものではない。すなわち、もし人びとの間で、異なったニーズについての相対的重要性に関する見解が違っても、誰が正しいかを決定するための客観的基礎づけというものは存在する、ということを意味しない。また彼らが同意しそうだという確証もない。

(11)　*Stenographische Berichte der Verhandlungen...des preussischen Abgeordnetenhauses* (1898-99), II, 907.「平等という神聖な政治原理も、累進課税の問題に取り組むことになる時には、自らを背くことになる。その領域をより厳密に定めようとすることが問題となった時、その絶対的な民主主義は、数十万人の声の中で、自らその原理を放棄することになる。」

(12)　とくに、H.C. Simons, *Personal Income Taxation* (Chicago: University of Chicago Press, 1938), pp.17ff 参照。また、A.T. Peacock, "Welfare in the Liberal State," in *The Unservile State*, ed. G. Watson (London, 1957), p.117.「累進課税のような政策を自由主義の立場から支持するのは、次のような功利主義的信条に基づくものではない。すなわち、余分の一ポンドは金持ちより貧しい人により大きな『価値をもたらしうる』し、あるいは、『より大きな効用を与える』であろうという信条に基づいていない。そうではなく、大きな不平等を積極的に好まないからである。」

(13)　Taxation Committee of the National Association of Manufacturers, *Facing the Issue of Income Tax Discrimination*

（改訂・増補版 ; New York, 1956）, p.14.

(14)　D.G. Hutton, "The Dynamics of Progress," in *The Unservile State*, pp.184-85. このことは、いまでは労働党グループの人びとによってさえ認められているように思える（たとえば、C.A.R. Crosland, *The Future of Socialism* [London, 1956]〔前掲邦訳『福祉国家の将来』〕p. 190 参照）。

(15)　G. Findlay Shirras and L. Rostas, *The Burden of British Taxation*（Cambridge: Cambridge University Press, 1943）, p.56. この調査の主要な結果は、次の表に示されている。

所得（ポンド）	税率（%）
100	18
150	16
200	15
250	14
300	12
350	11
500	14
1,000	19
2,000	24
2,500	25
5,000	33
10,000	41
20,000	50
50,000	58

また、*Report of the Committee on National Debt and Taxation*（London, H.M. Stationery Office, 1927; Cmd. 2800）の中の前の方の議論参照。アメリカに関しては以下の文献参照。G. Colm and H. Tarasov, *Who Pays the Taxes?* "Temporary National Economic Committee Monographs," No.3 [Washington: Government Printing Office, 1940]; J.H. Adler, "The Fiscal System: The Distribution of Income and Public Welfare" in *Fiscal Policies and the American Economy*, ed. K.E. Poole（New York, 1951）. フランスに関しては、*H. Brochier, Finances publiques et redistribution des revenus*（Paris, 1950）. また、プロシアの初期の同じような結果に関しては、F.J. Neumann, *Die persönlichen Steuern vom Einkommen*（Tübingen, 1896）参照。

(16)　A.M. Cartter, *The Redistribution of Income in Postwar Britain*（New Haven: Yale University Press, 1955）. また、*Income Redistribution and Social Policy*, ed. A.T. Peacock（London, 1954）〔前掲邦訳『所得再分配と社会政策』〕お

および R.A. Musgrave, J.J. Carrol, L.D. Cooke and L. Frane, "Distribution of Tax Payments by Income Groups: A Case Study for 1948," *National Tax Journal*, Vol. IV（1951）を参照。

（17）　これらの悲観的な予言の中でもっともよく知られているのは、W.E.H. Lecky, *Democracy and Liberty*（新版 New York 1899）, I, 347である。「高い累進税率は現実に民主主義を危険におとしいれる。そして、一階級が分担し切れないような負担を他の階級に課すような状態を作り、全費用は他のものにおしつけられるという信念の下に、国家を莫大な浪費的計画に駆り立てる。」

（18）　*Royal Commission on Taxation of Profits and Income, Second Report*（London: H.M. Stationery Office, 1954; cmd. 9105）, sec. 142.

（19）　ノウルトン対ムーア事件（*Knowlton v. Moore*, 178 U.S. 41 [1900]）におけるホワイト判事。上の注1に引用されているように、ブルームとカルヴェンによって引かれている。

（20）　E. R. A. Seligman, *Progressive Taxation in Theory and Practice*（2d ed.; Baltimore: American Economic Association, 1908）, p.298.

（21）　上の注18に引用されている *Report*, sec. 150 参照。

（22）　上の注3に引用されているJ・R・マカロックの論文、一六二頁、また同著書の *Treatise on Taxation* 一四一頁参照。この文句は後にしばしば使われ、たとえば F.A. Walker, *Political Economy*（2d ed.; New York, 1887）, P.491 に見られる。

（23）　その詳しい議論は、*Final Report of the Royal Commission on the Taxation of Profits and Income*（London: H.M. Stationery Office, 1958, Cmd. 9474）, secs, 186-207 参照。とくに一八六節には次のように書かれている。「累進税が変動所得と不動所得に異なった税負担を課すことは内在的なことである。」

（24）　次のことは注意するに値する。すなわち、いわゆる「投資機会の枯渇」をもっとも声高に論じていた同じ著者たちがいまでは、「所得税の効果的累進度は、強化されねばならない」ことを要求したり、「アメリカの政治が直面している唯一重要な他の領域はいまは、アメリカの所得税の累進度の問題」であることを強調したり、さらに「われわれは、限界税率が限界所得よりも、はるかに高い社会的効用を明らかに与えうる、そのような情況の中にいる」とまじめに論じている、ということである〔A. H. Hansen, "The Task of Promoting Economic Growth and Stability," address to the National Planning Association, February 20, 1956; 謄写版〕。

(25)　これは累進課税の公正さを堅く確信しているため、それを国際的規模で適用することを望んでいる著者さえ動揺させたと思う（J.E. Meade, *Planning and the Price Mechanism* [London, 1948]〔関嘉彦訳『経済計画と価格機構』社会思想社〕参照。同著四〇頁には次のようにある。「このように、一ポンドについて一九シリング六ペンスの税を課せられる［すなわち、九七・五パーセント］才能ある著述家は、ある家事をしてもらい五ポンド支払うため、二〇〇ポンド稼がなければならない。彼は、著述する代わりに、自分でその家事をしようと決心してよいだろう。彼が、家事より著述の方が、四〇倍生産的である場合のみ、分業を拡大し、家事を著述に変えた方が有利となるだろう。」

(26)　W.A. Lewis, *The Principles of Economic Planning* (London, 1949), p.30. そのような議論は、L.T. Hobhouse, *Liberalism* (London, 1911)〔清水金二郎訳『自由主義』三一書房〕pp.199-201 によってはじめて用いられたように思われる。そこでは、次のようなことが述べられている。特別付加税賛成論は、「単一の個人が、数名の個人の取得するのとちょうど同じだけ、社会にとって明らかに価値があるかどうかといううやうやしい疑問」からくる。また次のようにも述べている。「われわれの年収が、およそ五〇〇〇ポンドになる時、われわれは、個人がもつ産業的価値の限界に近づく。」

(27)　Wright, *op.cit.*, p.96 参照。「次のことを忘れてはならない。わが所得税法は、大部分が安定した給料をえている国民の利益のために、安定した給料をえている国民によって起草され、制定された、ということを。」

(28)　L. von Mises, *Human Action*〔前掲邦訳『ヒューマン・アクション』〕, pp.804-5. また、Colin Clark, *Welfare and Taxation* (Oxford, 1954)〔加藤清訳『社会保障と租税』日本評論新社〕p.51.「高率課税の多くの支持者は、独占の誠実な反対者である。しかし、もし課税率がより低くなり、とくに、未配当利潤が免税になれば、古い既存の独占企業と積極的に競争する多くの企業が成長するであろう。実際、現在の異常に高い税率は独占企業が非常に強い重要な理由の一つである。」同じく Lionel Robbins, "Notes on Public Finance," *Lloyds B.R.*, October, 1955, p.10.「比較的少額の財産さえ蓄えることがきわめて難しくなったという事実は、産業組織に甚大な影響を与えるにちがいない。そして、そのような結果が社会の利益になるとは、わたしには決して思えない。そのすべてがもたらす必然的結果は次のようになるのではあるまいか。すなわち、既存の法人企業の内部で貯蓄を利用することは、イノベーションをますます困難にしはしないか、また蓄積のますます多くの部分が氷河期が襲ってくる前に、うまく創業できた大企業——過去においては、大部分が個人企業の結果である——の内部に起こるようになるであろう、ということである。」

(29) Wright, *op. cit.*, pp.96-103, また、J.K. Butters and J. Lintner, *Effects of Federal Taxes on Growing Enterprises* (Boston: Harvard Graduate School of Business Administration, 1945) 参照。

(30) *New York Times*, January 6, 1956, p.24 の同報告参照。

(31) 費用会計の無駄の多くは、間接的には、累進課税の結果である。というのは、累進課税がなければ、企業は経営者に自分のポケットから交際費を支払ってもらうように給料を支払う方が、企業自らの利益にとって多くの場合よりよいからである。また累進課税によって生じる合法的な費用は、一般に理解されているよりはるかに多い。Blum and Kalven, *op. cit.*, p.431 参照。「所得税関係の弁護士の日常仕事のきわめて多くのものが、税制が累進的だという単純な事実からきているということは注意すべきことである。おそらく、彼の問題の大部分は、そうした事実によって惹きおこされるか、あるいは、負担が重くなっているのである。」

第二十一章　貨幣制度

本章冒頭の引用文は、J.M. Keynes, *The Economic Consequences of the Peace* (London, 1919)〔早坂忠訳『平和の経済的帰結』ケインズ全集2巻 東洋経済新報社〕p.220 から採った。ケインズの考察は、次のような意味で、レーニン (Lenin) に帰せられると同じ指摘によって喚起された。すなわち、「資本主義体制を破壊させる最良の方法は、通貨を堕落させることである」ということだ。また、*A Tract on Monetary Reform*（London, 1923）〔中内恒夫訳『貨幣改革論』ケインズ全集４巻、東洋経済新報社〕p.45 におけるケインズの後の言明を参照。「今日の個人主義的資本主義はまさしく、それが貯蓄を個々の投資家に、そして生産を個々の雇用者にそれぞれ委ねているので、安定した価値計測尺度を要し、また、それがないと効率的でない——おそらく存続できない。」

（１） L. von Mises, *Human Action*（New Haven: Yale University Press, 1949）〔前掲邦訳『ヒューマン・アクション』〕, pp.429-45 参照。

（２） これまで発達してきたような近代的信用銀行は、中央銀行のようないくつかの公的制度を必要とする、とわたくしは確信しているが、しかし、中央銀行（あるいは、政府）が、あらゆる種類の貨幣の発行権を独占しなければならないかどうかについては疑問である。もちろん国家は、国家（あるいは、他の機関）が発行する貨幣単位の名称を保護する権利をもっている。だから、もし国家が「ドル」を発行するならば、国家は同じ名称の貨幣を他の機関が発行しようとすれば、それを妨げる権利をもっている。また契約を強制することが国家の機能であるから、国家は契約義務の履行のため、「法貨」とは何かを規定することができなければならない。しかしながら、国家がなぜいったい、内外の他の機関によって発行される商品あるいは貨幣といった他の種類の交換手段の使用を禁止しなければならないのか、これに対しては何ら根拠はないように思える。個人の自由を保護するもっとも有効な手段の一つは、事実、いかなる貨幣や貴金属にたいして、すべての平時制限を禁止するような制度をもつことにあるのかもしれない。

（３） 貨幣的変化が惹きおこすかもしれない需要のこれらの一時的また自己逆転的な変動の中でもっとも重要なのは、消費財と投資財に対する相対的需要の変化である。この問題については、景気変動理論に関する議論されている問題に一切立ち入らないのでここで考察することはできない。

（４） これらの問題についてのより詳しい議論は、拙著 *Monetary Nationalism and International Stability*（London, 1937）参照。

（５） R. S. Sayers, *Central Banking after Bagehot*（Oxford, 1957）, pp.92-107 参照。

(6)　Colin Clark, "Public Finance and Changes in the Value of Money," *E.J.*, Vol. LV (1945) 参照。また、このクラークの命題を、*R.E. & S.* Vol. XXXIV (1952) におけるJ・A・ペッチマン (Pechman)、T・メイヤー (Mayer)、それに、D・T・スミス (Smith)、の議論と比較せよ。

(7)　本文に引用している数値は、わたくしのためにサルバトル・V・フェレラ (Salvator V. Ferrera) 氏がやってくれた計算の結果である。彼の協力に心より感謝する。それらの数値は、当然のことながら、過去四〇年間にわたって、生活費指数が容易に入手可能な国に限定されている。本文では、意識的に概数だけを挙げておいた。この種の計算の結果が、関連する等級を大雑把に指し示すこと以上のものを与えることができるとは信じていないからである。しかし、興味をもっている人のために、計算をしたすべての国の結果を (小数第一位まで) 次に示しておく。

国名	%
スイス	70.0
カナダ	59.7
アメリカ	58.3
南ア連邦	52.3
イギリス	50.2
スウェーデン	50.1
ニュージーランド	49.9
ノルウェー	49.4
エジプト	48.2
デンマーク	48.1
オランダ	44.0
アイルランド	42.1
ドイツ	37.1
ベルギー	28.8
ペルー	20.6
イタリア	11.4
フランス	11.4
ギリシア	8.4

(8)　フランスに関しては、一九五八年中のフランス・フランのかなりの減価 (またそれに伴う切り下げ) のもたらす効果は考慮に入れていない。

(9)　過去二〇〇年全期間にわたって入手できる連続的指数はない。だが、価格の近似的な傾向は、次の二つのデータを接ぎ合わせることによって計測することができる。Elizabeth W. Gilboy, "The Cost of Living and Real Wages in Eighteenth Century England," *R.E. & S.*, Vol. XVIII (1936). それに加え、R. S. Tucker, "Real Wages of Artisans in

London, 1729-1935," *Journal of the American Statistical Association*, Vol. XXXI (1936).

(10)　この記述はアメリカの卸売物価指数に基づいている（*Bureau of Labor Statistics Chart Series* [Washington: Government Printing Office, 1948], 図表 E-11 参照)。

(11)　W. Roepke, *Welfare, Freedom, and Inflation* (London, 1957).

(12)　拙稿 "Full Employment, Planning, and Inflation," *Review of the Institute of Public Affairs* (Melbourne, Victoria, Australia), Vol. IV (1950) および *Vollbeschäftigung, Inflation und Planwirtschaft*, ed. A. Hunold (Zurich, 1951) 所収の、そのドイツ語版、また、F.A. Lutz, "Inflationsgefahr und Konjunkturpolitik," *Schweizerische Zeitschrift für Volkswirtschaft und Statistik* (XCIII, 1957) と "Cost-and Demand-Induced Inflation," *Banca Nazionale de Lavoro Quarterly Review*, Vol. XLIV (1958) を参照。

(13)　J.M. Keynes, *A Tract on Monetary Reform*〔前掲邦訳『貨幣改革論』〕p. 80.

(14)　最初、*J.P.E.*, Vol. XLIV (1936) に発表されたそのタイトルのヘンリー・C・サイモンズの論文は、彼の *Economic Policy for a Free Society* (Chicago: University of Chicago Press, 1948) に再録されている。

(15)　これは法定準備預金額の変更のようなより新しい政策には妥当しなくとも、少なくとも貨幣政策の伝統的手段には妥当する。

(16)　致命的な誤謬は、イギリスが第一次世界大戦後、減価に対応した新しい平価でポンドを金と再リンクせず、むしろ旧平価に戻そうと試みたことに始まる。これが金本位制の原則によって要求されたものでないという事実に加え、それは最良の古典派の教義に反していた。D・リカード（Ricardo）は一〇〇年も前に同じような情況について、次のように明白に述べていた。「政府に三〇パーセント減価した通貨を元に戻すよう忠告はしない。自分は、あなたと同様、しかしやり方は違っているが、次のように忠告する。通貨は、本位を減下させることによって、減下した価値のところで固定すべきで、そうするとより一層の乖離は起こらないであろう」（ジョン・ウィートリへの手紙、一八二一年九月一八日。*The Works and Correspondence of David Ricardo*, ed. P. Sraffa [Cambridge: Cambridge University Press, 1952.

〔「日本語版」リカードウ全集刊行委員会訳　リカードウ全集九巻　雄松堂〕IX, 73)。

(17) もちろん、金の取り引きを完全に自由にすべきだという強い主張がある。事実、この方向にさらにもっと行く方が望ましいように思われる。すなわち、異なった国々が互いの通貨の自由な取り引きにいかなる壁も設けないという条約によってお互いを拘束させることほど、国際的な貨幣安定に貢献するものはないであろう。（また、もっと議論を進め、各国のそれぞれの銀行が各国の領土内で自由に業務をおこなうことを許すよう求める強い主張もあるだろう。）だが、そうすることは安定した国際本位制度を回復させる方向にさらに進めるだろうが、この本位制の価値の管理は、これに加盟しているもっとも巨大な国の当局の手に、依然として、握られることになろう。

(18) 拙稿 "A Commodity Reserve Currency," *E.J.*, Vol. LIII (1943) (*Individualism and Economic Order* [London and Chicago, 1948]〔『個人主義と経済的秩序』ハイエク全集第三巻〕に再録）参照。

(19) 拙著 *Monetary Nationalism and International Stability* を見よ。

第二十二章　住宅と都市計画

本章冒頭の引用文は、W.A. Lewis, *The Principles of Economic Planning* (London, 1949), p.32 から採った。

(1) この立場を修正しようとする価値ある試みが、R・ターヴェイ (R. Turvey) の *Economics of Real Property* (London, 1957) においてなされている。初期の文献の中でも、E・キャナン (E. Cannan) の地方税についての議論、とりわけ次の二つの文献は、いまだに、非常に重要な問題にたいして、もっとも有益である。*History of Local Rates* (2d ed.; London, 1912) と、覚書 (*Royal Commission on Local Taxation: Memoranda Chiefly Relating to the Classification and Incidence of Imperial and Local Taxes* [London: H.M. Stationery Office, 1899; Cmd. 9528], pp.160-75 所収)。

(2) Adam Smith, *Lectures on Justice, Police, Revenue, and Arms*（一七六三年に講義されたもの）(ed. E. Cannan (Oxford, 1896)〔水田洋訳『法学講義』岩波文庫〕p.154.

（3）　以下参照。M. Friedman and G.J. Stigler, *Roofs or Ceilings?* (New York: Foundation for Economic Education, 1946)；B. de Jouvenel, *No Vacancies* (New York: Foundation for Economic Education, 1948)；R.F.Harrod, *Are These Hardships Necessary?* (London, 1948)；F.W. Paish, "The Economics of Rent Restriction," *Lloyds B, R, April*, 1950（同著者の *Post-War Financial Problems* [London, 1950] に再録）；W. Roepke, *Wohnungszwangswirtschaft-ein europäisches Problem* (Düsseldorf, 1951)；A. Amonn, "Normalisierung der Wohnungswirtschaft in grundsätzlicher Sicht," *Schweizer Monatshefte*, June, 1953. またわたくしの初期の論文 *Das Mieterschutzproblem* (Vienna, 1929) と "Wirkungen der Mietzinsbeschränkungen," *Schriften des Vereins für Sozialpolitik*, Vol. CLXXXII (1929).

（4）　この説明は、注3に引用されているF・W・ペイシュの論文によって与えられている。同論文を再録している著作、七九頁。

（5）　E. Forsthoff, *Lehrbuch des Verwaltungsrechts*, I (Munich, 1950), 222.

（6）　ごく最近になって、イギリスとドイツで、家賃統制の全制度を廃止しようとする体系的な努力がなされてきた。アメリカでさえ、それはまだ、ニューヨーク市には残っている。

（7）　この可能性が、望ましくない人種的少数派を追い出すため、世界のいたるところで少なからず用いられてきた。

（8）　Sir Frederick Osborn, "How Subsidies Distort Housing Development," *Lloyds B.R.*, April, 1955, p.36.

（9）　これらの問題については、以下参照。Turvey, *op.cit.* また Allison Dunham, "City Planning: An Analysis of the Content of the Master Plan," *Journal of Law and Economics*, Vol I (1958).

（10）　フレデリック・ロー・オルムステッド（Frederick Law Olmsted）、パトリック・ゲッデス（Patrick Geddes）やルイス・マムフォード（Lewis Mumford）などの人びとの指導の下で、都市計画化の運動が、どれほど一種の反・経済学へと展開していったかは、興味ある研究対象となるであろう。

（11）　イギリスの経済学者たちを弁護するために、おそらく次のことを述べておかねばならぬだろう。もし立法提出準備の決定的段階が、経済学者たちが戦争遂行にほとんどすべてかかりっきりになっているとき、あるいは都市計画者たちがよりよい戦後世界に関する考えを実施にうつすための十分な時間と自由な視野をもっているときに、起こらなかったならば、このような馬鹿げたものが法律とはなりえなかったであろう。また、次のようにいっても、過言ではないであろう。すなわち、その法律が通過するときには、議会の誰もそれが含意するものを理解していなかったし、また、おそらく誰もその担当の大臣が与えられている権限を開発利益の完全な没収を命じるために使おうとは予測していなかったであろう、ということだ。この法律については、Sir Arnold Plant, "Land Planning and the Economic Functions of Ownership," *Journal of the Chartered Auctioneers and Estate Agents Institute*, Vol. XXIX (1949) および、すでに述べたR・ターヴェイの著作に加えて、彼の論文 "Development Charges and the Compensation-Betterment Problem," *E.J.*, Vol. LXIII (1953). さらに拙稿 "A Levy on Increasing Efficiency," *Financial Times* (London), April 26, 27, and 28, 1949 を見よ。

(12) C.M. Haar, *Land Planning Law in a Free Society: A Study of the British Town and Country Planning Act* (Cambridge: Harvard University Press, 1951), また同著に対するわたくしの書評 (*University of Chicago Law Review*, Vol. XIX [1951-52]) 参照。

(13) 厳密にいえば、この法律は、担当大臣に開発費用を、開発の利益のあるパーセントで賄なわせる権限を与えたが、彼は一〇〇パーセントを選んだ。

(14) Central Land Board, *Practice Notes* (First Series) (London: H.M. Stationery Office, 1949), pp. ii-iii.

(15) August Lösch, *The Economics of Location* (New Haven: Yale University Press, 1954)〔篠原泰三訳『レッシュ経済立地論』大明堂〕, pp.343-44.

第二十三章　農業と天然資源

本章冒頭の引用文は、Edmund Burke, *Thoughts and Details upon Scarcity* (1795)〔永井義雄訳『穀物不足にかんする思索と詳論』世界大思想全集2期11巻 河出書房〕(*Works*, VII, 419) の結論を述べた文章である。

（1）　以下参照。E.M. Ojala, *Agriculture and Economic Progress*（Oxford: Oxford University Press, 1952）〔渡辺哲男訳『農業と経済発展』東洋経済新報社〕; K.E. Boulding, "Economic Analysis and Agricultural Policy," *Canadian Journal of Economics and Political Science*, Vol. XIII（1947）（*Contemporary Readings in Agricultural Economics*, ed. H.G. Halcrow [New York, 1955] に再録）; T.W. Schultz, *Agriculture in an Unstable Economy*（New York, 1945）〔吉武昌男訳『不安定経済に於ける農業』群芳園〕; J. Fourastié, *Le grand espoir du XXe siècle*（Paris, 1949）; H. Niehaus, *Leitbilder der Wirtschafts- und Agrarpolitik*（Stuttgart, 1957）; H. Niehaus and H. Priebe, *Agrarpolitik in der sozialen Marktwirtschaft*（Ludwigsburg, 1956）.

（2）　Sir Ralph Enfield, "How Much Agriculture?" *Lloyds B.R.*, April, 1954, p.30.

（3）　この分野でもまた、統制政策への誘惑がドイツからきたように思えるが、このことはほとんど知られていないのでおそらく注意するに値する。A.M. Schlesinger, Jr., *The Age of Roosevelt: The Crisis of the Old Order*, 1919-1933（Boston, 1957）〔救仁郷繁他訳『ローズヴェルトの時代』ぺりかん社〕p.110 の次の説明参照。「一九二〇年代の後半、ローラ・スペルマン・ロックフェラー財団のビアーズリー・ルムル氏は、ドイツでおこなわれている農業統制計画を観察し、それに影響を受け、ハーヴァード大学にいるジョン・ブラック氏に、アメリカ農業問題に対するその適用可能性をただした。一九二九年、ブラックが自発的国内割り当て計画と呼んだところのものを詳細に論じた……。」

（4）　Hilde Weber, *Die Landwirtschaft in der volkswirtschaftlichen Entwicklung*（"Berichte über Landwirtschaft," Sonderheft No. 161 [Hamburg, 1955]）.

（5）　「土壌保護」という考えがしばしば経済統制のための口実として使われてきたが、その程度については、C. M. Hardin, *The Politics of Agriculture: Soil Conservation and the Struggle for Power in Rural America*（Glencoe, Ill., 1952）参照。

（6）　低開発諸国および経済開発援助に関する問題については、とくに以下参照。P.T. Bauer, *Economic Analysis and Policy in Underdeveloped Countries*（Cambridge: Cambridge University Press, 1958）; S.H. Frankel, *The Economic*

Impact on Under-developed Societies (Oxford, 1953)〔石井一郎訳『低開発社会への経済的衝撃』一橋書店〕; F. Benham, "Reflexiones sobre los paises insufficientement desarrollados," *El Trimetre económico*, Vol. XIX (1952); M. Friedman, "Foreign Economic Aid," *Yale Review*, Vol. XLVII (1958).

(7) これは次のような事実によって補足される。すなわち、豊かな国は通常農民に払い過ぎ、他方、貧しい国は一般に払いが足りない、という事実であるが、これは、F・W・ペイシュによって最初に指摘されたように思う。

(8) 急激な工業化が富の増大をもたらしうる前に、農業余剰の成長が必要である、という重要でよく確証されている事実は、とりわけ、上の注１に引いたK・E・ボールディングの論文の中で十分明らかにされた。同論文が再録されている著作の一九七頁に次のようにある。「いわゆる『産業革命』は、織物産業での若干の重要でない技術変化によって作り出されたのではない。それは、農業革命の直接の落し子であった。農業革命は、一八世紀前半に発達した、かぶら、クローバー、四輪作、また家畜の改良に基づいていた。産業社会の父は紡績機ではなく、かぶらなのだ。」

(9) Anthony Scott, *Natural Resources: The Economics of Conservation* (Toronto: University of Toronto Press, 1955). p.37 における次の指摘は重要である。「農業経済（またそのいとこである制度派経済学）の全学派」は大部分、アメリカ人のこの関心までさかのぼる。

(10) P.B. Sears, "Science and Natural Resources," *American Scientist*, Vol. XLIV (1956), および "The Processes of Environmental Change by Man," in *Man's Role in Changing the Face of the Earth*, ed. W.L. Thomas, Jr. (Chicago: University of Chicago Press, 1956).

(11) また主に以下参照。Scott, *op. cit.*; Scott Gordon, "Economics and the Conservation Question," *Journal of Law and Economics*, Vol. I (1958); S. von Ciriacy-Wantrup, *Resource Conservation: Economics and Policies* (Berkeley: University of California Press, 1952)〔小林達夫編訳『資源保全 その経済学と政策』文雅堂銀行研究社〕.

(12) 以下を参照。L. von Mises, *Socialism* (New Haven: Yale University Press, 1951), p.392. また、Scott, *op. cit.*, pp.82-85.

（13）　拙著 *The Pure Theory of Capital*（London, 1941）〔一谷藤一郎訳『資本の純粋理論』実業之日本社〕chap. vii, とくに、p.88 の注参照。

（14）　Scott, *op. cit.*, p.8.

（15）　*Ibid.*, p.97.

第二十四章　教育と研究

本章冒頭の引用文は、J.S. Mill, *On Liberty*, ed. R.B. McCallum（Oxford, 1946）〔前掲邦訳『自由論』〕p.95 から採った。またその九五年後、同じ問題を論評したバートランド・ラッセルの講義 "John Stuart Mill," *Proceedings of the British Academy*, XLI（1955）, p.57 参照。「［フィヒテの］原則を受け入れている国における国家教育は、それが成功するかぎり、一群の無知な狂信者を作り、彼らは求められれば、戦争あるいは迫害に従事せよという命令に従う。この害悪は非常に大きいので、もし国家教育が開始されなければ、世界は（ともかく、わたくしの考えでは）もっとよりよくなるであろう。」

（1）　Mill, *op. cit.*, pp.94-95 参照。「自由の誤用された考えが、国家によるその義務の遂行に対し、現実的な障害になるのは、子供に関する場合である。人は、ほとんど次のように考えるであろう。子供は、文字通り、したがって、比喩ではなく、親の一部であるかのように思われているので、子供に対する親の絶対的また排他的な支配にほんの少しでも法律が干渉することに対しては、世論は、非常に用心深い。それは、親自身の行動の自由に対するほとんどいかなる干渉よりも、もっと用心深いのである。このように、人類の大多数は、自由よりも権力をはるかに尊重するのである。たとえば、教育の場合を考えてみよう。国家が、その市民として生まれてきたすべての人びとに、教育をある水準まで、要求しまた強制しなくてはならないことは、自明の公理ではないであろうか。……もし、政府が、すべての子供のために、良い教育を要求することを決意するならば、政府は、そのような教育を供給する難儀を自ら免れるかもしれない。政府は、親たちが望む場所と方法で、教育を与えることを親たちに委ね、そうして、貧しい層の児童たちに授業料の納付を補助し、また、授業料を支払ってくれる人がいない児童に、授業料全額を支払うことで満足することができるだろう。国家教育に対しもっともな理由をもって主張される反対論は、国家による教育の強制には適用されない。しかし、国家自らが教育指導をおこなうことに対しては、まさしく妥当する。すなわち、両者は、まったく別のことがらなのである。」

（2）歴史的に見れば、ほとんどの政府が教育を義務としたのは、普通選挙の必要よりも、義務兵役の必要の方がおそらくはるかに決定的であったであろう。

（3）Wilhelm von Humboldt, *Ideen zu einem Versuch die Gränzen der Wirksamkeit des Staates zu bestimmen*（一七九二年に書かれたが、最初に完全な形で刊行されたのは一八五一年ブレスラウにおいてである）の第四章、最初の要約と結論の文章。同著の英訳 *The Sphere and Duties of Government*（London, 1854）では、上の要約は目次のところに移されている。

（4）Ludwig von Mises, *Nation, Staat und Wirtschaft*（Vienna, 1919）参照。

（5）Milton Friedman, "The Role of Government in Education," in *Economics and the Public Interest*, ed. R.A. Solo（New Brunswick, N.J.: Rutgers University Press, 1955）〔「教育における政府の役割」西山千明他訳『資本主義と自由』所収 マグロウヒル好学社〕

（6）未公表論文だが、G.J. Stigler, "The Economic Theory of Education" 参照。

（7）注5に引用した論文の中で、M・フリードマンが示している興味深い諸提案参照。それらの提案は、その実現性には疑問があるかもしれないが、注意深い研究に値するものである。

（8）R.H. Tawney, *Equality*（London, 1931）〔岡田藤太郎・木下建司訳『平等論』相川書房〕, p.52.

（9）今日のような情況の中で一つ考慮されていない問題がある。それは、知識欲が旺盛にもかかわらず、標準の講義課目に対する特別な才能は認められないような若者がいつもいるということである。こうした知識欲は、もっと評価されねばならない。なぜというに、大学での研究機会は、この問題をより高度のレベルで解決することはできない。わたくしは常に次のように思ってきた。すなわち、過去において修道士たちが満たしていた機能を充足するような制度に対する強い主張があると。そこでは、十分関心をもっている修道士たちは、人生の多くの快適さや快楽を拒否する代わりに、彼らの精神的発達期のすべてを、知識の追求に捧げる機会をえることができたのである。

(10) D.V. Glass（同著者の編による *Social Mobility in Britain* [London, 1954], pp.25-26）. また同著の書評 A. Curle, *New Statesman and Nation*, N. S., XLVIII (August 14, 1954), 190. そこでは、次のようなことが示されている。「教育のディレンマは次のところにある。すなわち、より『開かれた』社会を作ろうとする欲求は、個人に関しては、いかに柔軟であっても、生まれながらのIQ基準にしたがって、まさしく厳密に階層化された社会となってしまうかもしれない、というところにある。」また Michael Young, *The Rise of the Meritocracy, 1870-2033* (London, 1958)〔窪田鎮夫・山元卯一郎訳『メリトクラシー』至誠堂〕参照。

(11) Sir Charles P. Snow, *Time*, May 27, 1957, p.106 に引用されている。

(12) D. Blank and G.J. Stigler, *The Demand and Supply of Scientific Personnel* (New York, 1957).

(13) 次の点は重要である。大学が財団法人であって、それぞれが多くの自治組織から成っているようなイギリスにおいて、学問の自由という問題は、大学が政府の制度であった国に見られたように、重大化したことはかつてなかった。

(14) M. Polanyi, *The Logic of Liberty* (London, 1951)〔長尾史郎訳『自由の論理』ハーベスト社〕、とくに p. 33 参照。「学問の自由は、自分自身の研究課題を選択し、外部の支配から自由に研究をおこない、そして、自分の科目を自分の考えで教授してよい権利からなる。」

(15) T・ジェファーソンのジョゼフ・C・キャベル宛、一八二五年二月三日付書簡（*The Writings of Thomas Jefferson*, ed. by H.A. Washington, Vol. VII [New York, 1855], p.397）。ここで、次のことをいわねばならない。すなわち、学問の自由に対するジェファーソンの反対は、こうした問題に対する彼の一般的立場とまったく首尾一貫していた、ということである。彼の立場は、もっとも教条的な民主主義者のように、等しく彼を裁判官の独立に反対せしめたのである。

(16) J.R. Baker, *Science and the Planned State* (London and New York, 1945) 参照。

（17） ここは、ロシアの教育制度の議論に入るところではない。しかし、次のことは短く述べておいてもよかろう。すなわち、ロシアの教育制度とアメリカのそれとの主たる違いは、社会体制の違いとは何も関係がないということ、したがって実際、ロシアの教育制度は単に大陸ヨーロッパの伝統を継承しているだけだ、ということである。その決定的な側面においては、ドイツ、フランス、あるいはスカンジナビア諸国の学校が果たした貢献は、ロシアの学校と同じく研究に値するであろう。

（18） John Jewkes, D. Sawers, and R. Stillerman, *The Sources of Invention* (London, 1958)〔星野芳郎他訳『発明の源泉』岩波書店〕参照。

（19） Von Humboldt, *op. cit.*

追論　なぜわたくしは保守主義者ではないのか

追論冒頭の引用文は、Acton, *Hist. of Freedom*, p.1 から採った。

（1） いままで一〇〇年以上の間、このことは妥当する。すでに、J・S・ミルは一八五五年に次のようにいうことができた（拙著 *John Stuart Mill and Harriet Taylor* [London and Chicago, 1951], p.216 参照）。すなわち「近時の社会改良家たちのほとんどすべての計画は、自由破壊的（*liberticide*）である」と。

（2） B・クリックは、まさしく次のように述べている。「自ら『保守主義者』と名のっている普通のアメリカ人は、事実は自由主義者である」（"The Strange Quest for an American Conservatism," *Review of Politics*, XVII [1955], 365）。これらの保守主義者たちが、より適切な名称で自分たちを呼ぶのをためらうようになったのは、ニュー・ディール時期のその濫用からにすぎない。

（3） この表現は、R・G・コーリングウッドのものである。*The New Leviathan* (Oxford: Oxford University Press, 1942), p.209.

（4） 現在のイギリス首相、ハロルド・マクミラン氏が彼の政治方針について書いた書物 *The Middle Way* (London, 1938) に選ばれているタイトルがそれを特徴的に示していることに注意。

（5） Lord Hugh Cecil, *Conservatism* ("Home University Library" [London, 1912])〔栄田卓弘訳『保守主義とは何か』早稲田大学出版部〕, p.9 参照。「自然的な保守主義は、変化を嫌う性向がある。それは一部には未知なるものへの不信から出ている。」

（6） 保守主義者の教示に富む自画像は、K. Feiling, *Sketches in Nineteenth Century Biography* (London, 1930), p.174 に見られるので参照。「概していえば、右翼は思想を嫌う。というのは実際的人間は、ディズレーリの言葉を使えば、『先行者たちの失敗を実行している人』だからではないか？ 右翼はその長い歴史にわたって、むやみに改善に反対してきたし、また祖先を尊重すべきだという主張の中で、しばしば世論を古い個別的な偏見に帰す。右翼の立場は、次のことをいい加えるとき安全になるが、しかし一層複雑になる。すなわち、右翼はたえず左翼を追い越す、また右翼は自由主義思想を繰り返し注入することによって生きている、したがって、妥協という決して完全にならない状態に苦しんでいる、と。」

（7） ずっと以前にわたくしが重要な点として述べた文章をここで繰り返しても許してもらえると思う。「［アダム・スミスと］彼の同時代の人びとが主張した個人主義の主な長所は、それが悪人の危害が最小になりうる制度だということである。それは一つの社会制度であって、それが機能するために運営する善人を見つけること、あるいはすべての人が現在よりもよりよくなることに依存しない制度である。しかし、この制度はきわめて多様で複雑なすべての人びと、すなわち時には善く時には悪い、また時には知的な、また多くの場合、愚かな人びとを利用する」(*Individualism and Economic Order* [London and Chicago, 1948]〔本全集第三巻『個人主義と経済的秩序』〕) p. 11.

（8） Lord Acton, *Letters of Lord Acton to Mary Gladstone*, ed. H. Paul [London, 1913], p.73 参照。「特定の階級が支配するのはふさわしくない、ということに危険はない。どの階級も支配するにふさわしくない。自由の法則は、人種に対する人種の支配、信条に対する信条の支配、階級に対する階級の支配、を消滅させる傾向にある。」

（9）　J・R・ヒックスは、これに関連して、「若きディズレーリ、マルクス、そしてゲッペルスによって同じように描かれた戯画」を正しく述べている（"The Pursuit of Economic Freedom," *What We Defend*, ed. E.F. Jacob [Oxford: Oxford University Press, 1942], p.96）。またこれに関して、保守主義者たちの役割については、*Capitalism and the Historians* (Chicago: University of Chicago Press, 1954) に寄せたわたしの序文、pp.19ff. 参照。

（10）　J.S. Mill, *On Liberty*, ed. R.B. McCallum (Oxford, 1946)〔前掲邦訳『自由論』〕p.38 参照。「どんな社会も、他の社会に文明化せよと強制する権利をもっていることについてはわたしは知らない。」

（11）　J.W. Burgess, *The Reconciliation of Government with Liberty* (New York, 1915), p.380.

（12）　Learned Hand, *The Spirit of Liberty*, ed. I. Dilliard (New York, 1952), p.190 参照。「自由の精神は自分が正しいことを過信しない精神である。」また、オリヴァー・クロムウェルのしばしば引用される記述（クロムウェルの *Letter to the General Assembly of the Church of Scotland*, August 3, 1650 に見られる）。「キリストの御慈悲にかけて、あなたがご自身も誤りを犯すことがありうることを認めますように、お祈りいたします。」これが、イギリスの歴史において、おそらくもっとも知られている唯一の「専制者」の言葉であることは、特徴的だ。

（13）　H. Hallam, *Constitutional History* (1827) ("Everyman" ed.), III, 90. "liberal" という言葉は、一九世紀初期のスペインの自由主義者たちの政党に由来するとしばしばいわれている。しかし、この言葉はアダム・スミスがそれを『国富論』の中で、たとえば次のように使ったことからきている、と筆者は信じたい。「自由輸出と自由輸入の自由な体系」(*W.o.N.*, II, 41)〔水田洋監訳・杉山忠平訳『国富論』岩波文庫〕。また「すべての人に、平等、自由そして正義の自由な計画に基づいて、自分自身のやり方で自分自身の利益を追求することを容認する」(*Ibid.*, p.216)。

（14）　Lord Acton, *Letters to Mary Gladstone*, p.44. また、アクトン卿の *Lectures on the French Revolution* (London, 1910), p.357 に見られるトクヴィル評参照。「トクヴィルはもっとも純粋な型の自由主義者であった。自由主義者であって他のいかなるものでもなかった。彼は民主主義とそれに類似したもの、すなわち、平等、集中化、そして功利主義を深く疑っていた。」同様のことは、*Nineteenth Century*, XXXIII (1893), 885 に見られる。H・J・ラスキの次の論文に見られる記述も参照。"Alexis de Tocqueville and Democracy," in *The Social and Political Ideas of Some Representative Thinkers of the Victorian Age*, ed. F.J.C. Hearnshaw (London, 1933). 同著の一〇〇頁で、ラスキは次のように述べている。「トクヴィルとアクトン卿は、一九世紀の生粋の自由主義者であるという意見に反論することはできない、とわたしは思う。」

(15) すでに一八世紀初頭、あるイギリス人の観察者は次のように指摘することができた。自分は「イギリスに居住している外国人で、オランダ、ドイツ、フランス、イタリア、あるいはトルコ出身のものであれ、われわれと交わってしばらくするとホイッグ党員にならない人を知らない」(G.H. Guttridge, *English Whiggism and the American Revolution* [Berkeley: University of California Press, 1942], p.3 より引用)。

(16) アメリカにおいて、"Whig" という言葉の一九世紀の使い方は不幸にして、次のような事実を記憶から消してしまった。すなわち、この言葉は革命を指導し、独立を獲得し、そして憲法を作成した諸原理に味方していたということである。実に、若きジェームズ・マディソンやジョン・アダムズが、彼らの政治理念を発展させたのは、ホイッグの仲間たちの中においてであった(E.M. Burns, *James Madison* [New Brunswick, N.J.: Rutgers University Press, 1938], p.4 参照)。ジェファーソンがいうように、実に、ホイッグの諸原理が、独立宣言の署名者や憲法制定議会のメンバーの圧倒的多数を構成していたすべての法律家を指導したのであった (*Writings of Thomas Jefferson* ["Memorial ed." (Washington, 1905)], XVI, 156)。以下のように広範に、ホイッグの諸原理への信仰告白は拡がっていた。ワシントンの兵ですら、ホイッグ党の伝統的な色である「紺と淡黄」色のものを身につけていた。それは、イギリス議会のフォックス主義者たちと同じであり、『エディンバラ・レヴュー』の表紙として、今日まで残っている。もし社会主義の世代がホイッグ主義をその優先的な標的にしたということであれは、社会主義の反対者がホイッグ主義の名を擁護しようとするのは、きわめてもっとも理由があるわけである。グラッドストーン流の自由主義者たち、メイトランド、アクトン、それにブライスの世代――彼らは、平等あるいは民主主義よりも自由が主要な目標であった最後の世代だった――の人びとの信条を、今日まさしく表現している唯一の名がホイッグ主義である。

(17) Lord Acton, *Lectures on Modern History* (London, 1906), p.218(わたくしは、アクトンの文章の意味を手短に表現するために、少し彼の文章を手直ししている)。

(18) *The Complete Madison* (New York, 1953)への S.K. Padover の序文 p.10 参照。「現在の用語を使うと、マディソンは中道的自由主義者、ジェファーソンは急進的自由主義者、とそれぞれ分類されるだろう。」これはそのとおりであり、また重要である。ただし、E・S・コーウィンがマディソンの後の「尊大なジェファーソンの影響への屈服」(E.S. Corwin, "James Madison: Layman, Publicist, and Exegete," *New York University Law Review*, XXVII [1952], 285)と呼んだことを、われわれは忘れてはならない。

(19) イギリス保守党の政策綱領である *The Right Road for Britain* (London, 1950), pp.41-42 参照。そこには、次のように主張されているが、かなり正当だといえる。「[社会サービスに関する]この新しい概念は、多数の保守派大臣との連立政府と下院の多数の保守派の完全な同意[によって]発展させられた。……[われわれは]年金、疾病、失業手当、産業災害給付、それに国民健康保険制度などへの計画のための原理を宣言する。」

(20) A. Smith, *W.o.N.*〔前掲邦訳『国富論』〕I, 432.

(21) *Ibid.*

謝辞

本書でわたくしが述べようと努めてきた大部分は、もうこれ以上改善の余地のないような形で、以前に発表されたものであった。しかし、それらはばらばらなところに、あるいは現代の読者があまり親しみのないような書物に発表されたので、注を詳述し、単なる参照を超え、部分的にはほとんど個人主義的自由主義思想の選集にすることが望ましいように思えた。今日しばしば奇異に思われまた親しみのないものがかつては文明の共有財産であったということ、そしてまたこの伝統を踏まえながら、それらを現代に直接適用可能な整合的な思想体系に統合する仕事がこれから試みられる必要のあるものであることを、これらの引用文は示してくれるはずである。本書の注がこのように長くなることをわたくしが認めたのも、新しい建築物を作ろうと試みてきた出発点をなす建築石材を示すためである。しかしながら、本書の注も論題の完全な参考文献を提供するものではない。関連ある文献を載せた有用なリストは、H・ハズリット（H. Hazlitt）の *The Free Man's Library* (New York, 1956) に見られる。

しかしまた、本書の注はわたくしが他の思想家に負っている恩恵に十分答えるものではない。本書に示されているような思想を形成した過程は当然ながら、そうした思想を本書のような形で記述しようとする計画に先んずるものであった。このような形で書こうと決心した後、賛成を期待できる著者たちの著作をほとんど読まなかった。というのは、過去において彼らから非常に多くのことをすでに学んでいたからである。むしろ、わたくしが書物を読む目的は、対処しなければならない反対意見や対抗しなくてはならない議論を発見し、そうした思想が過去において表明された形式を見出すことにあった。したがって、わたくしの思想形成にもっとも恩恵を蒙った人びと、恩師あるいは友人の名前は注にはほとんど出てこない。もしすべての恩恵に謝辞を述べ、すべての賛成議論を示すことをわたくしの仕事だと見做していたならば、本書の注は以下に挙げる人びとの文献引用でいっぱいになっていたことであろう。ルードヴィヒ・フォン・ミーゼス、フランク・H・ナイト、エドウィン・キャナン、ヴァルター・オイケン、ヘンリー・C・サイモンズ、ヴィルヘルム・レプケ、ライオネル・ロビンズ、カール・R・ポパー、マイケル・ポランニー、そして、ベルトラン・ド・ジュヴネルなどの人びとである。事実、もし本書の謝辞の中に、わたくしの目的でなく、恩義を表明すべきだと決心するならば、モンペルラン協会の会員の人びと、とりわけ彼らの知的指導者であるルードヴィヒ・フォン・ミーゼスとフランク・H・ナイトに本書を捧げることがもっとも適切であろう。

しかしまた、ここでわたくしが謝辞を申し上げたいもっと特別な恩恵がある。以下に挙げる人びとは、本書の元になった草稿のいろいろな部分を読んでくださり、そして適切なコメントを与えてくださった。E・バンフィールド、C・I・バーナード、W・H・ブック、ジョン・ダヴェンポート、P・F・グッドリッチ、W・フレーリッヒ、デヴィッド・グレーン、F・A・ハーパー、D・G・ハットン、A・ケンプ、F・H・ナイト、ウィリアム・レトウィンおよびシアリー・レトウィン、フリッツ・マハラップ、L・W・マーティン、L・フォン・ミーゼス、A・モーリン、F・モーリー、S・ペトロ、J・H・ライス、G・ストーズ、ラルフ・ターヴェイ、C・Y・ワン、それにR・ウェアなどの諸氏である。またこれらの人びとの多くをはじめ、A・ディレクター、V・エーレンベルク、D・フォーブズ、M・フリードマン、M・ギンズバーグ、C・W・ギルボー、B・レオニ、J・U・ネフ、マーガレット・G・リード、M・ラインシュタイン、H・ロスフェルズ、H・シェック、アイリーン・シルズ、T・F・T・プラックネット、それにジェイコブ・ヴァイナーなどの人びとは、重要な参考文献や事実を教えてくださった。もっともこれらの人びとの名前を挙げることをわたくしは躊躇するのであるが。というのは、このように助言を与えてくれたのは他にも多数いて、彼らの名前をほとんど忘れてしまっているからである。

本書刊行準備の最後の段階で、エドウィン・マクレラン氏の甚大なご協力を戴いた。本書が読み易くなったのは、わたくしの複雑な文章を正してくださった、主としてマクレラン氏とマクレラン夫人（とわたくしは理解している）の好意的なご尽力によるものである。さらに、わたくしの友人、ヘンリー・ハズリットからも助力を受けた。ハズリットは、最終タイプ原稿を熱心に読み、コメントをくれた。また、注の引用文の照合をロイス・フェルン夫人に、索引項目作成をヴァーネリア・クロフォード女史にそれぞれ煩わせた。

本書は、いまやよくある共同研究の成果ではないが――わたくしはこれまで研究助手を使ったことはなかった――、他のさまざまな形で、いろいろな基金や研究所が与えてくれた機会や施設から多大な恩恵を得た。本書に関してはフォルカー、グッゲンハイム、エアハルト、そしてレルムの各基金に、わたくしは多大な恩恵を受けた。また、カイロ、チューリッヒ、メキシコシティ、ブエノスアイレス、そしてリオデジャネイロ、さらにはアメリカの多くの総合大学や専門大学などで行なった講演も、本書で述べた思想の一端を聴衆の方に試みる機会となったばかりでなく、本書を書く際の重要な経験を得る機会にもなった。本書中のいくつかの章の最初の草稿が出た雑誌類の名は注で述べている。それゆえ、それらの草稿の再録を許してくれた多くの編集者、出版社にたいして心よりお礼を申し上げる。また、シカゴ大学図書館のご協力にもお礼申したいと思う。本書の著述において、全面的に同図書館に頼ってきた。同館の貸与サービスはいつも、必要なものは何でも調達してくれた。また、資金を提供してくださったり、次々に出る本書の草稿をタイプにしてくださった労苦にたいしては、シカゴ大学の社会科学研究会と社会科学部のタイプ職員にもお礼申し上げたい。

しかしながら、わたくしがもっとも恩恵を蒙ったのは、シカゴ大学の社会思想委員会と、同会議長のジョン・U・ネフ教授である。ネフ教授はここ数年、本書の完成に集中できるよう計らってくださった。そのため、本書の完成は、同委員会にたいする他の業務によって妨げられず、むしろ促進されたのであった。

旧版解説

気賀健三

本書は、原著の第三部に相当する部分である。第一部では文明の発展の基本的条件となる自由の理論的・哲学的分析を試み、第二部では自由と法の関係を中心として、イギリス、フランスおよびドイツの学者をえらび、そこに育った自由の理念と民主政治の原則の形成を分析の対象とした。読者はハイエクの博覧強記と冷静な分析の緻密さに心を打たれると同時に、かれの論旨の説得力に感銘を受けるのではなかろうか。

自由主義の思想は、近世初期にイギリスに育ち、つづいて大陸の諸国においても思想的に発展し、政治的に有力な指導的役割を演じたのであるが、ハイエクは、自由の原理を一つの時代、一つの国に発達した独特の思想に限定すべきものとは考えていない。自由の価値はそれ自体、時代を超え国家を超えて妥当すべき価値であるとかれは理解している。この価値は人間の生活における他のもろもろの価値を培養する条件であり、文明の進化の過程におけるもっとも貴重な栄養剤であると信じている。

しかしながら、自由の理念は、その発生以来近世初期以後のいかなる時代にも、いかなる国においても、かれのいう理想的な形において受けいれられたことはなかった。しかも西欧諸国において、十九世紀から二十世紀にかけて指導的な役割を演じた自由主義は、今世紀の中葉以降、その影響力を失い、それに代って社会主義思想が強い影響力を発揮した。しかしこの思想が影響の強かった時期は比較的に短く、第二次大戦後の現代においては、いわゆる福祉国家の思想がむしろ支配的な意義をもつようになっている。ハイエクが第三部において取りあげるのは、主として現代の福祉国家思想のもとにおけるもろもろの政策である。かれは、自由の原理の応用問題としてこれを分析の対象とする。現代の主要な国における国民的な問題を綜合的に取りあげるのではなく、若干の重要な社会的、経済的問題をえらび、その対策いかんによっては、自由を危うくするし、あるいは自由を維持するに役立つことを、すなわち、自由が目的の是非よりも方法の是非にかかわるものであることを論じるのである。

第三部は章にして八つより成る。まず社会主義の終焉と福祉国家の興隆という一般的な潮流を取りあげて、自由を擁護する立場からのその思想的特徴を説く。つづいては個別的に、労働組合と雇用、社会保障、課税と所得の再分配、金融政策、住宅・都市計画、農業と資源保存、教育と研究、の七項目についての各論がある。いずれも現代の先進国家において重要な問題として各国の政治家の関心事であり、国民生活に影響するところの深いものである。

これらの章の次に、本書の補遺として附け加えられた一論文がある。題して「なぜわたくしは保守主義者ではないのか」という。この論文は、自由主義の意義をよりよく理解する意味でまことに貴重な論文である。というのは、現代の自由主義者は、しばしば改革・変化を嫌う保守主義者のごとく受けとられることが多い。日本においては、社会主義者たちが社会の変革を志向する革新派であり、自由主義者はこの潮流に抵抗する保守派というレッテルを貼る分類が流行している。もし日本の社会を動かしている思考の流れを二分して進歩と保守という言葉を用い、社会主義的変革を志すものを進歩と呼び、これに反対して資本主義体制のもとに留まろうとするものを保守と呼ぶならば、自由主義者は後者に属するにちがいない。しかし社会主義的変革を進歩と名付けるのは、一つのとらわれた価値判断であって、何の客観的基準にも基づいていない。保守主義とは文字どおり現状と伝統の維持に主要な関心をもつ思想であるとすれば、自由主義は決して保守主義ではない。自由主義は一部の保守主義者のごとく、急激な社会の変革に反対するし、社会主義の途をも進歩ともみなさない。しかし自由主義は決して現状の維持に甘んじるものでなく、変化を歓迎し、変化のなかに社会の進化をみるのである。自由主義にとってたいせつなことは、変化をおそれないで、変化に対応して自由の方法をえらぶことである。保守主義者は既得権益にこだわるがゆえに、また変化をおそれるがゆえに、国家的権力に訴えて、変化を抑制しようとする傾向があるのである。この点で自由主義は保守主義と対立する。しかし、自由主義は権力による急激な社会改革に反対し、伝統的価値を守ってきた保守的思想にたいしては十分の理解を示し、自然発生的に成立してきた社会の諸制度にたいして学ぶところが多いのである。

自由主義と保守主義との関係を論じたこの論文は、第三部の各章における個別的問題を取りあげている自由主義の立場を理解する上で、大いに有益である。補遺の論文であるが、はじめに通読するに値いするであろう。

本書にふくまれる各論の一章一章について解説を加える余地がなく、読者自身の通読にまかせなくてはならないが、冒頭の著者の福祉論一般について、若干の解説を記すことにしよう。

第一七章「社会主義の衰退と福祉国家の興隆」は、著者ハイエクの福祉国家観を知る上で大いに興味がある。かれは一八四八年から一九四八年までをヨーロッパの社会主義の世紀とみなす。この年以降ロシアをはじめ世界の先進諸国における社会主義の実験が成果をあげることなく、むしろ失敗の歴史であったとみる。しかし社会主義政党は、その理想とするある種の社会的正義を棄てるにはいたらず、別の方法をもって、その理想の追求を考えるようになった。西欧の社会主義者が、社会主義に失望を感じたのは、国有化や集産主義的方法が個人的自由の喪失となり、集中化された官僚支配を生んだことである。社会的正義の追求を忘れえないひとびとは、社会主義の制度に代って、不幸や貧困に苦しむひとびとに福祉を供給する仕事を、政府の主要な任務とするようになった。福祉の内容は幅広いもので、一部の極度に不幸な人の救済から、国民の全部にある程度の生活水準を保障しようとするもの、その方法は、部分的選択的な方法から、全面的、強制的なものまで、さまざまである。

福祉の供給を国家の強制力に訴えるのは、一見、包括的で、直接的、効果的に思われ、性急な社会正義論者の気にいる方法であるが、それは必ずしも個人的自由のために有益とはいえないものがあり、それに代るべき他の方法の選択を妨げることも生じてくる。社会的正義の理念にとらわれ、目的の正当性のゆえに手当の選択を意に介しないのは、福祉論者のおちいりやすいあやまちである。

自由を守るという原則の筋を通したハイエクの福祉国家論は、各論におけるかれの立場と分析の方法の理解に役立ち、読者を自由主義の魅力に惹きつけるにちがいない。

新版解説――ハイエクにとって「政治」とは何であったのか

足立幸男

公共政策の対象となる問題すなわち公共問題は一般に、正解や最適解があるような「良構造の」(benign) 問題ではない。そもそも何が対処を要する問題であるかが自明でないし、どうなれば問題が「解決」されたといえるのかも判然としない。問題をどのように定義（解釈）するか、さまざまな解釈のなかからどれをとるかが、すでにして解のあり方を規定している。相互に対立するさまざまな解の背後には利益や価値の容易に調停しがたい相克が潜んでおり、各々の解の真偽や相対的優劣を判定するための「正統」で「公認」の尺度はない（価値観の多様性・流動性）。また、さまざまな問題が複雑な仕方で相互に緊密に絡み合っているため、ある問題を「解決」しようとしてあることを行えば、その波及効果は公共問題のリンケージで結ばれた他のさまざまな領域の予想外の問題にまで及ぶ（複雑性）。一言でいえば、所与の目的を達成するための最適手段を探索するといった類の、価値中立的で技術的な問題ではない。端的に「悪構造の」(wicked) 問題なのである。

悪構造の問題の「解決」を科学に期待することはできない。科学の領分はどこまでも分析にある。すなわち、複雑な事象をいくつかの要素に分解し、一つ一つの要素に緻密な分析を加えることを通して、事象についての認識と理解を深めようとする点にあるのであって、処方を構想し提示するところにあるのではない。科学によって政策を「つくる」ことはできないのである。

公共問題が悪構造の問題であることはまた、公共政策デザインに含まれそれを可能ならしめるところの思考が、社会計画の思想と実践に体現されているがごときユートピア的で反政治的な思考の対極にある、本質的に政治的な思考であることを示唆している。ここで「社会計画の思想」とは、ベンサムを嚆矢としサン＝シモンとコントによってその原型がほぼ確立された、(科学的・合理的な社会改造プランにもとづく)市場および社会生活全般への強力で組織的な介入・制御を要請する、そして公共政策をそのための手段とみなす政治・経済・社会哲学である。(旧)社会主義諸国で猛威を振るった抑圧的政治体制をその正当な嫡出子と見るのか、それとも庶子あるいは鬼子と見るのか、識者の間で意見が分かれるところであろうが、社会計画の思想は、科学・技術崇拝の潮流とあいまって、西側資本主義諸国においてもまた長年に亘って人びとを魅了してきた。一九世紀末から二〇世紀初頭にかけて西欧諸国に広範に見られた国家形態の変化(夜警国家から行政国家・福祉国家への変容)と、それに伴う政府機能の著しい拡大と多様化、大恐慌に端を発するアメリカの壮大な実験(ニューディール)、二度にわたる世界大戦に対処するため各国で展開された戦時経済とコーポラティズムの実践、大規模でシステマティックな戦後復興プランの作成・実施といった類の体験や出来事が、社会計画の思想にきわめて好都合な土壌を提供したのである。

社会計画の思想と実践のどこが誤っているのか。端的にいえば、ハイエク、オークショット、ポパーらが剔抉《てっけつ》したように、適切な中・長期的社会計画を策定し管理するだけの高度な知識や技能を政府まして議会に期待することなどできないし、政策科学をはじめとする社会諸科学にその開発を期待することもできないという、歴然たる「事実」を無視あるいは軽視する点にある。実際、自生的秩序の社会統合機能にまったく信を置こうとせず、また政治過程を通しての下からのチェックと軌道修正を頑として拒絶するがごとき社会計画‐社会管理の思想にほとんど成算はない。包括的な計画をあらかじめ設定された工程表通りに粛々と履行することは、中央集権的な政府が計画遂行に対するあらゆる反対を沈黙させ、いっさいのサボタージュを効果的に阻止し摘発することができるほどに強大な権力を掌握しているのでない限り、不可能であろう。また百歩譲って計画がたとえ当初の予定通りに実行されたとしても、それが現実に所期の成果を収めるかどうか、確たることは何もいえない。いや、そうなるとはほとんど考えられない。

本質的に悪構造の公共問題の「解決」を科学にも科学と結びついた社会計画の思想と実践にも期待できないし期待すべきでもないからこそ、政治が必要になる。公共問題の「解決」は究極のところ政治によるほかない。そう私は信ずるのであるが、ここでの「政治」とはもとより、相互に相容れない世界観の間の、覇権を求めての闘争すなわち「神々の争いとしての政治」(世界観政治)ではない。神々の争いとしての政治は正統性を巡っての、勝つか負けるかの熾烈な闘争であり、一方が他方を(あるいは、ある一つの世界観が他のすべての世界観を)圧倒し組み伏せることによってしか終結しない。多様な価値観が凌ぎを削っているという現実、共通の価値観が確立されていないという現実を、自然で正常なこととして受け入れることができず、克服し解消すべき異常事態とみなす。そして、真理や正義・大義あるいは社会統合の名において、暴力を後ろ盾とする反対派への沈黙の強要をしばしば要請し正当化する。それどころか、ときとして、自ら進んで身の潔白を立てること、面従腹背の徒ではないことの証明を要求する。公認の世界観への熱狂的献身を目に見える形で示すことを、社会構成員に強要しさえするのである。

われわれはしばしば政治と暴力の親和性を強調したり政治の本質を暴力に見ようとしたりする「現実主義的な」言説に遭遇する。だがこうした政治の理解は、イギリスの政治学者クリックの指摘を待つまでもなく、あまりに皮相であり、「政治的なるもの」についての致命的な誤解にもとづいている。「暴力は政治権力の延長であるどころか、実際にはその破綻である。なぜといって暴力は、説得だけでなく、相互信頼にもとづいて『共に活動する』という人間の習慣もまた、破綻していることを示しているからである。戦争は、かつてクラウゼヴィッツがわれわれに信じ込ませたような『別の手段を用いた政治の継続』などではない。むしろ、きわめて現実的で恐るべき意味での政治の破綻にほかならない」【Bernard Crick and Tom Crick, What is Politics, Edward Arnold, 1987, p.7】。政治の存在理由は、価値観や利害を異にする社会構成員の「平和的な」共存・共生を可能ならしめることにある。すなわち、公共的諸問題の処理を巡って政治社会のさまざまなレベルで発生する深刻な対立・紛争を不十分ながらも何とか調整し、社会としての一体性（integrity）――暴力ではなくコトバによる働きかけを通してともに共通了解を目指すべき「われわれ」（We）という共通感覚――を維持あるいは育成・強化することにある。共通の大義や理想があるところ、世界観・価値観の文字通りの一致があるところに、もはや政治の余地はない。そうでないからこそ「われわれ」の感覚を維持し育成・強化するための政治が必要になる。

このような意味での政治を発見し、その理想を驚くほどに高いレベルで実現したのは、二五〇〇年以上も前のアテネ都市国家であった。アテネ都市国家は周知のようにペロポネソス戦争の泥沼化に伴い内部での党派闘争が激化し、やがて「衆愚政治」の現出を経て衰退・消滅の運命を辿ったのではあるが、少なくともその最盛期においては、共通の伝統と絆で結ばれた市民による自治が市民生活の隅々にまで行き渡り、実践されていた。都市国家の市民たちは文字通り「政治的動物」（zoon politikon）だったのである。その後、世俗的なるものに対する聖的なるものの優位が確立されるに及んで「玉座」からひきずりおろされ、長らく忘却の淵に打ち捨てられていた観のある政治は、近世に入るや再び日のあたる場所へと復権した。この点で絶大な貢献をしたのは、なんといってもイギリスの政治家であり政治哲学者でもあったバークである。フランス革命との知的・政治的対決を通して保守主義政治哲学のプロトタイプを確立したバークのなかに、われわれは、政治の本質が調整と妥協（相互に何とか折り合える解決策の共同探求）にあり、その主要な役割は革命とそれに伴う血生臭い暴力の噴出を未然に防ぐことにあるという、きわめて明瞭な政治擁護論を見出すのである。

公共的諸問題が悪構造の問題であり、しかも政治の存在理由が価値観や利益の深刻な対立を何とか調整し社会の分極化を防止する点にある以上、政治が提供し得る公共的諸問題への処方は必然的に中途半端で妥協的なもの、ビッケルがホイッグ・モデルと呼ぶ「ぎこちない調停」(untidy accommodation)であらざるを得ない【Alexander Bickel, The Morality of Consent, Yale University Press, 1975, p.4】。政治による問題「解決」は「ありあわせの材料」による「まにあわせの解決」なのであり、それは決して「最終的解決」ではあり得ない。新しい解決によって不断にとってかえられるべき性質の解決でしかないのである【阿部斉『概説現代政治の理論』東京大学出版会 一九九一年 四―五頁】。

さて、自生的秩序を擁護し行政国家・福祉国家に容赦ない批判を浴びせたハイエクは、政治および政治的なるもの一般へのバークの醒めた洞察のよき理解者であり継承者でもあった。また、オークショットのごとき保守主義者と同様に、このバーク的な意味での政治によって形成され生命力を与えられる「市民社会」の擁護者でもあった。この点でハイエクは紛れもなく、政治および政治的なるものにいかなる積極的意義をも認めようとしない(政治無用論でいまでも政治の縮減を提唱あるいは期待する)市場万能主義者(無政府資本主義者)やリバタリアン(最小国家論者)とは一線を画する古典的自由主義の系譜に連なる思想家であった。このことは、「追論　なぜわたくしは保守主義者でないのか」の次の一節からも窺い知ることができよう。

政治的信念を共にする者も異にする者も、等しく自分の信念にもとづいて行動できる政治秩序のために、一緒に働くことのできる政治的原則が承認されていてこそ、異なる価値の党派の共存を許しながら最小の強制で平和な社会を築くことを可能とするのである。……自由主義者にとっては、ある個人的な目的を重要と思っても、他の人びとにそれに従うよう強いることを十分に正当化することにはならない。保守的な友人のなかには、本書の第三部でわたくしの書いたことを、現代的見解にたいする「譲歩」とみなして衝撃を受ける者がいることは疑いない。しかしそこで取り上げた手段については、かれらと同様にわたくしは好まないし、それに反対の投票をするかもしれない。にもかかわらず、異なる見解の人びとを説得し、共存することを望む社会においては、そういう手段が許されないと主張しうる一般的な原則など存在しないことを知っている。他の人間とともにうまく生活し、働くためには、自分の具体的目的に対する誠実さ以上のものが必要である。そのためには、ある人にとって根本的なことがらについてさえ、ほかの人は異なる目的を追求することが許される、というある種の秩序にたいして知性をもって参画することが必要である【本巻一九九―二〇〇頁】。

さらにハイエクは、バーク以降の大方の保守主義者とともに、政治の担い手の制度的かつ現実的拡大すなわち民主主義の進展を抗しがたい時代の趨勢として不承不承に受け入れるのみならず、そこに積極的な意義をさえ認める。

民主主義と無制限の政府とは結びついている。しかし非難されるべきは民主主義ではなく、無制限の政府である。……ともかく平和的な変化、および政治教育の方法として、民主主義の利益は他のいかなる体制の利益とくらべても偉大であると思われるから、わたくしは保守主義者の反民主主義的な素質にはなんの共感も覚えない【本巻二〇一頁】。

ハイエクはこのように自由主義と保守主義を対比し両者の差異を力説するのであるが、①革新への懐疑、②避けがたい変革の受容、③政治的諸価値への是々非々の態度、この三つからなるバークの政治理解をその基本線において踏襲しようとした。その後の「真正の」保守主義者は、民主主義・自由主義・資本主義に次第に（また驚くほどに）接近しようとしたのであり、そのような意味での保守主義とハイエクが信奉し擁護しようとした自由主義（ホイッグ主義）との間には実のところそれほど大きな差異はない。いや、ほとんど重なるように思われる。

このようにハイエクは民主主義に積極的な意義をさえ認めたのであるが、同時にまた今日の保守主義者のほとんどがそうであるのとまったく同様に、民主主義の社会統合力・問題「解決」力に深刻な疑念を禁じ得なかった。だからこそ、法の支配の重要性を折に触れて強調する。大陸法とは異なるイギリスのコモンローの伝統のなかで形成され彫琢されてきた法の支配の理念の制度化に、民主主義の暴走なかんずく民主的国家による自由の抑圧に対するたしかな歯止めを求めようとした。だがここで考えなければならないのは、法の一般性・確実性・法の前における万人平等・法の遡及適用の禁止などをその主要な構成要素とする法の支配の理念に、はたしてそこまで期待することができるのか。市場をその最も重要な一つとする自生的秩序に対する国家の不当な介入と必要やむを得ない制限とを峻別することが現実に可能であるのか。ハイエク自身も容認する福祉国家の下での数々の社会政策（わけても最低生活の保障や包括的社会保険制度の整備）は、ハイエクが提唱する法の支配の観念と両立し得るのか。こうした問題意識をもって本書をお読みいただきたいものと思う。

人名索引

著作あるいは版を明示するために記されている編者や翻訳者の名前は載せていない．ローマ数字は巻数を示す．

エ

オ

カ

ス

セ

ソ

タ

ヒ

フ

ヘ

ホ

マ

ミ

ム

メ

モ

ヤ

ユ

ラ

リ

ル

レ

ロ

ワ

事項索引

本索引はヴァーネリア・クロウフォード作成の原書索引に基づいているが，新版にあたって重複しているものは省き，重要事項を加えた．なお事項は内容を含む場合もあり，その際ページは議論のはじまりを示す．ページ数のあとの，括弧に入っている数字は，注の番号である．

す

せ

そ

た

ち

て

本書は「新版ハイエク全集」第一期第七巻『自由の条件 Ⅲ』(二〇〇七年)を普及版にしたものです。

The Constitution of Liberty
Part III : Freedom in the Welfare State, 1960 © Christine Hayek

自由の条件 Ⅲ　福祉国家における自由［普及版］

発　行　2021年7月20日　第1刷

著　者　フリードリヒ・A・ハイエク
訳　者　気賀健三／古賀勝次郎
発行者　神田　明
発行所　株式会社　春秋社
〒101-0021　東京都千代田区外神田2-18-6
電話　(03)3255-9611(営業)・9614(編集)
振替　00180-6-24861
https://www.shunjusha.co.jp/
印刷所　萩原印刷株式会社

ISBN 978-4-393-62205-6

■フリードリヒ・A・ハイエク／西山千明訳
隷属への道
自由の危機はいまだわれわれの目前にある。ケインズ政策、ナチズム、スターリニズムに対向して、「自由」と「市場」の価値を20世紀の歴史から説きあかすハイエクの主著。M・フリードマンによる序文付き。二〇九〇円

■ラニー・エーベンシュタイン／田総恵子訳
フリードリヒ・ハイエク
社会主義と戦争に明け暮れた二〇世紀の最前線で、自由主義思想を蘇らせるために奮闘したオールランド思想家の本懐。その思想の歩みと研究人生、多彩な交友関係等あますところなく活写した評伝の決定版。三八五〇円

■マーク・スカウソン／田総恵子訳
自由と市場の経済学
ウィーンとシカゴの物語
自由社会における政府のありようとは。ミーゼス、ハイエクからフリードマン、シュティグラーまで、斯界の理論的中心たるオーストリア学派とシカゴ学派の核心に迫り、「小さな政府」の有効性を提唱する視点。三五二〇円

■ヘスース・ウエルタ・デ・ソト／蔵研也訳
通貨・銀行信用・経済循環
法学、経済理論、通貨・資本・経済循環理論にもとづき、普く経済思想史の射程において展開するダイナミックな学際的研究。ミーゼス、ハイエク、ロスバードの経済思想を継承するオーストリア学派理論の集大成。七一五〇円

＊価格は税込(10％)